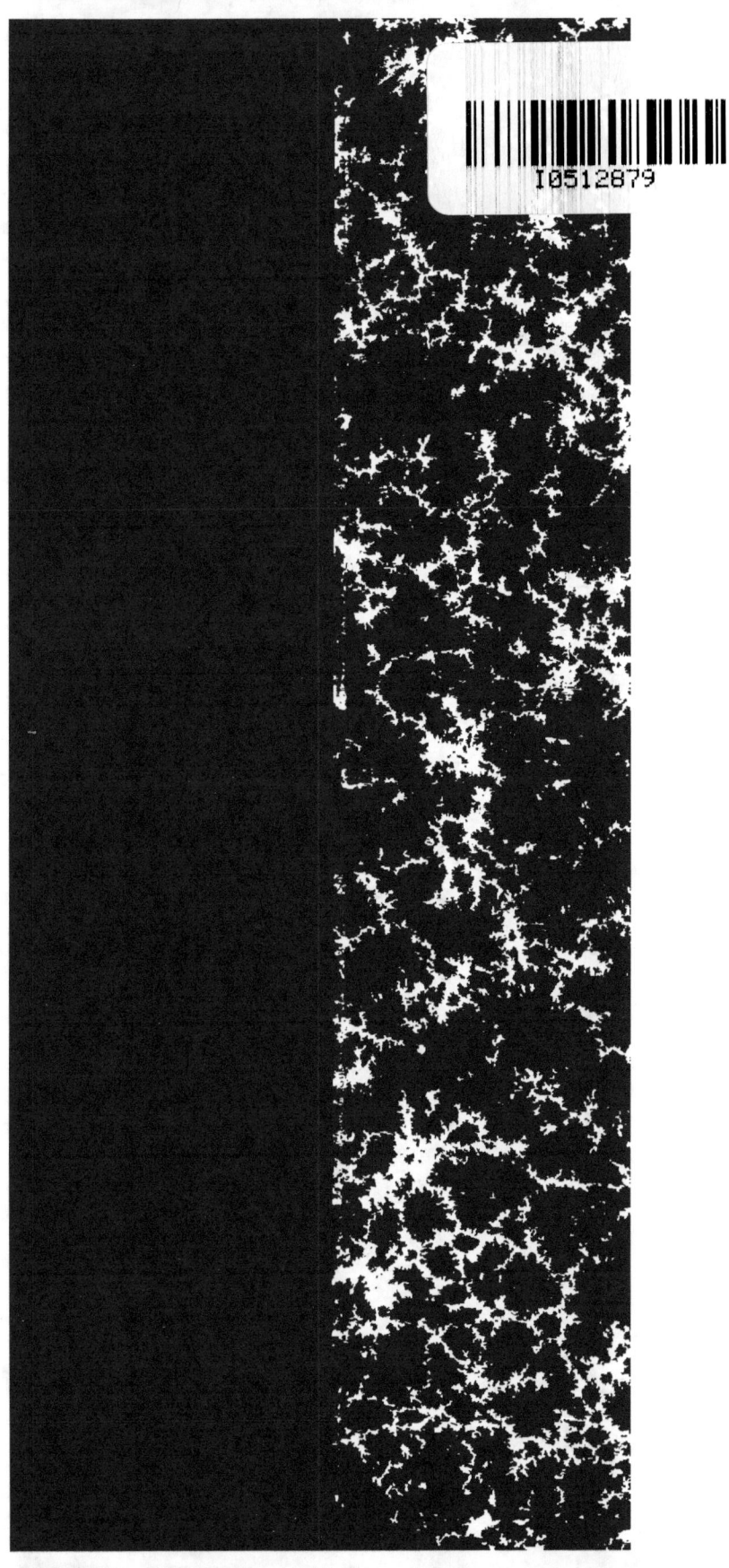

S. Dittrich. Ref. 1967

CATALOGUE SPÉCIAL

DE LA

SECTION RUSSE

A

L'EXPOSITION UNIVERSELLE DE PARIS

EN 1867

PUBLIÉ PAR

LA COMMISSION IMPÉRIALE DE RUSSIE

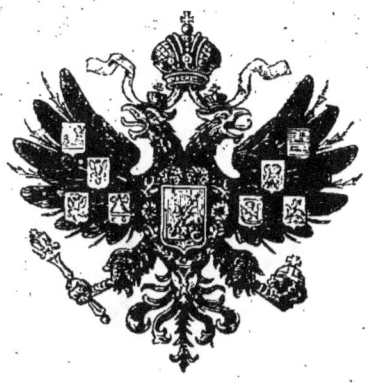

PARIS

IMPRIMERIE GÉNÉRALE DE CH. LAHURE

9, RUE DE FLEURUS, 9

M DCCC LXVII

CATALOGUE SPÉCIAL

DE LA

SECTION RUSSE

A

L'EXPOSITION UNIVERSELLE DE PARIS

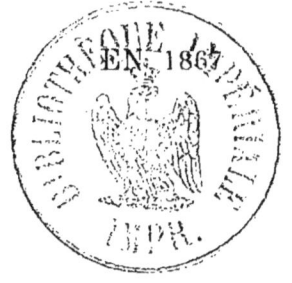

EN 1867

CATALOGUE SPÉCIAL

DE LA

SECTION RUSSE

A

L'EXPOSITION UNIVERSELLE DE PARIS

EN 1867

PUBLIÉ PAR

LA COMMISSION IMPÉRIALE DE RUSSIE

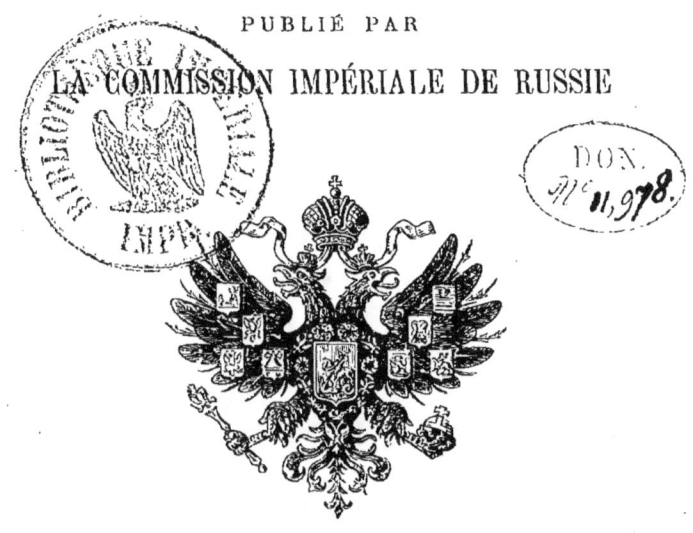

PARIS

IMPRIMERIE GÉNÉRALE DE CH. LAHURE

9, RUE DE FLEURUS, 9

M DCCC LXVII

C.

INTRODUCTION.

Le présent catalogue est rédigé d'après les factures et renseignements fournis par les exposants eux-mêmes. Il comprend la section de l'histoire du travail et celles des beaux-arts et de l'industrie. Dans les deux dernières les produits sont rangés d'après l'ordre de classification adopté par la Commission impériale de Paris.

Pour faciliter l'usage du catalogue, chacun des exposants est muni d'un numéro d'ordre spécial, qui est aussi relaté dans l'index alphabétique des exposants dont le catalogue est accompagné [1].

L'aperçu statistique des forces productives de la Russie, annexé au catalogue et formant un volume à part, a été rédigé par M. Buschen, membre du comité central de statistique à Saint-Pétersbourg. Cet aperçu comprend quatre parties et contient les données les plus récentes et les plus authentiques sur le territoire, la population, l'industrie et le commerce de l'empire de Russie.

---

[1]. Dans la classe 75, pour ne pas déparier les séries des chevaux qui y figurent, on n'a pu suivre l'ordre de classement par exposants; les numéros, spéciaux pour cette classe, accompagnent les noms des chevaux, dont les exposants sont désignés dans le texte en caractères italiques.

INTRODUCTION.

Le nombre des exposants russes, pour les trois sections sus-mentionnées, se répartit de la manière suivante :

1º Section de l'histoire du travail.		16 exp.
2º Section des beaux-arts.		64
et 142 d'objets d'art		
3º Section de l'industrie.		1302
	Total.	1382 exp.

Le tableau suivant donne la répartition des exposants des deux dernières sections par groupes et par classes.

Ier GROUPE. ŒUVRES D'ART.

Cl. 1. Peintures à l'huile.	40 exp.	
2. Peintures diverses et dessins	7	
3. Sculptures et gravures sur médailles.	9	
4. Dessins et modèles d'architecture	6	
5. Gravures et lithographies.	4	64

2º GROUPE. MATÉRIEL ET APPLICATIONS DES ARTS LIBÉRAUX.

Cl. 6. Produits d'imprimerie et de librairie.	13 exp.	
7. Objets de papeterie; reliures; matériel des arts de la peinture et du dessin.	14	
8. Application du dessin et de la plastique aux arts usuels	2	
9. Épreuves et appareils de photographie	15	
10. Instruments de musique	7	
11. Appareils et instruments de l'art médical	8	
12. Instruments de précision et matériel de l'enseignement des sciences.	18	
13. Cartes et appareils de géographie et de cosmographie	7	84

INTRODUCTION.

3ᵉ GROUPE. MEUBLES ET AUTRES OBJETS DESTINÉS A L'HABITATION.

Cl. 14. Meubles divers..	6 exp.
15. Ouvrages de tapissier et de décorateur.	19
16. Cristaux et verrerie..	3
17. Porcelaines, faïences et autres poteries.	4
18. Tapis, tapisseries et autres tissus d'ameublement.	10
19. Papiers peints	3
20. Coutellerie..	9
21. Orfévrerie..	9
22. Bronzes d'art, fontes d'art diverses et ouvrages en métaux repoussés..	6
23. Horlogerie..	6
24. Appareils et procédés de chauffage et d'éclairage..	7
25. Parfumerie.	7
26. Objets de maroquinerie, de tabletterie et de vannerie..	12 101

4ᵉ GROUPE. VÊTEMENTS (TISSUS COMPRIS) ET AUTRES OBJETS PORTÉS PAR LA PERSONNE.

Cl. 27. Fils et tissus de coton.	20 exp.
28. Fils et tissus de lin, de chanvre, etc.	19
29. Fils et tissus de laine peignée..	17
30. Fils et tissus de laine cardée..	41
31. Soies et tissus de soie.	55
32. Châles.	4
33. Dentelles, tulles, broderies et passementeries.	15
34. Articles de bonneterie et de lingerie; objets accessoires du vêtement.	6
35. Habillements des deux sexes..	34
36. Joaillerie et bijouterie.	3
37. Armes portatives.	22
38. Objets de voyage et de campement..	6
39. Bimbeloterie.	2 244

5° GROUPE. PRODUITS (BRUTS ET OUVRÉS) DES INDUSTRIES EXTRACTIVES.

Cl. 40. Produits de l'exploitation des mines et de la métallurgie .. .. 103 exp.
41. Produits des exploitations et des industries forestières 45
42. Produits de la chasse, de la pêche et des cueillettes. 26
43. Produits agricoles (non alimentaires) de facile conservation 163
44. Produits chimiques et pharmaceutiques. 76
45. Spécimens des procédés chimiques de blanchiment, de teinture, d'impression et d'apprêt. .. .. .. »
46. Cuirs et peaux. 64   477

6° GROUPE. INSTRUMENTS ET PROCÉDÉS DES ARTS USUELS.

Cl. 47. Matériel et procédés de l'exploitation des mines et de la métallurgie .. .. 1 exp.
48. Matériel et procédés des exploitations rurales et forestières 39
49. Engins et instruments de la chasse, de la pêche et des cueillettes 3
50. Matériel et procédés des usines agricoles et des industries alimentaires .. .. »
51. Matériel des arts chimiques, de la pharmacie et de la tannerie 3
52. Moteurs, générateurs et appareils mécaniques spécialement adaptés aux besoins de l'Exposition.. .. .. »
53. Machines et appareils de la mécanique générale. . 11
54. Machines-outils.. 6
55. Matériel et procédés du filage et de la corderie. .. 3
56. Matériel et procédés du tissage. 1
57. Matériel et procédés de la couture et de la confection des vêtements . .. . »
58. Matériel et procédés de la confection des objets de mobilier et d'habitation . .. . »
59. Matériel et procédés de la papeterie, des teintures et des impressions . .. . »

INTRODUCTION.

Cl. 60. Machines, instruments et procédés usités dans divers travaux	» exp.
61. Carrosserie et charronnage.	10
62. Bourrellerie et sellerie	16
63. Matériel des chemins de fer	2
64. Matériel et procédés de la télégraphie.	3
65. Matériel et procédés du génie civil, des travaux publics et de l'architecture.	7
66. Matériel de la navigation et du sauvetage.	5 110

7ᵉ GROUPE. ALIMENTS (FRAIS OU CONSERVÉS) A DIVERS DEGRÉS DE PRÉPARATION.

Cl. 67. Céréales et autres produits farineux comestibles, avec leurs dérivés.	99 exp.
68. Produits de la boulangerie et de la pâtisserie. ..	1
69. Corps gras alimentaires; laitages et œufs.	9
70. Viandes et poissons.	12
71. Légumes et fruits	16
72. Condiments et stimulants; sucres et produits de la confiserie.	50
73. Boissons fermentées.	46 233

8ᵉ GROUPE. PRODUITS VIVANTS ET SPÉCIMENS D'ÉTABLISSEMENTS DE L'AGRICULTURE.

Cl. 74. Spécimens d'exploitations rurales et d'usines agricoles	3 exp.
75. Chevaux, ânes, mulets, etc.	16
76. Bœufs, buffles, etc	»
77. Moutons, chèvres	»
78. Porcs, lapins, etc.	»
79. Oiseaux de basse-cour.	»
80. Chiens de chasse et de garde.	1
81. Insectes utiles	5
82. Poissons, crustacés et mollusques	» 25

9ᵉ GROUPE. PRODUITS VIVANTS ET SPÉCIMENS D'ÉTABLISSEMENTS DE L'HORTICULTURE.

Cl. 83. Serres et matériel de l'horticulture.	1 exp.
84. Fleurs et plantes d'ornement.	»
85. Plantes potagères	»
86. Fruits et arbres fruitiers	»
87. Graines et plantes d'essences forestières.	»
88. Plantes de serres.	» 1

10ᵉ GROUPE. OBJETS SPÉCIALEMENT EXPOSÉS EN VUE D'AMÉLIORER LA CONDITION PHYSIQUE ET MORALE DE LA POPULATION.

Cl. 89. Matériel et méthodes de l'enseignement des enfants.	3 exp.
90. Bibliothèques et matériel de l'enseignement donné aux adultes dans la famille, l'atelier, la commune ou la corporation.	1
91. Meubles, vêtements et aliments de toute origine distingués par les qualités utiles, unies au bon marché.	»
92. Spécimens des costumes populaires des diverses contrées.	20
93. Spécimens d'habitations caractérisées par le bon marché uni aux conditions d'hygiène et de bien-être.	»
94. Produits de toute sorte fabriqués par des ouvriers chefs de métier.	»
95. Instruments et procédés de travail, spéciaux aux ouvriers chefs de métier (travaux manuels).	3 27
Total.	1366 exp.

Le catalogue indiquant le prix et la quantité des produits exposés en monnaies et mesures russes, le tableau ci-dessous offre la conversion de ces monnaies et mesures en monnaies et mesures françaises.

I. MESURES DE LONGUEUR.

RUSSES.			FRANÇAISES.
Verste.......	=	500 sagènes	= { 1066,781 mètres. 1,067 kilomètres.
Sagène...... =	{	3 archines. 7 pieds.	= 2,134 mètres. = 21,336 décimètres.
Archine..... =	{	16 verschoks. 28 pouces.	= 0,711 mètre. = 7,112 décimètres.
Pied........	=	12 pouces.	= 3,048 décimètres.

II. MESURES DE SUPERFICIE.

Dessiatine.....	=	2.400 sagènes car.	= { 109,250 ares. 1,092 hectares.
Sagène carré... =	{	49 pieds car. 9 archines car.	= 0,045 are. = 4,552 centiares.
Archine.......	=	256 verschoks car.	= 0,506 centiare.
Pied..........	=	144 pouces car.	= 0,093 centiare.

III. MESURES DE SOLIDITÉ.

Pied cube.....	=	1.728 pouces cubes.	= { 28,315 décim. cub. 0,028 stère.
Archine cube...	=	4.096 verchoks cub.	= 0,360 stère.
Sagène cube....	=	343 pieds cubes.	= 9,712 stères.

IV. MESURES DE CAPACITÉ.

Laste........	=	12 tchetvertes.	= 25,166 hectolitres.
Tchetverte.....	=	2 osminas.	= 2,097 hectolitres.
Osmina.......	=	4 tchetveriks.	= 1,049 hectolitres.
Tchetverik.....	=	8 garnetz.	= 2,621 décalitres.
Garnetz.......			= 3,277 litres.
Védro....... =	{	8 schtoffs. 10 kroujkas.	= 1,229 décalitres. = 12,290 litres.
Kroujka......	=	10 tcharkas.	= 1,229 litres.
Tonneau.....	=	40 védros.	= 4,916 hectolitres.

V. POIDS.

RUSSES.				FRANÇAIS.
Bérkovetz	=	10 pouds.	=	16,380 myriagr.
Poud	=	40 livres.	=	16,380 kylogr.
Livre	=	32 loths.	=	0,410 kilogram.
Loth	=	3 zolotniks.	=	12,797 grammes.
Zolontik.	=	96 dolys.	=	4,266 grammes.

VI. MONNAIES.

Rouble	=	100 copecks.	=	4 francs.

L'organisation de la section russe à l'Exposition universelle de Paris a été dirigée par une Commission centrale, nommée à cet effet à Saint-Pétersbourg par ordre de S. M. l'Empereur du 2 avril 1865. Les travaux de la Commission ont été secondés par dix comités auxiliaires institués, d'après son invitation, à Moscou, Riga, Helsingfors, Varsovie, Kharkov, Odessa, Tiflis, Orenbourg, Omsk et Irkoutsk, et pour la partie agricole par un comité spécial du ministère des domaines.

PERSONNEL DE LA COMMISSION CENTRALE.

Son Altesse Impériale LE PRINCE NICOLAS MAXIMILIANOVITCH ROMANOFFSKY, DUC DE LEUCHTENBERG, *président d'honneur*.

M. ALEXANDRE BOUTOWSKI, conseiller privé, directeur du département du commerce et de l'industrie, *président*.

MM. LUCAS SOKOLOWSKY, lieutenant général du corps du génie des mines.

ALEXANDRE DE SCHERER, conseiller privé, membre du conseil des manufactures.

OTTON VON EVERS, conseiller privé, du ministère des affaires étrangères.

THÉODORE BRUNI, conseiller privé, recteur de l'académie impériale des beaux-arts de Saint-Pétersbourg.

ALEXIS SIWKOFF, conseiller privé, directeur des fabriques impériales.

THEODORE DE THERNER, conseiller d'état actuel, vice-directeur du département des douanes.

NICOLAS ERMAKOFF, conseiller d'état, vice-directeur du département du commerce et de l'industrie.

VOLDÉMAR VESCHNIAKOFF, conseiller de collége, vice-directeur du département de l'agriculture.

NICOLAS TSCHERNIAIEFF, conseiller de collége, directeur du musée agricole de Saint-Pétersbourg.

CHARLES DE BIELSKY, conseiller de cour, du ministère des finances, *secrétaire*.

ROBERT DE THAL, conseiller d'état actuel, *commissaire-délégué à Paris*.

DMITRY GRIGOROVITCH, du ministère des finances, *commissaire-adjoint*.

Délégués pour la partie hippique : le général aide de camp de S. M. l'Empereur, M. PIERRE MOERDER, et sous ses ordres : M. BASILE KOPTEFF, conseiller d'état actuel; le capitaine de cavalerie SÉNIAVINE et le médecin-vétérinaire IGNATOFF.

ATTACHÉS A LA COMMISSION.

MM. Nicolas Van-der-Vliet
Dmitry Timiriazeff
Alexandre Nebolsine.
Alexandre Steven
Simon Khrouleff
Svertchkoff
} du ministère des finances.

Alexis Potemkine, du ministère des domaines.
Jules Marix, pour la partie commerciale.
Bénard, architecte.

PRÉSIDENTS ET DÉLÉGUÉS DES COMITÉS AUXILIAIRES.

De Tiflis : le général-major, Prince Serge Troubetzkoy (président et délégué).
le conseiller de cour Sitowsky (délégué).
De Moscou : le conseiller d'état actuel Victor Boutowski (président et délégué).
De Varsovie : M. Woyda (président).
le Comte Jules Lubienski (délégué).
D'Odessa : le chambellan, Prince Basile Dabija (président).
De Kharkov : le Comte Alexandre Sievers, gouverneur de Kharkov (président).
De Riga : le conseiller des manufactures Adolphe Thilo.
D'Omsk : (sous la direction de l'Administration de la Sibérie orientale).
D'Irkoutsk : le général-major Koukel (président).
De Helsingfors : le général-major Mikwitz (président).
M. Alfthan (délégué).
D'Orenbourg : le colonel Zalessoff (président).
Comité spécial pour la partie agricole : le général-major Seminoff (président); le conseiller de cour Solsky et le colonel Novitzky (délégués).

D'après le règlement sur les récompenses et l'organisatio du jury, approuvé par décret de S. M. l'Empereur des Frai çais du 9 juin 1866, douze jurys de classe et un vice-prés dent de groupe ont été assignés à la Russie dans la compos tion du jury international. Il lui a été aussi désigné u membre dans le jury spécial du nouvel ordre des récon

INTRODUCTION.

penses, institué au titre IV du règlement sus-mentionné. Ces fonctions ont été confiées aux personnes suivantes :

Pour les classes 1 et 2 réunies : M. Bruni, membre et recteur de l'académie des beaux-arts de Saint-Pétersbourg.
Pour la cl. 27 : M. Scherer, membre du conseil des manufactures.
Pour la cl. 30 : M. Andreieff, membre du conseil des manufactures.
Pour la cl. 35 : M. Boutowski, directeur du département du commerce et de l'industrie.
Pour la cl. 37 : M. Gadoline, général-major, membre du comité d'artillerie.
Pour la cl. 40 : M. Koulibine, ingénieur des mines, professeur à l'institut des mines de Saint-Pétersbourg. Suppléant : M. Mestcherine, ingénieur des mines.
Pour la cl. 42 : M. Bajanoff, professeur à l'institut agricole de Saint-Pétersbourg.
Pour la cl. 46 : M. Zinine, membre de l'académie des sciences de Saint-Pétersbourg.
Pour la cl. 48 : M. Tcherniaieff, directeur du musée agricole de Saint-Pétersbourg.
Pour la cl. 62 : M. Delavosse, professeur à l'académie agricole de Moscou.
Pour la cl. 66 : M. Boutakov, vice-amiral.
Pour la cl. 75 : M. Moerder, général-aide de camp de S. M. l'Empereur, membre de l'administration des haras (le même vice-président pour le groupe 8).
Pour le jury spécial du nouvel ordre des récompenses : M. le conseiller d'état Poroschine, ancien professeur d'économie politique à l'université impériale de Saint-Pétersbourg.
Délégués pour le comité international des poids et mesures : M. Jacobi, membre de l'académie des sciences de Saint-Pétersbourg et le général-major Gloukhoff, conservateur du dépôt des étalons légaux des poids et mesures à Saint-Pétersbourg.

Conformément aux art. XV et XVII du même règlement et sur la proposition de la Commission centrale de Russie, les personnes ci-dessous dénommées ont été admises aux travaux du jury international, les unes à titre de jurés associés, les autres de délégués, chargés de fournir tous les renseignements de nature à éclairer les travaux de ce jury, et nommément :

JURÉS-ASSOCIÉS.

Pour la cl. 3 : M. Schwartz, académicien.

Pour la cl. 12 : M. Jacobi, membre de l'académie des sciences Saint-Pétersbourg.

Pour la cl. 21 : M. Grigorovitch, adjoint du commissaire délég de la Russie.

Pour les classes 24 et 44 : M. Mendeleieff, professeur de chi à l'université impériale de Saint-Pétersbourg.

Pour la cl. 25 : M. Labsine, ingénieur-mécanicien du conseil de r nufactures de Saint-Pétersbourg.

Pour les classes 28, 45 et 73 : M. Andreieff, membre du conseil manufactures de Saint-Pétersbourg.

Pour la cl. 29 : M. Boutowski, directeur du département du co merce et de l'industrie.

Pour la cl. 31 : M. de Scherer, membre du conseil des manuf tures de Saint-Pétersbourg.

Pour la cl. 43 : M. Bajanoff, professeur de l'académie agric de Saint-Petersbourg.

Pour la cl. 47 : M. Felkner, colonel du génie des mines.

Pour les classes 53 et 61 : M. Delavosse, professeur à l'acadé agricole de Moscou.

Pour la cl. 63 : M. Voll, ingénieur des ponts et chaussées.

Pour la cl. 67 : M. Raffalovitch, négociant d'Odessa.

Pour la cl. 72 : M. Solsky, secrétaire du comité scientifique ministère des domaines.

Pour la cl. 89 : M. Soukhomlinoff, professeur de littérature ru à l'université impériale de Saint-Pétersbourg.

DÉLÉGUÉS.

Pour les beaux-arts : M. Schwartz, académicien.

Pour le materiel et application des arts libéraux : M. Van-der-vl secrétaire du comité scientifique du ministère des finances.

Pour les produits chimiques : M. Fritche, académicien.

Pour les produits forestiers : M. de Kramer, conseiller d'état.

Pour les vins et boissons : M. Solsky, secrétaire du comité scie fique du ministère des domaines.

Pour les céréales : M. Bourakoff, propriétaire-cultivateur.

Pour l'enseignement : M. Kotchoubey, professeur.

CATALOGUE SPÉCIAL

DE LA

SECTION RUSSE

A L'EXPOSITION UNIVERSELLE DE PARIS

EN 1867.

HISTOIRE DU TRAVAIL.

1. ARSENAL DE TZARSKOE-SELO.

1. Cotte de mailles et calotte en fer damasquiné d'argent avec sa coiffe en mailles (missurka), XVIIe siècle.
2. Épée et espadon d'un chef de troupes russes du XVIIe siècle (metche et palache voïevody).
3. Pertuisane, XVIIe siècle.
4. Fusil-revolver à six coups, XVIIIe siècle (pistchal skorostrèlnaya perevertnaya).
5. Paire de pistolets, appartenant au même fusil-revolver.
6. Trois fusils de chasse et pistolets de la manufacture de Toula, XVIIIe siècle.
7. Fusil de chasse, fait à Sisterbeck, XVIIIe siècle.
8. Fusil-tromblon, fait à Toula, en 1801.
9. Deux sabres de la manufacture de Zlatooustè, XIXe siècle.

2. OROUJEINAYA PALATA (Palais des armures), à Moscou.

VAISSELLE EN ARGENT GRAVÉE ET CISELÉE.

1. Grande coupe en argent du prince Vladimir Davidovitch de Tchernigov, XIIe siècle.

2. Coupe en vermeil du grand-duc Siméon Ivanovitch, xive siècle.
3. Vase en vermeil, de la forme d'un coq, du grand-duc Ivan III Vassilievitch, xve siècle.
4. Puisoir en or du grand-duc Vassily Ivanovitch, xvie siècle.
5. Deux puisoirs en vermeil émaillé, du tzar Ivan IV, xvie siècle.
6. Poivrier en argent du tzarevitch Fedor Ivanovitch, xvie siècle.
7. Tasse-bratine, en argent gravé, du boyard Dimitry Godounov, xvie siècle.
8. Coupe-bratine, en argent ciselé, de Pierre Tretiakov, secrétaire du conseil des boyards, xviie siècle.
9. Tasse à vin, en vermeil, du boyard prince Ivan Tcherkassky, xviie siècle.
10. Buire en vermeil du tzar Alexis Mikhaïlovitch, xviie siècle.
11. Plat d'argent doré et niellé, offrande du tzar Fedor Alexeyevitch à l'église de la Résurrection, au palais du Kremlin, xviie siècle.
12. Aiguière en argent doré et émaillé du tzarevitch Pierre Alexéevitch.
13. Assiette d'argent gravée et dorée, du tzarevitch Alexis Pétrovitch.
14. Cuiller en argent de l'Archimandrite Varlaame, xviie siècle.
15. Nécessaire de table, contenant un couteau, une fourchette et une cuiller, xviiie siècle.

VAISSELLE EN ÉMAIL.

16. Assiette en or, enrichie d'émaux et de rubis, du tzar Alexis Mikhaïlovitch.
17. Deux tasses en argent, enrichies d'émaux peints, xviiie siècle.
18. Deux petites coupes en argent, enrichies d'émaux peints, xviie siècle.
19. Petite tasse à vin, en vermeil, à deux anses, ornée d'émail et de filigrane, xviie siècle.

VAISSELLE DE MATIÈRES DIVERSES.

20. Coupe en pagoditte grise, du prince Michel Temkine-Rostovsky, xvie siècle.
21. Deux tasses à anses, en cornaline et en cristal de roche, montées en or et vermeil et enrichies de pierres fines, du tzar Michel Fedorovitch, xviie siècle.
22. Vase en noix de coco, monté en vermeil; petite coupe en nacre de perle, du tzar Vassily Schouysky; cuiller en or, de Marie, épouse du tzar Boris Godounov.

ORFÉVRERIE.

23. Bagues en or et en vermeil, enrichies d'émeraudes, de turquoises et de perles fines.
24. Boutons en argent, enrichis de perles, de pierres fines et d'émaux.
25. Boucles d'oreilles en or et en argent, enrichies de perles cabochons, de perles fines et de turquoises.

ARMES ET ARMURES.

26. Épieu en boulate damasquiné, du prince Boris Alexandrovitch, de Tver, XVe siècle.
27. Poignard (boudey), du prince André de Staritza, fils du grand-duc Ivan III, XVIe siècle.
28. Masse d'armes en fer (boulava et chéstopere), XVIIe siècle.
29. Hache d'armes (toporok possolsky), XVIIe siècle.
30. Pertuisane, espadon ou palach, épée ou kontchar, deux sabres et une lame de sabre en boulate bleu, forgée en 1633, par Alfery Iouriev.
31. Carquois ou saadak et fourreau d'arc ou naloutch, du tzar Michel Fedorovitch.
32. Fusil rayé (pistchal vintovannaya), fait à Moscou, en 1626, par Timothée Loutchaninov.
33. Fusil-revolver (pistchal skorostrielnaya perevertnaya), à six coups, fait à Moscou, en 1638, par Ivan Loutchaninov.
34. Carabine rayée, faite à Moscou, par Nikita Davidov, en 1668.
35. Fusil-revolver à deux canons, fait à Moscou, par Philippe Timofeev, XVIIe siècle.
36. Fusil rayé fait à Moscou, par Athanase Viatkine, en 1693.
37. Paire de pistolets faits à Moscou, par Athanase Viatkine, en 1678.
38. Pistolet-revolver à six coups, fait à Moscou, par Nikita Davidov, en 1670.
39. Mortier à main, XVIIe siècle.
40. Poire à poudre, amorçoire et sac à balles, XVIIe siècle.
41. Casque modèle de Jarkende (chapka jerikhonskaya), du prince Fedor Mstislavsky, XVIIe siècle.
42. Calotte à coiffe de mailles (missurka), XVIIe siècle.
43. Cotte de mailles (pantzir), faite à Moscou par Fedor Denissov, en 1666.
44. Armure, modèle persan (zertzalo).
45. Jambières (boutourlyky), travaillées par Grégoire Viatkine, et brassards (naroutchis), XVIIe siècle.
46. *Antiquités de l'empire de Russie*. Ouvrage en 446 planches chromolithographiées, accompagné de texte. Prix : 250 roub. arg.

3. KOTSCHOUBEY (P. A.), à Saint-Pétersbourg.

Collection d'ancienne vaisselle russe, en argent et en noix de coco : bratines, cruches, gobelets, coupes et tasses, XVIIe et XVIIIe siècles.

4. MOUSSINE-POUSCHKINE (Comte A. I.), à Saint-Pétersbourg.

Collection d'ancienne vaisselle russe en argent et en noix de coco : bratines, coupes, puisoirs, gobelets et tasses, XVIe et XVIIIe siècles.

5. ERMITAGE IMPÉRIAL, à Saint-Pétersbourg.

Collection d'anciennes monnaies russes en or et en argent, X^e et XVIIe siècles.

6. S. A. I. LA GRANDE-DUCHESSE ALEXANDRA PETROVNA.

Collection de croix pectorales en argent XVIe et XVIIIe siècles.

7. SOROKINE (ANDRÉ), à Moscou.

Collection d'icones russes peintes sur bois par les iconographes miniaturistes du dix-septième siècle et représentant des sujets symboliques. Cantiques en action. Ménologe personnifié. Création du monde. Dernier jugement. Premier jour de l'an, etc.

8. PROKHOROFF (BASILE), à Saint-Pétersbourg.

1. Calques coloriés des fresques de l'église de Saint-Georges à Staraya-Ladoga, XIIe siècle.
2. Images peintes sur bois (icones), XVIe et XVIIe siècles.
3. Ouvrage intitulé *Antiquités chrétiennes et archéologie*, par Prokhoroff. 2 vol. in-4°, ornés de planches nombreuses. Prix : 24 roub.

9. MUSÉE PUBLIC DE MOSCOU (ROUMIANTZEFF).

ORIGINAUX.

1. Croix en bois sculpté, XIIe siècle.
2. Panagie diptyque en ivoire sculpté monté sur argent, XIVe siècle.
3. Lampe en bronze, XIIe siècle.
4. Collection de croix et d'images pectorales en argent et en bronze, XIIe et XVIIIe siècles.
5. Images (icones) peints sur bois par les iconographes de Novgorod et de la Petite-Russie, XVIe-XVIIe siècles.
6. Dessins d'iconographie russe, sur papier, XVIIe siècle.

7. Manuel d'iconographie russe, XVIIᵉ siècle. Manuscrit, dit Podlinnik.
8. Antiquités en bronze et en fer provenant de fouilles faites en Sibérie et dans le gouvernement de Wladimir.
9. Épaulette d'une cuirasse ou d'une cotte, en cuivre émaillé, travail de Cologne, XIIᵉ siècle; portée par le grand-duc de Wladimir, André Bogoliubsky.
10. Deux petits coffrets, en fer ciselé, et encrier en cuivre émaillé, XVIIᵉ siècle.
11. Boucles d'oreilles et bagues en argent et en bronze, XIIᵉ-XVIIIᵉ siècles.

PUBLICATIONS ET REPRODUCTIONS.

12. Copies photographiées des miniatures de manuscrits grecs et slavons conservés à Moscou. 1-3 livraisons. Moscou, 1862-65. Publié par le musée de Moscou, sous la rédaction du conservateur des manuscrits et livres rares, A. Victoroff.
13. Copies en plâtre de monuments d'art byzantin et russe, conservés à Moscou : deux grands sions portatifs, en argent, XVᵉ siècle; ciboire byzantin, XIᵉ siècle, provenant de l'église cathédrale de l'Assomption; panagie à deux tasses en argent, XIVᵉ siècle, du couvent de Simonov; navette en argent, XVIIᵉ siècle, du couvent Novospassky; serpentine gravée, image votive de la famille du grand-duc de Wladimir, Georges Wsewolodowich, XIIIᵉ siècle, cathédrale de Souzdal; reproduits sous la direction du conservateur des antiquités chrétiennes et russes du musée.

10. OZIERSKY (Al. D.).

Collection d'instruments de l'âge de pierre, provenant de fouilles faites dans le gouvernement de Minsk.

11. HEISER, à Saint-Pétersbourg.

COLLECTION DE MOULAGES PEINTS, D'OBJETS D'ANTIQUITÉ EN PIERRE, BRONZE ET FER, PROVENANT DE LA RUSSIE SEPTENTRIONALE, DE LA SIBÉRIE ET DU CAUCASE, EXÉCUTÉS D'APRÈS LES INSTRUCTIONS DE M. P. LERCH, ARCHÉOLOGUE, PAR M. HEISER.

OBJETS PROVENANT DU GOUVERNEMENT D'OLONETZ.

1-2. Deux haches en schiste argileux. District de Petrosavodsk, village de Pégrima.
3. Hache-coin en schiste argileux. Distr. de Petrosavodsk, vil. Lossossinka.

4. Ciseau. Distr. de Povenetz, rive N. E. du lac Vyg, dans les environs de Koikenitzi.
5-6. Deux instruments en schiste argileux, terminés en *gouge*. Distr. de Petrosavodsk.
7. Gouge en schiste argileux. Dans les environs de Pégrima.
8. Marteau en grès.
9-11. Trois marteaux-haches. Distr. de Petrosavodsk.
12. Marteau-hache en schiste talqueux, terminé en tête d'élan. Distr. de Petrosavodsk.
13. Marteau-hache en schiste talqueux, terminé en tête d'ours. Distr. de Vytegra.
14. Pointe de flèche.
15. Pointe de flèche en silex.
16-17. Deux pointes de flèche. Distr. de Kargopol, village d'Okhtoma.

INSTRUMENTS ET ARMES EN PIERRE, PROVENANT DES GOUVERNEMENTS D'ARCHANGEL, DE VOLOGDA ET DE VIATKA.

18. Pointe de flèche. Gouv. d'Archangel, distr. d'Onega.
19. Hache, non achevée. Gouv. de Vologda, ville de Velsk.
20. Pointe de lance. Gouv. de Vologda, ville de Velsk.
21. Pointe de lance en silex. Distr. de Velsk, frontière au distr. de Kargopol.
22. Mulcus en silex. Gouv. de Vologda. Distr. de Nicolsk.
23. Ciseau. Gouv. de Viatka, village d'Anagnino, près de la ville Ielabouga.

INSTRUMENTS PROVENANT DE LA LITHUANIE.

24. Gouge en syénite.

INSTRUMENTS EN PIERRE ET OBJETS EN BRONZE PROVENANT DU CAUCASE.

25-26. Deux marteaux trouvés dans les salines du gouv. d'Érivan.
27. Marteau-hache trouvé à Piatigorsk.
28. Fibule en bronze.

DIVERS OBJETS EN BRONZE, FER ET ARGILE PROVENANT DE L'OURAL, DU GOUVERNEMENT DE VIATKA ET DE LA SIBÉRIE.

29. Hache en bronze. De l'Oural.
30. Poignard en bronze. Gouv. de Tomsk. Mines de Zmeinogorsk.
31-34. Hache en bronze et trois pointes de lance. Gouv. de Viatka, ville de Ielabouga.

OBJETS PROVENANT DU TUMULUS D'ANAGNINO PRÈS DE IELABOUGA, SUR LA KAMA.

35-36. Six haches en bronze, de formes diverses.
37. Pointe de lance et deux pointes de flèches, en bronze.
38. Marteau-hache en bronze.
39. Poignard en fer avec poignée en bronze ; poignée en bronze.
40. Deux poignards en fer.
41. Deux fers de lance.
42-45. Trois pots en argile.
46. Marteau-hache en bronze avec une tête de sanglier.
47. Quatre accessoires de costume.

12. MUSÉE D'ART ET D'INDUSTRIE DE L'ÉCOLE DE DESSIN TECHNIQUE STROGANOFF, à Moscou.

REPRODUCTIONS D'OBJETS D'ART ET D'ORNEMENTS TIRÉS DES MANUSCRITS GRECS ET RUSSES, DE DIVERS MONUMENTS ET COLLECTIONS, SE RAPPORTANT A L'HISTOIRE DU TRAVAIL EN RUSSIE DU X^c AU XVIIIe SIÈCLE.

MANUSCRITS GRECS.

Vignettes et initiales.

1. Homélies de saint Jean Chrysostome, x^e-xie siècles.
2. Œuvres de saint Grégoire de Nazianze, x^e, xie et xve siècles.
3. L'évangéliaire, xiie siècle.
    Moscou. Sacristie patriarcale.
4. Recueil, x^e-xie siècles.
5. Psautier, xive siècle.
    Moscou. Musée public.

Miniatures.

6. Acathiste de la Sainte Vierge, xiie siècle.
7. Évangéliaire, xiie siècle.
    Moscou. Sacristie patriarcale.

MANUSCRITS RUSSES.

Vignettes, initiales et texte.

8. Évangéliaire de l'an 1164.
    Moscou. Musée public.
9. Nomocanon du xiie siècle.
    Même musée.

10. Échelle, œuvres de saint Jean Climaque, xiiie siècle.
   Moscou. Musée public..
11. Psautier de l'an 1296.
   Moscou. Sacristie patriarcale.
12. Psautier du xiiie siècle.
   Saint-Pétersbourg. Bibliothèque impériale.
13. Recueil des parémies, de l'an 1370.
   Musée public de Moscou, dit Roumiantzoff.
14. Prologue (Ménologe abrévier), du xive siècle.
   Bibliothèque de l'imprimerie patriarcale, à Moscou.
15. Recueil des parémies, xive siècle.
16. Psautier, xive siècle.
   Bibliothèque de l'imprimerie patriarcale, à Moscou.
17. Évangéliaire, xve siècle.
18. Psautier, xve siècle.
19. Missel, xve siècle.
20. Ménologe, xve siècle.
21. Pandectes, xve siècle.
22. Évangéliaire du patriarche Filaret, xvie siècle.
23. Psautier de l'an 1692.
   Moscou. Sacristie patriarcale.

Miniatures.

24. Évangéliaire de l'an 1057, dit Ostromirovo Évangelié.
   Saint-Pétersbourg, Bibliothèque impériale.
25. Recueil de l'an 1073, dit Isbornik Sviatoslava.
   Moscou. Bibliothèque patriarcale.
26. Évangéliaire de l'an 1250.
   St-Pétersbourg. Bibliothèque de l'Académie ecclésiastique.
27. Prologue, xiiie siècle.
28. Psautier, xive siècle.
29. Évangéliaire, xvie siècle.
   St-Pétersbourg. Bibliothèque impériale.
30. Évangéliaire, xviie siècle.
   Souzdal (gouv. de Vladimir). Spasso-Efimiev monastère.

ORFÉVRERIE ET ARGENTERIE.

31. Barmes en or (larges colliers) des souverains russes, enrichies d'émaux cloisonnés, de pierres fines et de filigranes, du xe-xie siècles.
   Moscou. Oroujeinaïa Palata.

32. Couverture de l'évangéliaire de Mstislav, grand-duc de Novgorod, XIIe siècle.
   Moscou. Cathédrale d'Arkhangel.
33. Détails du saccos (chasuble) du métropolitain St Alexis. Plaques d'émaux cloisonnées, niellées et travaillées au repoussé, XIIe-XIVe siècles.
   Moscou. Monastère Tchoudov.
34. Croix en bronze du couvent de Saint-Abraham, XIIe siècle. Croix des chaînes du couvent Borisoglebsk, XVIe siècle. Panagie en pierre sculptée, du même couvent, XVIe siècle.
   Rostov (gouv. de Iaroslav).
35. Panagies en or, enrichies d'émaux cloisonnés, XIe siècle, et en argent doré et niellé, XIIe siècle.
   Moscou. Cathédrale de l'Annonciation.
36. Plaques en émail de Limoges (couvertures d'évangéliaire), nommées images de saint Antoine-Romain, XIIe siècle.
   Novgorod. Monast. de Saint-Antoine.
37. Détails de l'étole du métropolitain saint Alexis. Plaques d'émaux cloisonnés et plaques niellées, XIVe siècle.
   Moscou. Monast. Tchoudov.
38. Détails des petites manches (Επιμανεκια) du métropolitain Photius. Plaques d'émaux cloisonnés, et plaques ciselées et niellées XIIe et XVe siècles.
   Moscou. Sacristie patriarcale.
39. La mitre du patriarche Nikon, connue sous le nom de la Grande Couronne, XVIIe siècle (1655).
   Moscou. Sacristie patriarcale.
40. Mitre du XVIIe siècle.
   Souzdal (gouv. de Vladimir). Spasso-Efimiev monastère.
41. Croix d'autel en argent doré, émaillée et ornée de filigrane, XVIe s. Plaques de pale en argent émaillé, XVIIe siècle. Boucle de la ceinture sacerdotale.
   Pereiaslav (gouv. de Iaroslav) : cathédrale, monastère de Saint-Théodore, église de la Présentation de la Vierge.
42. Croix, diptyques et panagies sculptées en bois, montées en argent émaillé. XIVe-XVIe siècles.
   Souzdal (gouvern. de Vladimir), couvent de Pokrovsky.
43. Croix pectorales en argent émaillé, XVIe-XVIIe siècles.
   Souzdal. Spasso-Efimiev monastère.
44. Boucles d'oreilles en or émaillé, XVIe siècle.
   Souzdal.
45. Croix d'autel en argent émaillé, coupe en bronze émaillé, XVIe siè-

cle. Plaques d'une robe sacerdotale en or, travaillées au repoussé, XVIIe siècle.
  Iaroslav, sacristie épiscopale. Rostov. Ouglitch.

46. Vases sacrés, calice, patène, etc., en or émaillé. Donation du Boyard Morosoff, XVIIe siècle.
  Moscou. Monast. Tchoudov.

47. Étui pour couteaux en argent gravé, enrichi d'émaux peints, XVIIe s.
  Moscou. Oroujeïnaïa Palata.

48. Panagie en argent émaillé du patriarche Hermogen; panagie en jaspe orné d'or et de pierres fines du patriarche Filaret Nikitisch, XVIIe siècle.
  Moscou. Sacristie patriarcale.

49. Plats en or émaillé, XVIIe siècle.
  Moscou. Oroujeïnaïa Palata.

50. Coupes en or émaillé, XVIe siècle.
  Même provenance.

51. Vases, deux coupes et poire à poudre en argent émaillé, XVIIe siècle.
  Ibidem.

52. Encrier et poire à poudre émaillés, XVIIe siècle.
  Ibidem.

53. Croix pectorales et croix de suspension, en argent émaillé, XIVe-XVIe siècles.
  Souzdal (gouv. de Vladimir), couvent Pokrovsky.

54. Chatons et montures du saccos du patriarche Nikon, XVIIe siècle.
  Moscou. Sacristie patriarcale.

55. Boucles d'oreilles en argent du Xe au XVIIe siècle.
  Moscou. Oroujeïnaïa Palata.

56. Barmes ou colliers du XIIe siècle.
  Ibidem.

57. Panagies et croix du XIIe-XIVe siècles.
  Moscou. Cathédrale de l'Annonciation.

58. Monture en argent doré, travaillé au repoussé, avec images et ornements du casque du grand-duc Iaroslav Vsevolodovitch, XIIIe siècle.
  Moscou. Oroujeïnaïa Palata.

59. Panagies en argent ciselé à jour et niellé, XIVe siècle.
  Moscou. Cathédrale de l'Annonciation.

60. Panagies et diptyques en argent ciselé et gravé, XIVe-XVe siècles.
  Ibidem.

61. Panagies de suspension, en pierres précieuses, panagies peintes et recouvertes de cristaux de roche, montées sur filigrane d'or et d'argent et ornées de pierres fines, XIVe-XVIe siècles.
  Souzdal (gouv. de Vladimir), couvent de Pokrovsky.

62. Panagies en argent niellé, en ivoire sculpté, et images de supension, XIVᵉ-XVIᵉ siècles.
   Ibidem.
63. Croix en marbre, ornées de filigrane d'or et d'argent, XIVᵉ-XVIᵉ siècles.
   Ibidem.
64. Panagiaire diptyque en argent gravé, XVIᵉ siècle.
   Ibidem.
65. Croix pectorales en argent ciselé et gravé, XVIᵉ-XVIIᵉ siècles.
   Ibidem.
66. Deux croix d'autel en argent, XVIᵉ siècle.
   Iaroslav. Sacristie épiscopale.
67. Croix d'autel, XVIᵉ siècle.
   Pereiaslav (gouv. de Iaroslav), cathédrale.
68. Coupes en argent ciselé, XVIIᵉ siècle.
   Moscou. Oroujeïnaïa Palata.
69. Deux bratines (coupes), XVIᵉ siècle.
   Ibidem.
70. Croix de suspension et croix pectorales en argent niellé, ciselé et gravé, XVIᵉ-XVIIᵉ siècles.
   Moscou. Cathédrale de l'Annonciation.
71. Croix de suspension en argent doré, fondu et ciselé, XVIᵉ-XVIIᵉ siècles.
   Ibidem.
72. Bratine (coupe), plat et cuiller en argent doré et niellé, XVIIᵉ s.
   Moscou. Oroujeïnaïa Palata.
73. Plaques en or, niellées, du saccos du patriarche Nikon.
   Moscou. Sacristie patriarcale.

SCULPTURES EN BOIS, EN PIERRE TENDRE ET EN PIERRE DURE.

74. Porte sainte de la cathédrale de Sainte-Sophie, XVIᵉ siècle.
   Novgorod.
75. Porte sainte de l'église Spasso-Nereditza, XVIᵉ siècle.
   Novgorod.
76. Stalle impériale en bois sculpté.
   Novgorod. Cathéd. de Sainte-Sophie
77. Porte sainte de l'église de la Présentation de la Sainte Vierge, XVIIᵉ siècle.
   Pereiaslav (gouv. de Iaroslav).

78. Crosse d'ivoire sculptée, du métropolitain Guéronty, composée de fragments des xiie et xviie siècles.
   Novgorod. Cathédrale de Sainte-Sophie.
79. Deux coupes (bratines) sculptées en noix de cocos, montées sur argent doré, xviie siècle.
   Moscou. Oroujeïnaïa Palata.
80. Pierre tumulaire du couvent Nikitsky, xiiie siècle.
   Souzdal (gouv. de Vladimir).
81. Panagie en onyx sculpté et monté en or émaillé, niellée et enrichie de pierres fines, appartenant au patriarche Job, xvie siècle.
   Moscou. Sacristie patriarcale.
82. Panagie en onyx, dorée, émaillée et niellée, xvie siècle.
   Ibidem.
83. Panagie en corail, montée en or, du patriarche Job, xvie siècle.
   Ibidem.

TISSUS ET BRODERIES, VÊTEMENTS ECCLÉSIASTIQUES.

84. Le saccos du métropolitain saint Alexis, xive siècle.
   Moscou. Monastère Tchoudov.
85. L'étole du métropolitain saint Alexis, xive siècle.
   Ibidem.
86. Le grand saccos du métropolitain Photius, xve siècle.
87. Le saccos, l'étole et les petites manches du métropolitain Photius, xve siècle.
   Moscou. Sacristie patriarcale.
88. L'épigonate représentant le crucifiement de N. S., xvie siècle.
   Moscou. Sacristie patriarcale.
89. L'épigonate représentant la résurrection de N. S., xvie siècle.
   Ibidem.
90. Mitre brodée (chape d'évêque), xvie siècle.
   Rostov (gouv. de Iaroslav).
91. Klobouk de métropolitain, xviie siècle.
   Jaroslav.
92. L'omophore du patriarche Nikon, xviie siècle.
   Moscou. Sacristie patriarcale.
93. Croix brodées de pales, du xviie siècle.
   Rostov (gouv. de Iaroslav). Monastère Borissoglebsk et l'église du Tzarévitch Dmitri, à Ouglitch.

94. Étui pour couteau, en velours brodé de soie et or, XVIIe siècle.

Moscou. Oroujeïnaïa Palata.

MOULAGES EN PLATRE.

95. Ornements sculptés de la cathédrale de Saint-Dmitry à Vladimir sur la Kliazma, XIIe siècle.
96. Coffret en ivoire sculpté, travail byzantin du IXe siècle.

Novgorod. Cathédrale de Sainte-Sophie.

97. Fragment d'une porte d'entrée en bronze, XIe siècle.

Ibidem.

98. Sion portatif d'argent, travaillé au repoussé, XIIe siècle.

Ibidem.

99. Ripides en bronze (éventails sacramentaux) XIIe siècle.

Ibidem.

100. Coupe, bratine, en argent travaillé au repoussé, XIIe siècle.

Ibidem.

101. Fragments d'une monture en argent repoussé, XIIe siècle.

Ibidem.

102. Tasse de la panagie, ciboire en argent ciselé et gravé, XIIIe siècle.

Novgorod. Monastère de Saint-Antoine.

103. Calice en argent ciselé, XIIIe siècle.

Pereiaslav (gouv. de Iaroslav). Cathédrale.

104. Panagiaire diptyque en argent gravé, XIIIe siècle.

Souzdal (gouv. de Vladimir). Spasso-Éfimiev monastère.

105. Cinq plaques en argent travaillées au repoussé, XIVe siècle.

Ibidem.

106. Porte sainte en bois sculpté, ornée des images en ivoire, XIVe-XVIe siècles.

Rostov (gouv. de Iaroslav), église de Saint-Isidore.

107. Panagie en bronze, ciselée et gravée, XVe siècle.

Souzdal (gouv. de Vladimir), monastère de Saint-Basile.

108. Croix d'autel, en argent ciselé, XVe siècle.

Rostov (gouv. de Iaroslav). Borissoglebsky monastère.

109. Porte sainte sculptée en bois, XVIe siècle.

Rostov (gouv. de Iaroslav), église de Saint-Jean.

110. Bénitier en bronze gravé, XVIe siècle.

Pereiaslav (gouv. de Iaroslav), église de la Présentation de la Sainte Vierge.

111. Monture de la panagie en argent niellé, XVIe siècle.

    Souzdal (gouv. de Vladimir), couvent Pokrovsky.

112. Encensoir en argent ciselé à jour, XVIe siècle.

    Souzdal (gouv. de Vladimir). Spasso-Efimiev monastère.

113. Monture d'une panagie en argent, ornée de filigrane, XVIe siècle.

    Souzdal (gouv. de Vladimir), couvent Pokrovsky.

114. Croix d'autel ou de bénédiction, XVIe siècle.

    Pereiaslav (gouv. de Iaroslav), église de la Présentation.

115. Boucle d'une ceinture sacerdotale en bronze émaillé, XVIe siècle.

    Pereiaslav. Monastère Nikitsky.

116. Bratine (coupe), sculptée en noix de coco, XVIe siècle.

    Novgorod. Cathédrale de Sainte-Sophie.

117. Calice en argent ciselé et gravé, XVIe siècle.

    Souzdal (gouv. de Vladimir). Spasso-Efimiev monastère.

118. Vases sacrés, calice et patène, en argent gravé, XVIIe siècle.

    Ibidem.

119. Ripides en argent, travaillées au repoussé, XVIIe siècle.

    Novgorod. Cathédrale de Sainte-Sophie.

120. Navette en argent ciselé, XVIIe siècle.

    Moscou. Cathédrale de l'Annonciation.

121. Croix d'autel en bronze émaillé, XVIIe siècle.

    Pereiaslav (gouv. de Iaroslav), monastère Daniiev.

122. Plaques d'un reliquaire, en cuivre gravé, XVIIe siècle.

    Pereiaslav (gouv. de Iaroslav).

123. Couverture de l'évangéliaire du prince Pojarsky, XVIIe siècle.

    Souzdal (gouv. de Vladimir). Spasso-Efimiev monastère.

CALQUES.

124. Calques des portes d'entrée de l'église cathédrale de la Nativité de la Sainte Vierge, à Souzdal, contenant 18 planches.

Nota. Les objets susmentionnés sont complétés par une collection assez considérable de moulages pris dans les mêmes localités sur des croix, des images en bois, en ivoire, en pierre et en métal.

13. MARTINOFF (Nicolas), à Moscou.

Antiquités russes de Novgorod et Riasan, dessinées par M. Martinov (propriété du ministère des domaines). Plans, façades, vues et ornementations des églises, images, croix, panagies, vases sacrés, reliquaires et vêtements sacerdotaux.

14. PHOTOGRAPHIE DU COUVENT DE TROITZKO-SERGIEVA-LAVRA près Moscou.

Reproductions photographiques des antiquités russes conservées au trésor du couvent. Images sur bois. Vases sacrés. Croix. Panagies. Vêtements liturgiques. Manuscrits, etc.

15. RICHTER, à Moscou.

Ouvrage intitulé : *Monuments anciens de l'architecture russe*, par Richter, avec gravures nombreuses sur métal et chromolithographies. 1 vol. in-folio. Prix : 25 roub.

16. COMITÉ AUXILIAIRE DE VARSOVIE POUR L'EXPOSITION UNIVERSELLE.

Postille imprimée en 1851.

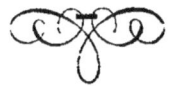

PREMIER GROUPE

BEAUX-ARTS.

CLASSE 1. PEINTURES A L'HUILE.

AYVASOWSKY (Jean).

Né à Théodosie (Crimée) en 1817; élève de l'Académie des Beaux-Arts de Saint-Pétersbourg et des professeurs Tanner et Zauerweid; professeur en 1847; (à Théodosie, Crimée).

1. Vue prise sur la côte méridionale de la Crimée. Clair de lune.
   (Propriété de M. Prianischnikoff).

BOGOLIOUBOFF (Alexis).

Né en 1824; élève de l'Académie des Beaux-Arts de Saint-Pétersbourg; premier grand prix en 1853; académicien en 1858; professeur en 1861; (à Saint-Pétersbourg).

2. Combat naval de Grenham.
3. Débarquement des troupes russes sous le commandement de Pierre Ier, dans le golfe d'Agrakhan.
4. Les navires suédois *Astrel* et *Heydan*, pris à l'abordage par Pierre le Grand.
5. La flottille de transport de Pierre le Grand jetée par une tempête dans les roseaux du golfe.
6. Le bombardement de Petropavlowsk (au Kamtchatka) par la flotte anglo-française en 1855.
   (Ces cinq tableaux appartiennent à S. M. l'Empereur Alexandre II.)

BRONNIKOFF (Théodore).

Né à Perm en 1825, élève de l'Académie des Beaux-Arts de Saint-Pétersbourg; professeur en 1864; (à Rome).

7. Horace lisant ses satires en présence d'Auguste et de Mécène.
8. Apelles choisissant son modèle.

GROUPE 1. — CLASSE 1.

CHARLEMAGNE (Adolphe).

Né à Saint-Pétersbourg en 1826; élève de l'Académie des Beaux-Arts; académicien en 1859; (à Saint-Pétersbourg).

9. Entrée triomphale du maréchal Souworoff à Milan, en 1799.
(Propriété de S. M. l'Empereur Alexandre II.)

CLODT VON JURGENSBURG Ier (Le Baron Michel).

Né à Saint-Pétersbourg en 1836; élève de l'Académie des Beaux-Arts; premier grand prix de paysage en 1858; académicien en 1862; professeur en 1864; (à Saint-Pétersbourg).

10. Vue d'une route pendant les pluies d'automne (gouvernement d'Orel).
(Propriété de M. Tretiakoff.)
11. Vue prise dans le gouvernement d'Orel.
(Propriété de M. Prianischnikoff.)

CLODT VON JURGENSBURG IIme (Le Baron Michel).

Né à Saint-Pétersbourg en 1839; élève de l'Académie des Beaux-Arts; premier grand prix en 1861; (à Saint-Pétersbourg).

12. Un atelier de tailleurs dans un couvent de moines franciscains.
13. Le dernier printemps.
(Propriété de M. Tretiakoff.)

DUCKER (Gustave-Eugène).

Né à Riga en 1840; élève de l'Académie des Beaux-Arts de Saint-Pétersbourg; premier grand prix de paysage en 1862; (à Dusseldorf, Prusse).

14. La forêt.
15. Le moulin : effet de neige.
16. La plage.

FLAVITSKY (Constantin).

Né en 1829; mort en 1866; élève de l'Académie des Beaux-Arts de Saint-Pétersbourg; professeur en 1864.

17. Mort légendaire de la princesse Tarakanoff. Sujet tiré d'un roman.

FRENTZ (Rodolphe).

Élève du professeur Kruger à Berlin; (à Saint-Pétersbourg).

18. Le repos des chasseurs.

GERSON (Woyciech).

Né à Varsovie en 1831; élève de l'école des Beaux-Arts de Varsovie et de l'Académie de Saint-Pétersbourg, et de M. L. Coignet à Paris; (à Varsovie).

19. La propagande des Germains du dixième et onzième siècle chez les Slaves Polabes entre l'Elbe et l'Oder.

GROUPE 1. — CLASSE 1.

GUÉ (Nicolas).
Né en 1830; élève de l'Académie des Beaux-Arts de Saint-Pétersbourg; professeur en 1863; (à Florence).

20. La Sainte Cène.
(Propriété du Musée de l'Académie des Beaux-Arts.)

HORAVSKY (Apollinaire).
Né au gouvernement de Minsk en 1832; élève de l'Académie des Beaux-Arts de Saint-Pétersbourg; académicien en 1861; (à Saint-Pétersbourg).

21. Portrait d'une vieille Lithuanienne.

JACOBY (Valère).
Né en 1834; élève de l'Académie des Beaux-Arts de Saint-Pétersbourg; (à Rome).

22. La mort de Robespierre.
23. Le cardinal de Guise.

KELLER (Jean).
Né en Esthonie en 1826; élève de l'Académie de Saint-Pétersbourg; académicien en 1861; (à Saint-Pétersbourg).

24. Portrait de l'artiste.

KOSCHELEW (Pierre).
Élève de l'Académie des Beaux-Arts de Saint-Pétersbourg; (à Saint-Pétersbourg).

25. Le colporteur de village.
(Propriété de M. Narischkine.)

KOTZEBUE (Alexandre).
Élève de l'Académie des Beaux-Arts de Saint-Pétersbourg; professeur en 1858; (à Munich).

26. Bataille de Poltawa.
27. Passage du pont du Diable par l'armée russe (campagne de Suisse en 1799).
(Ces deux tableaux appartiennent à S. M. l'Empereur Alexandre II.)

LAHORIO (Léon).
Né en 1827; élève de l'Académie des Beaux-Arts de Saint-Pétersbourg; premier grand prix de paysage en 1850; professeur en 1860; (à Saint-Pétersbourg).

28. La Fontaine à Rocca di Papa.
(Propriété de M. Trétiakoff.)
29. Castel Fusano.
(Propriété de M. Soldatenkoff.)
30. Vue prise près de Sorrento.
(Propriété du musée de l'Académie des Beaux-Arts.

LITOVTCHENKO (Alexandre).

Né en 1835 à Krémentchoug (gouvernement de Poltawa); élève de l'Académie des Beaux-Arts de Saint-Pétersbourg; deuxième grand prix en 1861; (à Saint-Pétersbourg).

31. Fauconnier moscovite du temps du Tzar Alexis Mikhaïlovitch.

MESTCHERSKY (Arsène).

Né à Twer en 1834; élève de l'Académie des Beaux-Arts de Saint-Pétersbourg et de Calame à Genève; premier grand prix de paysage en 1859; académicien en 1864; (à Saint-Pétersbourg).

32. Une soirée d'hiver en Finlande.

MIASSOYÉDOFF (Grégoire).

Né en 1836; élève de l'Académie des Beaux-Arts de Saint-Pétersbourg; premier grand prix en 1862; (à Rome).

33. Fuite du faux Dimitry (sujet tiré du drame de Pouschkine : Boris Godounow).
(Propriété du musée de l'Académie des Beaux-Arts.)

MIODOUCHEVSKY (Jean).

Né en Pologne, élève de l'Académie de Saint-Pétersbourg et du professeur Neff. (A Paris, rue de l'École-de-Médecine, 14).

34. Vue de la Cité, prise du quai Saint-Michel, pendant la construction du Tribunal de commerce.

MOLLER (Théodore von).

Élève de l'Académie des Beaux-Arts de Saint-Pétersbourg; professeur en 1855.

35. Bataille de la Néva; combat de Saint-Alexandre Nevsky, avec le chevalier suédois Birger.
(Tableau destiné à être placé dans une niche de la salle Saint-Alexandre du palais Impérial du Kremlin à Moscou.)

PÉROFF (Basile).

Né à Tobolsk (Sibérie) en 1834; élève de l'école des Beaux-Arts de Moscou; deuxième grand prix en 1860; premier grand prix en 1861; académicien en 1866; (à Moscou).

36. Un enterrement de village.
(Propriété de M. Soldatenkoff.)
37. Le premier uniforme (le fils d'un chantre d'église, promu au premier grade, essaye son uniforme).
(Propriété de M. Khloudoff.)
38. Le peintre amateur.
(Propriété de M. Tretiakoff.)
39. Le joueur de guitare.
(Propriété de M. de Smirnoff.)
40. La Troïka.

GROUPE 1. — CLASSE 1.

PLESCHANOFF (Paul).

Né à Saint-Pétersbourg en 1824; élève de l'Académie des Beaux-Arts; académicien en 1857; (à Saint-Pétersbourg).

41. Portrait du père de l'artiste.

POPOFF (André).

Né à Toula en 1832; élève de l'Académie des Beaux-Arts de Saint-Pétersbourg; deuxième grand prix en 1857; premier grand prix en 1860; (à Toula).

42. Scène de la foire de Nijny-Novgorod.
   (Propriété du musée de l'Académie des Beaux-Arts.)

POUKIREFF (Basile).

Né en 1828; élève de l'Académie des Beaux-Arts de Saint-Pétersbourg; professeur en 1863; (à Moscou).

43. Un couple mal assorti.
   (Propriété de M. Borissowsky).

PRZEPIORSKY (Lucien).

Né en 1826; élève de l'Académie des Beaux-Arts de Saint-Pétersbourg; (à Paris, rue de Seine, 9).

44. Galerie d'Apollon au Louvre.

REIMERS (Jean).

Né en 1818; élève de l'Académie de Saint-Pétersbourg; professeur en 1862; (à Saint-Pétersbourg).

45. Souvenir de Cervara.
   (Propriété de M. Tour.)
46. Un marché en Italie.
   (Propriété de S. A. I. Mme la grande duchesse Marie Nicolaïevna.)
47. Un enterrement en Italie.
   (Propriété de S. A. I. Mgr le grand-duc Héritier.)

RIZZONI (Alexandre).

Né à Riga en 1836; élève de l'Académie des Beaux-Arts de Saint-Pétersbourg; deuxième grand prix en 1860; premier grand prix en 1862; académicien en 1866; (à Saint-Pétersbourg).

48. Une synagogue à Rome.
49. Une boutique romaine.
50. Intérieur romain.
   (Ces trois tableaux appartiennent à S. M. l'Empereur Alexandre II.)
51. Une synagogue en Livonie.
   (Propriété du comte Ouvaroff.)

SCHISCHKINE (Jean).

Né en 1831; élève de l'Académie des Beaux-Arts de Saint-Pétersbourg; premier grand prix en 1863; académicien en 1866; (à Saint-Pétersbourg).

52. Vue prise aux environs de Duesseldorf.
   (Propriété de M. Bykoff.)

SCHOPIN (Henri-Frédéric).

Né à Lubecq en 1804 ; élève de l'Académie des Beaux-Arts de Saint-Pétersbourg, puis de celle de Paris ; premier grand prix de peinture à Paris en 1831 ; médaille de 1re classe à l'Exposition de 1835 à Paris ; membre de l'Académie des Beaux-Arts de Saint-Pétersbourg en 1850 ; chevalier de la Légion d'honneur en 1854.

53. Pierre le Grand.

SCHWARTZ (Venceslas).

Né à Koursk en 1838 ; élève de l'Académie des Beaux-Arts de Saint-Pétersbourg, et de M. Ad. Lefèvre à Paris ; académicien en 1865 (à Paris, avenue Lamothe-Piquet, 18).

54. Une conférence d'ambassadeurs étrangers avec les Boyards moscovites (dix-septième siècle).
55. Un ambassadeur moscovite près d'une cour étrangère (seizième siècle).
   (Propriété du prince P. Wiasemsky.)

SIMMLER (Joseph).

Né à Varsovie en 1823 ; élève de l'Académie de Munich ; membre honoraire de l'Académie de Saint-Pétersbourg en 1866 ; (à Varsovie).

56. La mort de Barbe Radziwill, épouse de Sigismond-Auguste, roi de Pologne.
   (Propriété du musée de Varsovie.)
57. Portrait de Mme W.
   (Propriété privée.)
58. Le serment de la reine Hedwige.

SOKOLOFF (Jean).

(Né en 1823 à Astrakan ; élève de l'Académie des Beaux-Arts de Saint-Pétersbourg ; professeur en 1860 ;. (à Soudja, gouvernement de Koursk).

59. Horde de Bohémiens au Caucase.
   (Propriété de S. M. l'Empereur Alexandre II).
60. La veille de la Saint-Jean en Petite Russie.
   (Propriété de S. A. I. Mme la grande duchesse Marie Alexandrowna).

SOUKHODOLSKY (Pierre).

Né en 1836 ; élève de l'Académie des Beaux-Arts de Saint-Pétersbourg ; premier grand prix de paysage en 1864 ; (à Moscou).

61. Vue du village « Jelny » (gouvernement de Kalouga, district de Massalsk).
   Propriété de S. A. I. Mgr le grand-duc Nicolas Nicolaïevitch).

SWERTSCHKOW (Nicolas).

Né à Saint-Pétersbourg en 1819 ; élève de l'Académie des Beaux-Arts ; académicien en 1852; professeur en 1855; chev. de la Légion d'honneur en 1863; (à Saint-Pétersbourg).

62. Le Tzar Alexis Michailovitch passant ses troupes en revue dans la plaine Dévitchié-Polé près de Moscou, le 17 février 1664.
(Propriété de S. M. l'Empereur Alexandre II.)

TCHERCASSOFF (Paul).
Né en 1834; élève de l'Académie des Beaux-Arts; (à Saint-Pétersbourg).

63. Vue du Palais impérial d'hiver à Saint-Pétersbourg.

TROUTOWSKY (Constantin).
Né à Kharkoff en 1827; élève de l'Académie des Beaux-Arts de Saint-Pétersbourg; académicien en 1861; (à Obojan, gouvernement de Koursk).

64. Les chanteurs de Noël en Petite Russie.
(Propriété de S. A. I. Mgr le grand-duc Héritier.)
65. Retour d'une fête de village (scène de la Petite Russie).

WILLEWALDE (Godefroi).
Né à Pavlovsk (près Saint-Pétersbourg) en 1817; élève de l'Académie des Beaux-Arts de Saint-Pétersbourg, et du professeur Zauerweid; professeur en 1848; (à Saint-Pétersbourg).

66. Chamyl faisant sa soumission.
(Propriété de S. M. l'Empereur Alexandre II.)

ZARIANKO (Serge).
Né en 1813; élève de l'Académie de Saint-Pétersbourg; professeur en 1850; (à Moscou).

67. Portrait du comte Théodore Tolstoy, adjoint du président de l'Académie des Beaux-Arts.
(Propriété du comte Tolstoy.)

CLASSE 2. PEINTURES DIVERSES ET DESSINS.

KOSSAK (Jules).
Né en Galicie en 1824; élève de M. Horace Vernet à Paris; (à Varsovie).

68. Le marché aux chevaux à Praga, faubourg de Varsovie (*aquarelle*).
69. Cosaques en marche (*aquarelle*).

LAVEZZARI (André).
Né à Moskou en 1817; élève de l'Académie des Beaux-Arts de Saint-Péters-

bourg et du professeur A. Brullow; académicien en 1850; (Paris, Passage de l'Élysée des Beaux-Arts, 7 *bis*).

70. Lac Bourget en Savoie (*aquarelle*).
71. Cimetière à Budzareah (*aquarelle*).

LITOVTCHENKO (Alexandre).

(A Saint-Pétersbourg.)

72. Portrait (*fusain*).
73. Étude (*fusain*).

NICEVINE (Platon).

Né en 1830; professeur de dessin à l'école de dessin technique de Moscou dite Stroganoff; (à Moscou).

74. L'automne (*aquarelle*).

SCHISCHKINE (Jean).

(A Saint-Pétersbourg.)

DESSINS A LA PLUME.

75. Le bois de bouleaux.
76. La forêt.
   (Propriété du comte J. de Stenbock.)
77. Le troupeau dans le bois.
   (Propriété du comte J. de Stenbock.)
78. La lisière de la forêt.

SOKOLOFF (Jean).

79. Une noce de village en Petite Russie.
   (Aquarelle de l'Album de S. M. l'Empereur Alexandre II.

SOKOLOFF (Pierre).

(A Saint-Pétersbourg.)

AQUARELLES.

80. Le tarantasse.
81. Le vozok (scène de voyage en hiver).
82. Écurie d'une station.
83. L'enterrement de village.
84. L'ivrogne.
85. La halte des chasseurs.

CLASSE 3. SCULPTURES ET GRAVURES SUR MÉDAILLES.

ANTOKOLSKY (Marc).
    Né en 1841; élève de l'Académie des Beaux-Arts de Saint-Pétersbourg; (à Saint-Pétersbourg).

86. Le tailleur juif (*sculpture en bois*).
87. L'avare comptant son argent (*sculpture en ivoire*).

BOCK (Alexandre von).
    Né en 1829 à Dorpat; élève de l'Académie des Beaux-Arts de Saint-Pétersbourg; deuxième grand prix en 1856; premier grand prix en 1857; professeur en 1864; (à Saint-Pétersbourg).

88. Psyché (*marbre*).
    (Propriété de S. M. l'Empereur Alexandre II.)

BRODZKY (Victor).
    Membre de l'Académie des Beaux-Arts de Saint-Pétersbourg; (à Rome).

89. Premier chuchotement de l'Amour (*marbre*).
90. Fuite de Pompéi (esquisse en plâtre).
91. Cheminée sculptée en marbre.

KAMENSKY (Théodore).
    Né en 1838; élève de l'Académie des Beaux-Arts de Saint-Pétersbourg; 1er grand prix de sculpture en 1860; (à Florence).

92. L'Enfant sculpteur (*marbre*).
    (Propriété de S. M. l'Empereur Alexandre II.)
93. La veuve (plâtre).

LIEBERICH (Nicolas).
    Né en 1828; élève de l'Académie des Beaux-Arts de Saint-Pétersbourg; académicien en 1860; membre honoraire en 1861; (à Saint-Pétersbourg).

BRONZES.

94. S. M. l'Empereur Alexandre II sauvant la vie au piqueur Niconoff dans une chasse à l'ours, le 4 janvier 1866.
95. Samoyède dans son traîneau attelé de quatre rennes.
96. Groupe de hussards polonais (seizième siècle).
97. Chasse au lièvre.
98. Prise d'un loup vivant avec des lévriers.
99. Chasse au renard.
100. Jument anglaise.
101. Daim tué.

102. Vieux pointre couché.
103. Paysanne russe à cheval.
104. Chasse à l'ours; un jeune garçon sauvant la vie à un vieux chasseur (fait arrivé à Louga, gouvernement de Saint-Pétersbourg).
105. Un ours sur ses pieds de derrière.
106. Chasse à l'ours.
107. Portrait de M. Greig, chef d'escadron au 9e hussards de S. A. I. Mgr le duc de Leuchtenberg.
108. Pointre portant une bécassine.
109. Lévrier-loup.
110. Chien d'arrêt.
111. Guerrier Lesghin.

RUNEBERG (Gauthier).

Né à Borgo (Finlande) en 1838; élève des professeurs Bissen à Copenhague; diplôme d'honneur à l'exposition des Beaux-Arts des pays scandinaves à Stockholm en 1866; (à Helsingfors).

112. Silène et ses acolytes (*plâtre*).

SJOESTRAND (Charles).

Né en 1828; élève des Académies de Stockholm et de Munich; diplôme d'honneur à l'exposition des Beaux-Arts des pays scandinaves à Stockholm en 1866; (à Helsingfors).

113. Kullervo déchirant ses maillots (*plâtre*).

Kullervo est le héros dont le sort fut le plus tragique de toute la mythologie finnoise. A peine âgé de trois jours, il se redresse tout irrité sur sa couche et déchire impatiemment ses maillots, offrant ainsi le pronostic de sa future destinée. Dès l'enfance il fut vendu en esclavage; la vengeance fut le plus puissant motif de toutes ses actions. Après bien des malheurs il se suicida avec son propre glaive.

TCHIJOFF (Matthieu).

Élève de l'Académie des Beaux-Arts de Saint-Pétersbourg; deuxième grand prix en 1865; (à Saint-Pétersbourg).

114. Le Messager de Kiew; sujet tiré de la chronique de Nestor (*bronze*).

La ville de Kiew étant assiégée par les Pétschenègues, un jeune homme se décida à en porter la nouvelle au grand-duc Swiatoslaw. Il prit l'habit pétschenègue, et, une bride à la main, traversa le camp ennemi, feignant de chercher son cheval. Personne ne fit attention à lui; arrivé jusqu'au Dniéper, il se jeta dans l'eau, traversa heureusement la rivière à la nage, malgré les flèches des ennemis, qui s'étaient aperçus de leur méprise, et parvint à porter la fâcheuse nouvelle au grand-duc qui se hâta de venir au secours des assiégés.

ZABIELA, à Florence.

115. Tatiana.

(Sujet tiré du poëme de Pouschkine : « Eugène Onéguine. »)

CLASSE 4. DESSINS ET MODÈLES D'ARCHITECTURE.

BOHNSTEDT.
 Professeur de l'Académie des Beaux-Arts de Saint-Pétersbourg; (à Saint-Pétersbourg).

 116. Plan, coupes, façades et intérieurs des appartements du palais de Mme la Comtesse de Chauveau-Narischkine à Saint-Pétersbourg, rue Liteinaya, construit par le professeur Bohnstedt, sous la direction de Mme la Comtesse de Chauveau.

 Ce palais a été construit en dix ans, depuis 1852 jusqu'à 1862. Les façades sont en pierre de taille; les murs en fer et en briques sur 3 mètres d'épaisseur. Il est chauffé par 17 calorifères souterrains et 65 poêles distribuant dans tous les appartements et les escaliers par 70 bouches une chaleur tempérée par un même nombre de ventilateurs.
 (Ces aquarelles ont été faites d'après nature par Sadovnikofl).

KOLLMANN (Charles).
 Né à Saint-Pétersbourg en 1831; élève de l'Académie des Beaux-Arts; premier grand prix d'architecture en 1857; académicien en 1864; professeur en 1866; (à Saint-Pétersbourg), et

RAHAU (Charles).
 Né en 1830; élève de l'Académie des Beaux-Arts de Saint-Pétersbourg; académicien en 1864; (à Saint-Pétersbourg).

Restauration de la Tour des Infants à Alhambra.
 117. Coupe longitudinale.
 118. Coupe transversale.
 119. Vue extérieure (état actuel).
 120. Coupe transversale (état actuel).
 121. Plan du premier étage.
 122. Plan général de la forteresse de l'Alhambra.
 (Cet ouvrage appartient à l'Académie des Beaux-Arts de Saint-Pétersbourg.)

REZANOFF (Alexandre).
 Né en 1817; élève de l'Académie des Beaux-Arts de Saint-Pétersbourg; professeur en 1852; (à Saint-Pétersbourg).

Projet d'une cathédrale en mémoire de la libération des serfs.
 123. Plan.
 124. Coupe.
 125. Façade.
 126. Vue perspective.
 127. Chapelle de Saint-Alexandre Nevsky à Wilna (*photographie*).

128. Église de Sainte-Prascovie à Wilna, construite au quatorzième siècle, restaurée par le professeur Rezanoff (*photographie*).
129. Clocher de l'église de Sainte-Prascovie.
130. Porte principale de ladite église.
131. Église de Saint-Nicolas à Wilna (construite au quatorzième siècle) restaurée par Rezanoff.

SCHROEDTER (Victor).
Né en 1839; élève de l'Académie des Beaux-Arts de Saint-Pétersbourg; académicien en 1864, et

HUHN (André).
Né à Saint-Pétersbourg en 1840; élève de l'Académie des Beaux-Arts; (à Saint-Pétersbourg).

132. Projet de la cathédrale de l'armée caucasienne à Tiflis (*photographie*).

CLASSE 5.   GRAVURES ET LITHOGRAPHIES.

MOSSOLOFF (Nicolas).
Né à Moscou en 1846; deuxième médaille d'argent en 1861 à l'exposition des Beaux-Arts à Saint-Pétersbourg; en 1864 première médaille d'argent; (à Moscou).

GRAVURES A L'EAU-FORTE.

133. Portrait de femme.
134. Portrait de la mère de Rembrandt.
   (D'après les tableaux de Rembrandt de la galerie impériale de l'Ermitage.)
135. Portrait de la mère de Rembrandt.
   (D'après le tableau de Rembrandt de la galerie de M. S. Mossoloff.)
136. Saint Sébastien.
   (D'après le tableau de Salvator Rosa de la galerie de M. S. Mossoloff, à Moscou.

PISTCHALKINE (André).
Né en 1817; élève de l'Académie des Beaux-Arts de Saint-Pétersbourg; professeur en 1862; (à Paris, rue du Bouloi, 15).

GRAVURES AU BURIN.

137. La Vierge portée au ciel par les Anges.
   (D'après le tableau de C. Bruloff.)
138. La Sainte Famille.
   (D'après le tableau de Raphaël de la galerie impériale de l'Ermitage.)

SÉRIAKOFF (Laurent).

Né en 1830 ; élève de l'Académie impériale des Beaux-Arts de Saint-Pétersbourg ; académicien en 1864 ; (à Saint-Pétersbourg).

139. Portrait de S. M. l'Empereur Alexandre II (*gravure sur bois*).

WALKIEWICZ (Ladislas).

Né en 1833 à Varsovie ; élève de l'école des Beaux-Arts de Varsovie ; (à Varsovie).

LITHOGRAPHIES.

140. La mort de Barbe Radzivill.
   (D'après le tableau de Simmler.)
141. Bataille de Beresteczko.
142. Veit Stwosz, sculpteur polonais, devenu aveugle dans sa vieillesse, conduit à l'église par sa petite fille.
   (D'après le tableau de Matheijko.)

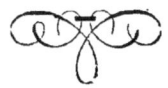

DEUXIÈME GROUPE.

MATÉRIEL ET APPLICATIONS DES ARTS LIBÉRAUX.

CLASSE 6. PRODUITS D'IMPRIMERIE ET DE LIBRAIRIE.

1. **GLYBOFF** (Nicolas), à Saint-Pétersbourg.

    Portraits lithographiés. . . . . la pièce, de 10 c. à 1 r.
    > Lithographie et chromométhographie fondées en 1831; production annuelle: 15.000 roubles.

2. **GOLOVINE** (Voldémar), à Saint-Pétersbourg.

    1° Cent exemplaires de livres et de brochures de divers formats.
    2° Cent soixante-dix épreuves typographiques.
    > Typographie fondée en 1861; production annuelle: 60.000 roubles. 80 ouvriers.

3. **FABRIQUE DE CARTES A JOUER** (appartenant à l'Hospice Impérial des enfants trouvés), à Saint-Pétersbourg.

    Cartes à jouer de quatre espèces différentes. . le jeu, de 45 à 70 c.
    > L'établissement pour la fabrication des cartes à jouer (monopole du gouvernement) a été fondé en 1819. La production annuelle monte à 240.000 douzaines de jeux pour une somme de 1.300.000 roubles. 250 ouvriers des deux sexes.

4. **LEHMAN** (Joseph), à Saint-Pétersbourg.

                                                                                                  r.
    1° Quatre assortiments de caractères pour titres, le poud, de 24 à 28
    2° Composition systématique, de l'invention de l'exposant   – 40 – 50
    3° Épreuves typographiques.
    > Fonderie de caractères d'imprimerie fondée en 1854, livrant par an jusqu'à 3200 pouds de caractères de typographie.

5. **UTILITÉ PUBLIQUE** (Société par actions d'), à Saint-Pétersbourg.

    Épreuves typographiques.

GROUPE 2. — CLASSE 6.

6. ORGELBRANDT (Samuel), à Varsovie.

1° Planches stéréotypiques avec caractères russes, polonais, français, grecs et hébraïques.
2° Échantillons de composition stéréotypique pour l'hébreu.
3° Poinçons en acier pour matrices de caractères hébreux.

7. SEDERHOLM (Théodore), à Helsingfors (Finlande).

Livres, journaux et impressions diverses.

<small>Imprimerie fondée en 1862 ; presses mécaniques et à bras ; 30 ouvriers. Production annuelle : 12.750 roubles.</small>

8. IMPRIMERIE DE LA SOCIÉTÉ LITTÉRAIRE FINLANDAISE, à Helsingfors (Finlande).

1° Échantillons d'impression.
2° Échantillons d'impression lithographique.

<small>L'imprimerie de la Société littéraire finlandaise a été fondée en 1849 et la lithographie en 1858 ; la production annuelle monte à 40.000 roubles. La fabrique emploie 82 ouvriers et 19 presses d'imprimerie, dont 3 mécaniques et 16 à bras.</small>

9. TRANSCHEL (André), à Saint-Pétersbourg.

Livres imprimés : les sermons des saints Cyrille et Méthodius. l'exemplaire   3 r.

10. FAJANS (Maximilien), à Varsovie.

ÉPREUVES DE LITHOGRAPHIE ET DE CHROMOLITHOGRAPHIE.

LITHOGRAPHIE.

		r.	c.
1° Modèles d'actions, de lettres de change, d'étiquettes, etc.			
2° Album d'hommes illustres de la Pologne.		15	»
3° Paysages aux deux crayons.	la pièce	»	30

CHROMOLITHOGRAPHIE.

4° Calendrier polonais pour l'année 1866.		»	50
5° — russe pour l'année 1865.		»	75
6° Vues de la chapelle de la Sainte Vierge de Czenstochowa et de l'autel de la cathédrale de la Sainte Vierge à Cracovie	chaque	1	»
7° Album des arts au moyen âge en Pologne.		65	»

<small>Établissement fondé en 1853 ; production annuelle : 35.000 roubles. 22 ouvriers et 25 apprentis.</small>

11. FRENCKELL (J. C. et Fils), à Tammerfors (Finlande).

Caractères arabes.

12. SCHELKOVNIKOFF (Jonas), à Moscou.

1º Matériaux pouvant servir à l'histoire de l'écriture orientale, grecque, romaine et slave.
2º Copies paléographiques de manuscrits grecs et slaves.
3º Description de la sacristie patriarcale de Moscou.

<small>Établissement fondé en 1847. Production annuelle : 20 000 roubles environ.</small>

13. JAWORSKI (Jean), à Varsovie.

Almanach illustré pour les années 1865 et 1866. . l'exemplaire   1 r.

<small>Typographie fondée en 1845.</small>

CLASSE 7. OBJETS DE PAPETERIE; RELIURES; MATÉRIEL DES ARTS DE LA PEINTURE ET DU DESSIN.

14. BAVIKINE (Nicolas), à Moscou.

			c.	c.	r.
1º	Cire à cacheter, rouge de minium. . . . la livre, de	»	45 à	1
2º	— — de cinabre. . . . —		»	90 -	1
3º	— noire. . . . . —		-	70 à 75	»
4º	— de différentes couleurs. . —		»	»	1

<small>L'établissement, monté en 1856, produit annuellement 1850 pouds de cires à cacheter et 150 pouds de cinabre, d'une valeur totale de 40.000 roubles. 25 ouvriers.</small>

15. VARGOUNINE, Frères, à Saint-Pétersbourg.

			r.	c.	r.	c.
1º	Papier de poste . . . . la rame, de		2	40 à	6	60
2º	— pour écriture. . . . . . . — -		1	30 -	6	60
3º	— pour cigarettes . . . . . —		»	»	2	50
4º	— pour cartes à jouer . . . . —		»	»	15	75
5º	— pour estampes. . . . . . —		»	»	18	»
6º	— impérial. . . . . . . — -		7	» -	12	»
7º	— à imprimer. . . . . . . — -		3	75 -	4	20
8º	— de couleur . . . . —		»	»	7	40

<small>Papeterie fondée en 1839; production annuelle : 70.000 pouds de papier de toute espèce, pour une somme de 400.000 roubles. Six moteurs à vapeur de 200 chevaux. 300 ouvriers.</small>

GROUPE 2. — CLASSE 7.

16. GALLENBECK (Alexandre), à Moscou.

			c.		c.
1°	Tubes pour cigarettes.	la centaine, de	3	à	7
2°	— avec embouchures.	—	»		10
3°	— pliants	—	»		2¹/₂

L'établissement, fondé en 1853, fabrique annuellement jusqu'à 160.000.000 de tubes à cigarettes pour une somme de 60.000 roubles. 1300 ouvriers, tous âgés de moins de 16 ans.

17. GUÉRASSIMOFF (George), à Moscou.

Reliures . . . . la pièce, de 50 c. à 5 r.

18. COMPAGNIE DES PAPETERIES DE TROITSKO-KONDROVSK (H. Howard, Directeur), à Kondrovo, gouv. de Kalouga.

				r.	c.		r.	c.
1°	Papier à ornement, blanc et de couleur,	la rame, de	4	50	à	5	50
2°	— à lettres	—	-	4	20	-	7	»
3°	— à écrire	—	-	1	15	-	5	25
4°	— pour journaux.	—	-	2	86	-	3	30
5°	— ivoire	—	»	»	22	»
6°	— pour cartes à jouer.	—	»	»	18	»
7°	— d'album, colorié	—	»	»	5	40
8°	— de Bristol	—	»	»	27	50

La papeterie, fondée en 1859, produit annuellement des papiers de tout genre pour 560.000 roubles. 700 ouvriers.

19. KRAUSSE (Jean), à Varsovie.

1° Cassette avec couleurs à l'huile. .   . . . .   5 r.
2° Cire à cacheter. . . . . la boîte, de 35 c. à 75 c.

20. LELIANOFF (Alexandre), à Saint-Pétersbourg.

Cire à cacheter . . . . la livre, de 40 c. à 2 r.

21. LIRA, à Riga.

Livres de comptes.

22. POUSLOVSKY (François et Sigismond). Fabrique de papier à Koutchkouryschky, près de Vilna.

				r.	c.		r.	c.
1°	Papier à écrire, chiffons de lin. . . .	la rame, de	1	19	à	5	»
2°	— — de coton . .	—	»	»	2	45
3°	— — d'étoupes . .	—	-	»	41	-	1	87 ¹/₂
4°	— pâte de tille	—	»	»	1	19
5°	— — de paille	—	»	»	»	64
6°	— — de bois	—	»	»	1	10

GROUPE 2. — CLASSE 7.

			r.	c.	r.	c.
7°	Papier à lettres, chiffons de lin. . .	la rame, de	2	68	à 6	8
8°	— — de coton. .	—	»	»	2	28
9°	Papier d'emballage, pâte de paille. .	—	»	»	»	80
10°	— — de bois . .	—	»	»	»	90

L'établissement a été monté en 1823; la production annuelle arrive à 35.000 rames de papier de différentes qualités de la valeur de 69.000 roubles. 80 ouvriers.

23. SERGUÉEFF (Pierre), à Penza.

Papier à écrire. . . . . la rame, de 1 r. 31 c. à 6 r.

La papeterie, montée en 1852, produit annuellement 200.000 rames de papier, pour une somme de 350.000 roubles. 600 ouvriers.

24. SOCIÉTÉ D'ACTIONNAIRES DE TERVAKOSKI, à Helsingfors (Finlande).

					r.	c.	r.	c.
1°	Papier impérial, n° 1. .	la rame, de	52	liv.	»	»	9	50
2°	— royal, n° 1. . .	—	- 42	—	»	»	7	50
3°	— Médian, n° 1. .	—	- 26	—	»	»	4	50
4°	— de poste. . . .	—	- 11-23	— de 2	»	à	4	50
5°	— vélin.	—	- 21-25	— - 3	50	-	4	50
6°	— à écrire. . . .	—	- 12-18	— - 1	75	-	2	75
7°	— brouillard . . .	—	- 7 1/2	—	»	»	2	25

Papeterie fondée en 1818; reconstruite en 1864, à la suite d'un incendie; fabrication mécanique; production annuelle : 1 million de livres, d'une valeur de 125.000 roubles. 126 ouvriers : 36 hommes, 30 femmes et 30 enfants.

25. COMPAGNIE RUSSO-AMÉRICAINE DE LA MANUFACTURE DE CAOUTCHOUC, à Saint-Pétersbourg.

			r.	c.	r.	c.
1°	Gomme à effacer.	la livre, de	1	75	à 2	»
2°	Anneaux élastiques.	la grosse -	»	50	- 20	50

26. FRENCKELL (J. C. et Fils) à Tammerfors (Finlande).

			c.	c.
1°	Papier à lettres	la livre, de	25	à 30
2°	— à écrire.	—	- 14	- 25
3°	— à imprimer.	—	- 10	- 18
4°	— à enveloppes	la rame	8 r.	

Papeterie fondée en 1803; 100 ouvriers; force motrice hydraulique; production annuelle : 200.000 roubles.

27. EPSTEIN (Jean), à Soczewka, gouv. de Varsovie, distr. de Gostynin.

			r.	c.	r.	c.
1°	Papier pour impression.	la rame, de	2	»	à 13	60
2°	— brouillard.	—	»	»	3	»
3°	— de poste.	—	- 2	25	- 6	80
4°	— à dessiner	—	- 5	45	- 33	»
5°	— d'emballage.	—	- 3	85	- 7	90

		r.	c.	r.	c.

6° Papier à cigarettes. . . . . la rame, de 1 50 à 2 70
7° — pour registres . . . .   —   - 4 » - 11 10

    Papeterie fondée en 1842; production annuelle: 225 000 roubles. Moteur hydraulique; 400 ouvriers.

CLASSE 8. APPLICATION DU DESSIN ET DE LA PLASTIQUE AUX ARTS USUELS.

28. HOTEL DES MONNAIES DE SAINT-PÉTERSBOURG.

Coins de médailles obtenus par un procédé mécanique.

29. ÉCOLE STROGANOFF DE DESSIN TECHNIQUE, à Moscou.

Assiettes et ronds de tables en porcelaine peinte; quatre cadres avec dessins pour impression, tissage, moulage et modelage, exécutés par les élèves.

CLASSE 9. ÉPREUVES ET APPAREILS DE PHOTOGRAPHIE.

30. ALASSINE (Nicandre), à Moscou.

    ÉPREUVES PHOTOGRAPHIQUES.

1° Vues de Moscou . . . . la feuille, de 3 à 10 r.
2° Reproduction d'un tableau. 3
3° Cartes de visite.

    Établissement fondé en 1861.

31. BERGAMASCO (Charles), à Saint-Pétersbourg.

    ÉPREUVES PHOTOGRAPHIQUES.

Cartes de visite.

    Établissement fondé en 1850.

32. BORCHARDT (Robert), à Riga.

Épreuves photographiques.

    Établissement fondé en 1855.

GROUPE 2. — CLASSE 9.

33. BRANDEL (Conrad), à Varsovie.

1° Carte du royaume de Pologne (photographiée). 10 r.

2° Almanachs photographiés pour les années 1866 et 1867. . . . . 3 r. 50 c. et 7 r. 0 c.

34. DENIÈRE (Henri), à Saint-Pétersbourg.

ÉPREUVES PHOTOGRAPHIQUES.

Portraits et groupes . . . . la pièce, de 10 à 25 r.
Photographie fondée en 1851. 18 ouvriers.

35. KLOKH (Baron Fernand) et **DOUDKIEWICZ** (M.), à Varsovie.

ÉPREUVES PHOTOGRAPHIQUES.

Vues et portraits.

36. LISSITZINE (Constantin), à Saint-Pétersbourg.

Album contenant des photographies de chevaux . . . . . . 100 r.

37. MAKAROVITCH, à Tiflis.

ÉPREUVES PHOTOGRAPHIQUES.

Vues du Caucase.

38. MIECZKOWSKI (Jean), à Varsovie.

ÉPREUVES PHOTOGRAPHIQUES.

		r.	r.	c.
1° Portraits. . . . . la pièce, de	5 à	20	»
2° — coloriés à l'huile	—	»	50	»
3° Cartes de visites.	—	»	»	25
4° Vues de Varsovie.	—	»	1	50
5° Copies de plans.	—	»	»	50

Photographie fondée en 1861 ; production annuelle : 45.000 roubles. 30 ouvriers.

39. ROETGER (K.), maison schmitzdorff, à Saint-Pétersbourg.

Galerie de la maison Romanoff: portraits photographiés par M. Klinder, d'après les originaux qui se trouvent au Palais d'Hiver de Saint-Pétersbourg. . . . . l'exemplaire 45 r.

40. TOULINOFF (Michel), à Moscou.

ÉPREUVES PHOTOGRAPHIQUES.

1° Le rucher et l'atelier pour la culture des vers à soie, établis au

Jardin Zoologique de Moscou par la Société russe d'acclimatation.

2° Portraits, groupes et cartes de visites.

41. FAJANS (Maximilien), à Varsovie.

ÉPREUVES PHOTOGRAPHIQUES.

		c.	r.
1° Portraits, groupes et cartes de visite.			
2° Copies de tableaux	la pièce, de	50 à	2
3° Vues d'après nature.	—	- 50 -	3

42. ATELIER PHOTOGRAPHIQUE DE L'ÉTAT-MAJOR GÉNÉRAL, à Saint-Pétersbourg.

Modèle de l'atelier.

43. ATELIER PHOTOGRAPHIQUE DE L'ÉTAT-MAJOR DE L'ARMÉE DU CAUCASE, à Tiflis.

ÉPREUVES PHOTOGRAPHIQUES.

Vues et types du Caucase.

44. ZEITLIN, à Tiflis.

ÉPREUVES PHOTOGRAPHIQUES.

Types du Caucase.

CLASSE 10. INSTRUMENTS DE MUSIQUE.

45. VERNITZ (Adolphe), à Varsovie.

INSTRUMENTS A VENT.

	r.	r.
1° Flûte	»	90
2° Clarinettes.	45 et	56
3° Cornet à pistons, en argent plaqué.	»	56
4° idem en cuivre jaune.	»	42
5° Cor de chasse	»	120

Fabrique d'instruments à vent, fondée en 1822; produit annuel : 500 pièces pour une somme de 10.000 roubles. 20 ouvriers.

46. COMITÉ AUXILIAIRE DU CAUCASE POUR L'EXPOSITION UNIVERSELLE DE PARIS, à Tiflis.

INSTRUMENTS DE MUSIQUE DES INDIGÈNES DU CAUCASE :

	r.	c.
1° Balalaïka	6	»

		r.	c.
2° Violon		8	»
3° Sourna		3	»
4° Cymbales asiatiques		30	»
5° Lertchely (chalumeau)		»	50
6° Harpe ossétienne		10	»

47. SOCIÉTÉ AGRICOLE DU CAUCASE, à Tiflis.

INSTRUMENTS DE MUSIQUE DES HABITANTS DU CAUCASE.

Neuf pièces de différente construction.

48. KRALL (Antoine) et **SEIDLER** (Théophile), à Varsovie.

Piano à queue.

L'établissement, fondé en 1829, fabrique par an jusqu'à 108 pianos de différentes constructions, pour une somme de 30.000 roubles. 45 ouvriers.

49. MALECKI (Julien) et **SCHROËDER** (Victor), à Varsovie.

Royal (piano à queue) en bois de palissandre. . . . . . . 1000 r.

Cet établissement, fondé en 1856, fabrique annuellement 80 pianos environ, d'une valeur de 30.000 roubles. 30 ouvriers.

50. COMMISSION TECHNIQUE DU MINISTÈRE DE LA GUERRE POUR L'ÉQUIPEMENT DES TROUPES, à Moscou.

Tambour avec bandeaux mobiles en fer, de l'invention du colonel Ketcher.

51. FÉDOROFF (Nicolas), à Moscou.

		r.
1° Trompettes	de	50 à 65
2° Clarinettes		65

L'établissement, fondé en 1828, fabrique par an 700 instruments à vent, en cuivre et en bois, pour une somme de 26.000 roubles. 30 ouvriers.

CLASSE 11. — APPAREILS ET INSTRUMENTS DE L'ART MÉDICAL.

52. VARYPAEFF (Théodore et Jean), à Pavlovo, gouv. de Nijny-Novgorod.

		r.	c.	r.	c.
1° Scie pour amputation	la pièce	»	»	8	»
2° — à chaîne	—	»	»	6	»
3° Couteaux pour amputation	— de	1	50	à 4	»
4° — tranchant des deux côtés	—	2	50	– 4	«

			r.	c.	r.	c.
5° Couteaux pour amputation	......	la pièce	»	»	1	40
6° — avec lames pour la lithotomie..	—		»	»	1	25
7° Scalpels..........	—	de	»	50	- »	75
8° Pinces pour médecins........	—		»	»	4	»
9° Ciseaux pour accoucheurs......	—		»	»	4	»
10° Lithotome............	—		»	»	12	»
11°-14° Sondes et autres instruments de chirurgie............	—	-	»	30	- »	75
15°-16° Pincettes..........	—	-	»	60	- 1	»
17° Trousse d'oculiste........	—		»	»	34	»
18° — de médecin........	—		»	»	25	»
19° — d'aide-chirurgien......	—		»	»	6	»

Fabrique de coutellerie : Atelier d'instruments de chirurgie, annexé en 1858, produit annuellement pour une valeur de 3000 roubles.

53. WEISSBLUM (Julien), à Varsovie.

		r.
1° Appareil portatif électro-thérapeutique, système Gueffé	...	10
2° — perfectionné............		15
3° — système Shérer...........		25

54. HAASE (Charles), à Saint-Pétersbourg.

		r.
1° Bandages pour l'abdomen...........	..	12
2° — hernies simples..........		6
3° — — doubles............		8

Établissement fondé en 1857 ; production annuelle : 15.000 roubles.

55. PIK (Jacques), à Varsovie.

Appareil portatif électro-médical............ 7 r.

56. ÉTABLISSEMENT GALVANIQUE DU CORPS DES INGÉNIEURS DE L'ARMÉE, à Saint-Pétersbourg.

Inducteur électro-magnétique pour l'usage des médecins..... 15 r.

57. COMPAGNIE RUSSO-AMÉRICAINE DE LA MANUFACTURE DE CAOUTCHOUC, à Saint-Pétersbourg.

Appareils et instruments de médecine et de chirurgie en caoutchouc et en gutta-percha.

58. FABRIQUE D'INSTRUMENTS CHIRURGIQUES, du ministère de la guerre, à Saint-Pétersbourg.

	r.	c.
1° Instruments pour amputation et trépanation........	160	»
2° — pour opérations ophthalmiques........	225	»
3° — — d'accouchement......	210	»

GROUPE 2. — CLASSE 11.

		r	c.
4° Instruments pour opérations ginaicologiques...		294	90
5° — pour la resection des os.		188	85
6° — pour différentes opérations...		907	95
7° Trousse de médecin..		72	40

Établissement fondé en 1730; fabrique annuellement pour 80.000 roub. d'instruments de chirurgie. Moteur à vapeur. 100 ouvriers.

59. SCHIMANOVSKY, professeur à Kiev.

Collection d'instruments de chirurgie, perfectionnés par l'exposant.

CLASSE 12. INSTRUMENTS DE PRÉCISION ET MATÉRIEL DE L'ENSEIGNEMENT DES SCIENCES.

60. ACADÉMIE DES SCIENCES DE SAINT-PÉTERSBOURG.

Modèles, en carton-pierre, des aérolithes tombés en Russie, exécutés par M. Heiser.

61. ANDRÉE (Louis), à Riga.

	r.
1° Appareil de contrôle pour distillerie	200
2° Balance normale pour esprit-de-vin..	50

62. ANIKÉEFF (Jacques), à Moscou.

Instruments pour confectionner les verres optiques sphériques et paraboliques.. . . . . 10 r.

Cet établissement, fabricant des instruments d'optique et de chirurgie, a été fondé en 1855.

63. BRAUER (Georges), à Saint-Pétersbourg.

	r.
1° Instrument de passage (construction de l'exposant)...	900
2° Catétomètre...	400
3° Examinateur des niveaux..	50
4° Niveaux...	23
5° Baromètre de Parrot...	80
6° Transporteurs ronds (contruction de l'exposant)...	95

7° Catétomètres, alcoomètres; compas avec subdivisions, mesures et tablettes arithmétiques.

64. BRECKS, à Tiflis.

Uranoscope.

65. BOUTKEVITCH (Félicien), à Moscou.

Régulateur électro-magnétique.

66. WESSELHOEFT (Martin), à Riga.

		r.
1° Appareil d'optique		500
2° Machine électrique, grande dimension.		500
3° — petite —		300
4° Vibroscope universel.		75

Ces instruments ont été exécutés d'après le système du docteur Toepler, professeur de l'École polytechnique de Riga.

67. GERLACH (Gustave), à Varsovie.

Pantographe. . . . . 80 r.

Établissement fondé en 1852.

68. DÉPOT D'ÉTALONS LÉGAUX DE POIDS ET MESURES, à Saint-Pétersbourg.

1° Sagène.
2° Archine avec subdivision en verschoks et huitièmes de verschoks.
3° Pied avec division en pouces et dixièmes de pouces.
4° Livre avec division jusqu'à $1/32$ de doly.
5° — de pharmacie avec subdivisions.
6° Poud.
7° Tchetverik et $1/2$ $1/4$ et $1/8$ de tchetverik.
8° Vedro avec subdivision jusqu'à $1/200$ de doly.

69. DICKERT (Antoine), à Riga.

	r. c.	r. c.
1° Collection des modèles cristallographiques, en verre, la pièce, ... de	» 8 à	4 80

2° Collection de chenilles et d'araignées.

70. HOTEL DES MONNAIES D'ÉKATÉRINBOURG, gouv. de Perm.

Échantillons de monnaies russes en cuivre.

71. MAJEWSKI (Julien), à Varsovie.

Planimètre. . . . . 100 r.

72. MULLER (Jean), à Neu-Subbath, gouv. de Courlande.

Modèles d'une main et d'une jambe d'homme, exécutés d'après un procédé inventé par l'exposant.

GROUPE 2. — CLASSE 12.

73. PIK (Jacques), à Varsovie.

		r.
1° Appareil électro-magnétique.		15
2° Modèles de sections coniques.		10

Fabrique d'instruments et appareils physiques, mathématiques et chimiques, fondé en 1842; production annuelle: 40.000 roubles. 40 ouvriers.

74. ÉCOLE DES MÉTIERS DE MOSCOU, appartenant à l'Hospice Impérial des enfants trouvés.

1° Modèle de machine à vapeur oscillante pour navigation, ancien système, avec un seul excentrique équilibré.
2° — avec 2 excentriques fixes et coulisse Stephenson.
3° — avec 2 cylindres inclinés sous un angle de 90°.

75. HOTEL DES MONNAIES DE SAINT-PÉTERSBOURG.

		r. c.	r. c.
1° Monnaies russes d'or et d'argent.			
2° Médailles en platine forgé	la pièce, de 25 30	à 113 30
3° — en cuivre bronzé.	—	» 80 -	1 50

76. STRAUSS (Adolphe), à Moscou.

Herbier de 600 spécimens de la Flore des environs de Moscou. . . . . 300 r.

77. SCHULTZE (Paul), à Riga.

	r.
1° Pantographe	150
2° Instrument pour la solution pratique du problème dit Potenop, angle mobile, pour arpenteurs.	15

CLASSE 13. CARTES ET APPAREILS DE GÉOGRAPHIE ET DE COSMOGRAPHIE.

78. GLYBOFF (Nicolas), à Saint-Pétersbourg.

		r. c.
1° Carte du chemin de fer de Saint-Pétersbourg à Varsovie	l'exemplaire	» 50
2° Carte géognostique de la Russie.	—	1 »
3° Cartes et plans divers.	—	» 25

GROUPE 2. — CLASSE 13.

79. DÉPÔT TOPOGRAPHIQUE DE L'ÉTAT-MAJOR DU CAUCASE.

Carte, en relief, des pays du Caucase.

80. ILIYNE (Alexis), à Saint-Pétersbourg.

		r.	c.
1° Carte de la Russie d'Europe	l'exemplaire	2	»
2° — d'Asie	—	1	50
3° — des Steppes des Kirghiz et du Turkestan	—	1	50
4° Atlas géographique à l'usage des écoles	—	2	50
5° Carte des gouvernements de la Russie	—	»	80

Cet établissement, fondé en 1859, livre annuellement pour 25.000 roubles de cartes géographiques.

81. TIMIRIAZEFF (Dmitry), à Saint-Pétersbourg.

Atlas industriel (13 cartes) de la Russie d'Europe, indiquant les centres principaux de l'industrie manufacturière de l'Empire.

82. ADMINISTRATION FORESTIÈRE DE FINLANDE.

Carte forestière de la Finlande.

83. COMITÉ STATISTIQUE CENTRAL DU MINISTÈRE DE L'INTÉRIEUR, à Saint-Pétersbourg.

Carte statistique de l'industrie et du commerce de la Russie d'Europe.

84. IASTRZEMBOWSKI (Albert), à Varsovie.

Tableaux climatologiques et agronomiques.

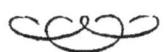

TROISIÈME GROUPE.

MEUBLES ET AUTRES OBJETS DESTINÉS A L'HABITATION.

CLASSE 14. MEUBLES DIVERS.

85. BREYER (W.), à Saint-Pétersbourg.

MEUBLES EN JONC.

		r.
1° Divan.		30
2° Table.		30
3° Fauteuils.	la pièce	20

86. BRIGGEN (Charles), à Saint-Pétersbourg.

Meubles d'installation de la section russe pour l'Exposition universelle : armoires, vitrines, étagères, tables, etc.

<small>Fabrique de meubles et de billards; mise en vente de 60 billards par an.</small>

87. LAU (Jean), à Moscou.

Armoire en vieux chêne.

88. MANSBACH (François), à Saint-Pétersbourg.

	r.
Un parquet de 9 archines carrés.	600

<small>Fabrique de parquets fondée en 1839; produit annuel: 120 000 roubles. 100 ouvriers.</small>

89. PETIT (Léon), à Saint-Pétersbourg.

	r.
1° Buffet.	1000
2° Table de salle à manger, à coulisses.	210
3° Secrétaire pour dame.	500
4° Guéridon.	125
5° Table de jeu.	75

GROUPE 3. — CLASSE 15. 45

		r.
6° Fauteuil		60
7° Chaises	la pièce	34
8° Jardinière	—	250
9° Toilette	—	800

Fabrique de meubles et de tapisserie, fondée en 1845 ; production annuelle : 30.000 roubles. 25 ouvriers.

90. SCHANTZENBACH (ALEXANDRE), à Varsovie.

Secrétaire de dame, cylindrique. . . . . 500 r.

CLASSE 15. OUVRAGES DE TAPISSIER ET DE DÉCORATEUR.

91. BOLSCHAKOFF (SERGE), à Moscou.

Images peintes sur étoffe de soie (23 pièces). . . . . . . 500 r.

92. VISOTZKY (PIERRE), à Kiev.

IMAGES SCULPTÉES EN BOIS DE CYPRÈS.

	r.
1° La Vierge Petcherskaïa	12
2° Saint Nicolas	4

93. VOLOSSATIKOFF (GRÉGOIRE), à Moscou.

	r.
1° Meuble pour images saintes, en marqueterie, avec lampe suspendue.	800
2° Image destinée à ce meuble.	50

94. HEISER (JEAN), à Saint-Pétersbourg.

TÊTES D'ANIMAUX, EMPAILLÉES ET EN CARTON-PIERRE.

		r.
1° Élan et bœuf.	la pièce	35
2° Cheval.	—	10
3° Bélier.	—	6
4° Bison et ure.	—	27

95. EKATÉRINBOURG (FABRIQUE IMPÉRIALE D'), gouv. de Perm.

	r.
1° Vase et piédestal en jaspe de Kalkhansk, avec ornements représentant des feuilles de vigne.	15.000
2° Vase en jaspe pareil.	1500

3° Coupe en jaspe, avec piédestal en jaspe-
    agate. .. ..   r.
                                                                            900
4° Coupes avec piédestaux en jaspe, la paire 500, 800 et 8500
5°   — en jaspe veiné, avec piédestal en porphyre noir. . .. .   287 50 c.
6° Coupe en agate, avec piédestal en jaspe de Kalkhansk. . .. . la pièce   20, 30 et 200
7° Coupe en roche cornée, avec piédestal en jaspe de Kalkhansk.   1370
8° Candélabres en roche cornée. .. la paire   36.000
9° Dessus de tables en aventurine.   295
10° Encrier en jaspe de Kalkhansk et en cristal de roche.   2200
11° Presse-papier en lapis-lazuli.   50
12°   — en jaspe de Kalkhansk, orné de fruits en pierres dures. . .. .   120 90 c.

    La fabrique d'Ékatérinbourg a été fondée en 1765.

96. ÉCOLE DE PEINTURE du monastère de Troitsko-Sergiev, près de Moscou.

IMAGES.
                                                                                             r.
1° Saint Serge communiant avant sa mort.   200
2° Saint Serge refusant l'épiscopat de Moscou.   30

97. ILIINE (Le père JEAN, moine au couvent de Troïtza), près Moscou.

Triptyque sculpté en ivoire, représentant les épisodes de la vie de saint Serge.

98. KOLYWANSK (FABRIQUE IMPÉRIALE DE), gouv. de Tomsk (Sibérie).
                                                                                           r.   c.
1° Cheminée en porphyre gris violet de Korgonsk. 2619 63
2°   — en jaspe vert de Revnev. . .. .   7607 »
3° Cachet en jaspe, forme de vase, avec piédestal. .. ..   90 »
4° Groupe en pierres dures : combat d'une panthère avec un crocodile. . .. .   400 »

    La fabrique de Kolywansk, fondée en 1787, produit annuellement pour 15.000 roubles de différents objets en pierres dures. 50 ouvriers.

99. FABRIQUE IMPÉRIALE DE PÉTERHOFF, gouv. de Saint-Pétersbourg.

1° Armoire en bois d'ébène, style Louis XVI, avec 15 mosaïques florentines en relief et ornements en lapis-lazuli et bronze. . .. .   r.   c.
                                                                                           27.418 84
2° Armoire, avec deux mosaïques .. ..   4974 »
3°   — avec huit mosaïques. .. ..   9420 »

GROUPE 3. — CLASSE 15. 47

		r.
4° Table ronde en mosaïque, avec piédestal en bronze		11.326
5° Vases en malachite, avec piédestaux. . . . la paire		1168
6° Coupes carrées en néphrite, avec piédestaux. —		3050
7° — rondes en lapis, avec piédestaux. . —		785
8° — en néphrite, avec piédestaux... .. —		425
9° Presse-papier, en malachite		175
10° — en lapis-lazuli		80 et 200
11° Encrier en néphrite		216
12° Cendriers en lapis-lazuli, en forme de petits sceaux.		47
13° — en néphrite		35

100. LONAU (Charles-Louis), à Saint-Pétersbourg.

Dessus de table incrusté de nacre . . . . 2000 r.

101. MALYSCHEFF (Jean), peintre en images à Troitsko-Sergiev (monastère), près de Moscou.

IMAGES, STYLE BYZANTIN-RUSSE, SUR FOND D'OR.

1° Apparition de la Sainte Vierge à saint Serge.
2° Saint Serge bénissant le grand-duc Dmitry-Donskoy avant la bataille contre les Tartares.

102. ÉTABLISSEMENT IMPÉRIAL DE MOSAIQUES, à Saint-Pétersbourg.

Tableaux : images saintes, en mosaïque, exécutés, d'après les originaux du professeur Neff, par les artistes mosaïstes : Bouroukhine, Chmielewski, Agafonoff, Mouravieff et Alexeeff, sous la direction de feu Justinien Bonafédé . . . . 90.000 r.

<small>L'atelier russe de mosaïques a été fondé à Rome en 1846 et transféré à Saint-Pétersbourg en 1856, où actuellement il est annexé à l'Académie des Beaux-Arts. Les émaux pour les mosaïques sont préparés à la verrerie impériale de Saint-Pétersbourg. L'atelier compte 14 artistes et 8 ouvriers.</small>

103. PERMIKINE (Grégoire) à Ékatérinbourg.

Vases en lapis-lazuli.

104. SAFONOFF (Alexandre), à Troïtza, gouv. de Moscou.

		r.
1° Triptyque sculpté en bois		75
2° — petit format		2
3° Images sculptées en bois. . . . . . la pièce, de		50 c. à 15

<small>Atelier de sculpture fondé en 1835, produisant par an pour 10.000 roub.</small>

105. SAFONOFF (Nicolas), à Paleg, gouv. de Vladimir.

Images (ikones) . . . . 30, 40 et 100 r.

<small>Établissement fondé en 1828; production annuelle : 1000 images, valant 14.000 roubles.</small>

GROUPE 3. — CLASSE 15.

106. SKINO (Alexandre), à Moscou.

Volière en bois de noyer sculpté, style russe. . . . . . 1500 r.

107. STÉBAKOFF (Jean), à Ekatérinbourg, gouv. de Perm.

	r.	r.
1° Presse-papier ornés de fruits et de fleurs en pierres dures. . . . . la pièce, de	125 à 200	
2° Presse-papier ornés de pampres. — -	30 - 75	
3° Bustes de Leurs Majestés l'Empereur et l'Impératrice de Russie et celui de Yermak (conquérant de la Sibérie), en topaze. . . .	500, 700 et 1000	
4° Bustes de Leurs Majestés l'Empereur et l'Impératrice des Français. . . . . les deux	1200	
5° Flambeaux de quartz, d'agate et de jaspe, la pièce	25	
6° Bustes de Rurik et de Wladimir Monomaque, en cristal de roche.	300 et 400	
7° Cachets en cristal de roche. . . la pièce, de	15 à 30	
8° — en topaze. . . . . . — -	20 - 75	
9° — en cristal de roche couleur d'or — -	20 - 100	
10° Vase en cristal de roche avec piédestal en jaspe.	250	
11° Chapelet en cristal de roche.	150	
12° Collier — —	50	

Fabrique fondée en 1845, produisant par an pour 30.000 roub. 50 ouvriers.

108. MARBRERIE POUR LA TAILLE DES PIERRES DU CAUCASE (propriété du gouvernement), à Tiflis.

Objets en marbre onyx, obsidienne chatoyante, jaspe vert et sanguin, marbre pudding, etc. Guéridons, vases, coupes, encriers, presse-papier, broches, colliers, etc.

109. VETTER (Joseph), à Varsovie.

	r.	c.
1° Cadre sculpté, style moyen âge.	80	50
2° Cadre moulé (nouveau procédé, inventé par l'exposant) . .	50	75

CLASSE 16.   CRISTAUX, VERRERIE ET VITRAUX.

110. HORDLICZKA (Frères), à Trombki, gouv. de Lublin (Pologne).

	r.
1° Vases en verre rubis, émaillés et dorés. . . . . . . la paire	200
2° Pyramides en cristal rubis, dorées . . . . la pièce	55

		r.	c.
3° Assiettes en cristal, à pieds . . . . . . la pièce		18	
4° Coupe en cristal, avec couvercle, taillée en prismes plats. . . . . —		20	

5° Modèles d'un service de table, taillés en feuilles :

	r.	c.	r.	c.
a. Cruche à anse avec bouchon			2	50
b. Carafes et carafons . . . . de	1	»	à 2	»
c. Verres . . . . -	»	20	- »	70

6° Modèles d'un service de table, taillés à six facettes :

	r.	c.	r.	c.
a. Cruche à anse avec bouchon.			3	»
b. Carafes et carafons. . . . . de	2	15	à 2	75
c. Verres. . . . . -	»	35	- »	80

7° Modèles d'un service de table, à bords taillés :

	r.	c.	r.	c.
a. Cruches			1	60
b. Carafes . . . . de	»	90	à 1	15
c. Verres . . . . -	»	14	- »	38
8° Flacons en cristal	»	50	et »	60
9° Salière pressée			»	10
10° Glaces à vitres . . . . la pièce -	1	75	à 3	30
11° Cylindres pour la fabrication des glaces à vitres. -	1	50	- 2	50

Verrerie et cristallerie établies en 1822, produisant par an pour 950.000 roubles. Moteur à vapeur de 16 chevaux. 100 ouvriers.

111. MANUFACTURE IMPÉRIALE DE VERRERIES, à Saint-Pétersbourg.

	r.	c.
1° Tabernacle en purpurine (*ematinon de Plinc*), orné de bronze	1850	»
2° Cassette en purpurine, ornée de bronze . . . . . . r.	525	»
3° Coupes en purpurine, ornées de bronze, la pièce, de 44 à	1025	»
4° — en cristal et en aventurine. . . . . - 19 -	46	»
5° Plateaux en purpurine, avec bronze . . . . . 97 et	200	»
6° — taillés. . . . . - 15 à	120	»
7° Verres d'eau. . . . . - 38 -	100	»
8° Vases à fleurs. . . . . - 15 -	35	»
9° Bocal et cruche en cristal peint.	25	»
10° Petites cruches en cristal doré . . . . la pièce	4	»
11° Verres . . . . — de 4 -	8	»
12° Carafes et carafons. . . . . — - 11 -	20	»
13° Verres à vin. . . . . — - 4 -	6	»
14° Cruche verte . . . . —	14	»
15° Flambeau en cristal. . . . . —	9	»
16° Petits vases avec couvercles . . . . . . —	30	»
17° Pot, couleur turquoise. . . . . —	14	»
18° Flacons taillés. . . . . —	3	50

19° Vases, couleur opale . . . . la pièce 100 r.
20° Collection d'émaux pour la mosaïque. 372
21° Porte-fleurs, coupes, etc., en verre polychrome.
   La manufacture a été fondée en 1792. 120 ouvriers.

112. KOSTÉREFF (Nicéphore et Jean), à Vlassovsk, gouv. de Vladimir.

Bouteilles. . . . . la pièce, de 6 à 7 c.
   Verrerie fondée en 1837, fabrique annuellement 2.500.000 bouteilles environ, d'une valeur de 150.000 roubles. 160 ouvriers.

CLASSE 17. PORCELAINES, FAÏENCES ET AUTRES POTERIES.

113. GARDNER (Paul), à Verbilki, gouv. de Moscou, distr. de Dmitrov.

		r. c.	r. c.
1° Service de table en faïence, blanc, uni, pour douze personnes		» »	14 75
2° — à ornements d'or		» »	46 50
3° — à thé, pour dames, opaque, vert clair		» »	6 50
4° — opaque, vert foncé		» »	6 50
5° Tasses en faïence, ... la douzaine	2 50	et	3 50
6° Assiettes en faïence coloriée . . —		» »	3 50
7° Statuette de genre		» »	3 »
8° Statuettes en porcelaine. . . . . . . la pièce		» »	1 »
9° Plaque en porcelaine peinte		» »	25 »

   Fabrique fondée en 1754; machine à vapeur de 30 chevaux; 300 ouvriers; valeur de la production annuelle : 200.000 roubles. Exportation pour la Perse et la Boukharie.

114. MANUFACTURE IMPÉRIALE DE PORCELAINES, à Saint-Pétersbourg.

	r.
1° Vase, en forme de bandeau, avec copie d'un tableau de Rubens.	6000
2° Vase peint, en forme de fuseau, avec copie d'un tableau de Gérard Dow.	1500
3° Vase blanc avec cupidons et ornements moulés.	100
4° Petits vases. . . . . de .	45 à 75
5° Déjeuners avec peinture. . . . . -	500 et 700
6° Service à thé, avec peintures et dorures (28 pièces).	350
7° Lampe avec peinture, montée en bronze. . . .	450
8° Porte-bouquets montés en bronze. . . . . . de	40 à 110

GROUPE 3. — CLASSE 18.   51

		r.
9° Plaque en porcelaine, avec peinture (copie de la Madone de Murillo)..............		750
10° Groupes et statuettes en biscuit........	de	2 à 130
11° Tasses	- 3 r. 50 c. -	25
12° Assiettes...................	5 r. -	15
13° Collection d'animaux (103 pièces).......		150

La manufacture impériale des porcelaines a été fondée en 1744. La production de cet établissement monte à 100.000 roubles par an. Les matières premières employées pour la fabrication sont : le spath et le quartz de Finlande, l'argile réfractaire des gouvernements d'Olonetz et de Novgorod, le kaolin de Gloukhov et d'Angleterre, en tout plus de 16.000 pouds par an. 230 ouvriers.

115. SOCIÉTÉ AGRICOLE DU CAUCASE, à Tiflis.

Collection d'ustensiles et d'objets en poterie du Caucase.

116. ADMINISTRATION DES DOMAINES DE L'ÉTAT DU GOUVERNEMENT DE TAURIDE, à Simféropol.

Poterie des Tatars de la Crimée.

CLASSE 18.   TAPIS, TAPISSERIES ET AUTRES TISSUS
D'AMEUBLEMENT.

117. ENGALYTCHEFF (Prince NICOLAS), à Bedischev, gouv. et district de Tambov.

		r.	r.	c.
1° Tapis faits à la main...........	la pièce, de	8	à 142	»
2° — à chaîne imprimée......	l'archine	»	1	50

Fabrique de tapis et de draps fondée en 1856; production annuelle pour une valeur de 500.000 roubles. 500 ouvriers.

118. COMITÉ AUXILIAIRE DU CAUCASE POUR L'EXPOSITION UNIVERSELLE DE PARIS, à Tiflis.

		r.	c.	r.
1° Tapis de différentes espèces......	la pièce, de	5	»	à 20
2° Feutres	— -	»	50	- 2

119. SOCIÉTÉ AGRICOLE DU CAUCASE, à Tiflis.

		r.	r.
1° Tapis faits à la main........	la pièce, de	5	à 25
2° Petit tapis, nommés Palas........	—	»	6

120. KONOVALOFF, KIRÉEFF et **NÉRONOFF**, à Doubovka, gouv. de Saratov.

Tapis de poil de vache........... la pièce, de   8 à 20 r.

Ces tapis sont confectionnés à domicile par des femmes, et principalement celles de la secte Malakan. La production annuelle atteint 1500 pièces par an.

121. KOUTKOROWSKI (Joseph), à Varsovie.

			r.	c.	r.	c.
1° Toiles cirées.......... la pièce, de			7	»	à 10	»
2° Tapis en toile cirée......... —	-		2	70	- 5	60
3° Serviette — ...... —			»	»	7	»

Fabrication annuelle d'environ 3000 pièces de toiles cirées de différentes espèces ; valeur : 15.000 roubles. 30 ouvriers.

122. PETERSON (J. D.), à Fredrikshamn et Kouvola (Finlande).

	r.	c.	r.	c.
1° Stores de copeau de bois ...... la pièce, de	1	25	à 1	75
2° — de paille........... — -	»	50	- »	75
3° Nattes tressées de paille..... l'aune -	»	20	- »	75
4° Ronds de table........... la pièce -	»	10	- »	40

Objets fabriqués à domicile par des enfants du village de Kouvola, commune de Walkeala.

123. PÉSCHKOFF (Jean), à Spasse-Setoune, gouv. et distr. de Moscou.

	r.	c	r.	c.
1° Tapis veloutés de laine indigène... l'archine, de	1	50	à 3	50
2° — simples en laine........ —	»	»	»	75
3° — en feutre........... la pièce -	1	20	- 7	»
4° Moquettes simples de laine russe... l'archine -	»	40	- »	90
5° — en chanvre....... — -	»	30	- »	50
6° Nattes en chanvre....... —	»	»	»	60

Fabrique de tapis fondée en 1825, produit annuellement 160.000 archines de tapis environ, valant 95.000 roubles. 170 ouvriers.

124. SAKIN-ABDOUL-KADIR, à Kazanistché (Caucase).

	r.
1° Feutre noir, brodé.........	16
2° — rouge...........	15
3° Toile cirée.	

125. SOULKHANOFF (Jean), gouv. de Tiflis, distr. de Gori (Caucase).

Feutre d'Ossetie.

126. COMPAGNIE RUSSO-AMÉRICAINE DE LA MANUFACTURE DE CAOUTCHOUC, à Saint-Pétersbourg.

	r.
1° Tapis en caoutchouc......... la livre	1
2° Kamptulicon........... l'archine carrée	2

CLASSE 19. PAPIERS PEINTS.

127. COMPAGNIE CAMUSET. (Directeur, OTHON EISENBERG), à Saint-Pétersbourg.

		r. c.	r. c.
1° Papiers peints de différents dessins et couleurs	le rouleau de 12 archines, de	» 19 à	3 »
2° Papiers marbrés. . . .	— —	» »	» 90
3° Papiers imitant le chêne et le sapin	— —	» »	» 60
4° Papiers velours. . . .	— —	2 25 et	2 75

Fabrique de papiers peints fondée en 1842; production annuelle: 400.000 rouleaux, pour une somme de 100.000 roubles. 145 ouvriers.

128. RIEKS (GEORGE), à Helsingfors (Finlande).

Papiers peints . . . . le rouleau, de 15 à 50 c.

Fabrique fondée en 1858; la production annuelle s'élève à 235.000 rouleaux, valant 35 000 roubles. 65 ouvriers.

129. VETTER (A. et K.), à Varsovie.

1° Papiers peints. . . . le rouleau de 12 archines, de 25 c. à 2 r.
2° Panneaux.

Établissement fondé en 1830, produit par an 75.000 rouleaux, d'une valeur de 45.000 roubles. La plus grande partie de la fabrication est faite à la main. 60 ouvriers.

CLASSE 20. COUTELLERIE.

130. BANINE (ALEXANDRE), à Pavlovo, gouv. de Nijny-Novgorod.

		c.	r.
1° Ciseaux.	la pièce, de	30 à	5
2° Canifs	—	75 -	3
3° Pincettes pour ongles.	—	75	»
4° Couteau en os de mammouth.	—	30	»

Établissement fondé en 1830, fabricant 4000 douzaines de couteaux et 1000 douzaines de canifs par an. 25 ouvriers.

GROUPE 3. — CLASSE 20.

131. VARYPAIEFF (Théodore et Jean), à Pavlovo, gouv. de Nijny-Novgorod.

			r. c.	r. c.
1°	Couteaux et fourchettes de dessert... la paire	» »	» 15
2°	— avec manches en écaille....	—	» »	1 10
3°	— de table....	— de	» 17 1/2 à	» 38
4°	— avec manches en jaspe et en os..	—	- » 50	- 2 »
5°	— pour découper la viande....	—	» »	3 »
6°	Couteaux pour trancher le pain.... la pièce	- » 12	- 3 »
7°	— de jardiniers....	—	1 20	et 1 50
8°	— de poche....	—	» »	1 »
9°	— de voyage....	—	1 75	- 2 »
10°	Canifs....	—	- » 25	à 1 40
11°	Rasoirs....	—	» »	1 »
12°	Ciseaux pour dames....	—	- » 25	- 1 10
13°	— pour tailleurs....	—	1 50	et 2 25
14°	— pour perruquiers....	—	- » 30	à 2 »
15°	— pour bureaux....	—	- » 50	- 1 50
16°	— pour ongles....	—	» »	» 75
17°	— pour couturières....	—	» 50	et » 75
18°	— de poche....	—	» »	» 50
19°	Lame de sabre....	—	» »	2 50
20°	— droit, de cuirassiers..	—	» »	2 »

La production annuelle de cet établissement, fondé en 1813, monte à 47.000 roubles. 30 ouvriers.

132. VLASSOFF (Frères), à Bielov, gouv. de Toula.

Haches.

133. GORSCHKOFF (Grégoire), à Pavlovo, gouv. de Nijny-Novgorod.

Rasoirs............ la paire, de 75 c. à 2 r. 50 c.

Établissement fondé en 1856, livre annuellement au commerce 400 douzaines de rasoirs environ.

134. ZAVIALOFF (Alexis et Théodore), à Vorsma, gouv. de Nijny-Novgorod.

		r. c.	r. c.
1°	Couteaux et fourchettes de table, la douzaine, -	3 30	à 24 »
2°	Canifs et couteaux de différentes espèces........... la pièce, de	» 20	- 13 »
3°	Ciseaux....	- » 40	- 1 20
4°	Instruments pour serruriers, tourneurs et ébénistes........	- » 15	- 21 »

GROUPE 3. — CLASSE 20.

5° Limes de différentes espèces. . . . la pièce, de 7 c. à 25 c.
  Établissement fondé en 1827; la production annuelle est de 150.000 roubles; 750 ouvriers et apprentis.

135. KALIAKINE (Nicolas et Jacques), à Pavlovo, gouv. de Nijny-Novgorod.

			r. c.	r. c.
1° Couteaux et fourchettes de table. . . . . la paire, de	» 25	à 3 »
2° — — de cuisine . . —	- 1 »	- 2 »
3° — pour trancher le pain . . . la pièce	» »	» 50
4° — de voyage. . . . . —	- » 55	- 1 »
5° Canifs. . . . . —	- » 25	- » 60
6° Ciseaux . . . . —	- » 25	- 3 25
7° Rasoirs . . . . la paire	» »	2 »

  Établissement fondé en 1815; production annuelle pour 11.000 roubles. 15 ouvriers.

136. KAPOUSTINE (Paul), à Pavlovo, gouv. de Nijny-Novgorod.

	r. c.
1° Couteaux de table. . . . . la paire	1 75
2° — de dessert et pour enfants. . . . . . —	» 60
3° — pour trancher le pain. . . . . la pièce	1 »
4° Canifs. . . . . —	1 25

137. KONDRATOFF (Dmitry), à Vatch, gouv. de Vladimir.

		r. c.	r. c.
1° Couteaux de table avec fourchettes. . . . . la pièce, de	2 15	à 6 »
2° Couteaux de dessert avec fourchettes. . . . . . —	- 1 80	- 2 24
3° Couteaux de cuisine. . . . . . —	- » 70	- 1 80
4° — pour pain. . . . . —	- « 13	- » 50
5° Couteaux et fourchettes à découper. . —	- » 80	- 4 »
6° Couteaux à découper. . . . . —	15 »	et 16 »
7° Tranchets pour bourreliers. . . .	» »	» 25
8° — pour bottiers. . . . . —	- » 8	à » 11
9° Lames pour menuisiers et tonneliers. . . . . —	- » 15	- » 25
10° Ciseaux de menuisiers. . . . . —	- » 12	- » 65
11° Rabots. . . . . —	- » 20	- » 50

  Fabrique fondée en 1830; production annuelle : 70.000 roubles. 150 ouvriers.

138. FARISSÉEFF (Alexis), à Parlovo, gouv. de Nijny-Novgorod.

	r.
1° Couteau avec manche en écaille.	25
2° Couteau de table avec fourchette, avec manche en nacre de perles.	25
3° Couteau avec manche en os de mammouth.	10

CLASSE 21. ORFÉVRERIE

139. BÉKOFF (Mikirtitch-Melikset), à Tiflis.

   1° Carafe en argent doré.
   2° Verres à vin.
                                                                                r.
   3° Coupe en argent 144
   4° Boucles en argent pour ceintures. . . . . 6 et 8

140. VAKINOFF (Alexandre), à Tiflis.

                                                                                                r.
   1° Cruches en argent. . . . . la pièce, de 50 à 110
   2° Coupes . . . . — - 30 - 60
   3° Tasse. 35

141. SOCIÉTÉ AGRICOLE DU CAUCASE, à Tiflis.

   Cornet pour vin, monté en argent. . . . . 60 r.

142. NÈPISSOFF (Michel), à Akhaltsykh (Caucase).

   Coupes pour vin. . . . . de 4 r. 50 c. à 10 r. 35 c.

143. OVTCHINNIKOFF (Paul), à Moscou.

                                  OBJETS EN ARGENT.

                                                                                              r.
   1° Monument-trophée représentant les principaux événements
      du règne de l'empereur Alexandre II. 6500
   2° Cassette en forme de coussin. 2750
   3° Calice avec accessoires. 1900
   4° Évangile. 2500

     La fabrique produit par an pour une somme de 300.000 roubles d'objets en or et en argent. 125 ouvriers.

144. SAZIKOFF (Ignace), à Saint-Pétersbourg.

                                  OBJETS EN ARGENT.

                                                                                              r.
   1° Haut-relief (repoussé) : « La Nativité. »
   2° Candélabres 3250
   3° Vases pour fruits confits 1300
   4° Coupe pour punch. 1600
   5° Cruche avec plat: « Moïse ». 1600
   6°   —   représentant la chasse aux faucons. 1200
   7°   —   tronc d'arbre avec un aigle. 500

		r.
8°	Cruche représentant un coq..	300
9°	— avec vue champêtre..	475
10°	Coupe représentant une femme..	190
11°	— en forme de gant.	125
12°	— ornée de danseurs et de lutteurs..	400
13°	— avec bas-reliefs et coq..	600
14°	Pot pour gruau..	600
15°	Corbeille pour le caviar..	185
16°	Service à thé..	2500
17°	Groupe de chevaux.	1750
18°	Presse-papier : attelage à trois chevaux et la cloche du Tsar, chaque..	350
19°	— « Minine et Pojarsky »..	750
20°	— statue équestre de l'empereur Nicolas Ier..	300
21°	La cloche du Tsar..	175
22°	La cloche de Valdaï..	100
23°	Cloche en forme de casque..	125
24°	Encrier, style russe..	200
25°	Sucrier, style turc.	100

Fabriques d'objets en argent et en or fondées à Moscou en 1832 et à Saint-Pétersbourg en 1847; production annuelle : 500 000 roubles. 200 ouvriers. Exportation.

145. SEMÉNOFF (Basile), à Moscou.

		r.	r.
1°	Service pour liqueurs.	»	250
2°	— de thé..	»	240
3°	— pour beurre.	de 90 à	110
4°	Cruche pour vin rouge..	»	125
5°	Tasses à café, avec cuillers.. la pièce	»	60
6°	Salière.. —	- 12 -	25
7°	Porte-cigares.. —	- 38 -	55
8°	Porte-cigarettes. —	- 20 -	30
9°	Tabatières.. —	- 9 -	25
10°	Petit verre.. —	»	20
11°	Anneaux pour serviettes. —	»	9
12°	Cuillers de table, de dessert et à thé. la douzaine	- 19 -	60
13°	Dessous de verres avec cuillers.. la pièce	»	25
14°	Porte-monnaie. —	- 20 -	30
15°	Boîtes pour allumettes.. —	- 7 -	8

Fabrique d'objets en argent fondée en 1851.

GROUPE 3. — CLASSE 22.

146. FRAGET (Joseph), à Varsovie.

OBJETS PLAQUÉS EN ARGENT.

		r.
1° Surtout de table. . .		300
2° Étagères pour table. .	la pièce	110
3° Vase pour fruits . . .	—	48
4° Corbeilles . . .	—	35
5° Bouilloir (samovar) . .	—	165
6° Plateaux. . .	—	de 25 à 60
7° Théières . .	—	26
8° Jatte pour le rinçage .	—	65
9° Sucrier. . .	—	22
10° Cafetière. .	—	28
11° Crèmière . .	—	11
12° Flambeaux. .	— de 3 r. 30 c. à 4	

Fabrique fondée en 1824 ; mise en vente annuellement de 139.000 roubles de marchandises plaquées, et de plus de 12.000 objets en maillechort, argenté par le procédé galvanoplastique ; valeur de 75.000 roubles environ. 250 ouvriers.

147. IOUSBASCHEFF (Sarkis), à Tiflis.

		r
1° Cruche en argent . . .		125
2° — avec chaînettes. . .	la pièce, de	50 à 55
3° Coupes. . .	—	35 - 86
4° Tasses. . .		10

CLASSE 22. BRONZES D'ART, FONTES D'ART DIVERSES ET OUVRAGES EN MÉTAUX REPOUSSÉS..

148. HENCKE et PLESKE, à Saint-Pétersbourg.

Porte sainte en bronze pour la cathédrale orthodoxe de Jérusalem. . . . . 5000 r.

Établissement galvanoplastique et fonderie montés en 1844 ; production annuelle : 300.000 roubles. 250 ouvriers.

149. ZBOUK (Xénophon), à Moscou.

OBJETS EN BRONZE ET EN CUIVRE ARGENTÉS ET DORÉS.

		c. r. c.
1° Boutons. . .	la douzaine, de	6 à 4 22
2° Petites images dorées et argentées, avec émail, la pièce, de		$^1/_2$ - 1 25
3° Croix. . .	—	$^3/_{10}$ - » 2

GROUPE 3. — CLASSE 22.

		c.	r.	c.
4° Écussons.	la pièce, de	15 à	»	25
5° Boucles.	— -	25 -	»	40
6° Cocardes et autres insignes d'ordonnance.	— -	4 -	»	15

Fabrique fondée en 1804, produisant annuellement pour 80.000 roub.

150. KUMBERG (Jean), à Saint-Pétersbourg.

Kiosque métallique, style byzantin. . . . . 4500 r.

151. SOKOLOFF, (Alexandre), à Saint-Pétersbourg.

OBJETS EN BRONZE.

r.
1° Encrier représentant une ourse avec ses petits. 200
2° Flambeaux : loup et louve. . . . . la pièce 60
3° Figure en bronze : blaireau. 40
4° Sonnette en forme de lièvre et règle avec chien . . chaque 30
5° Presse-papier : chien. 75
6° Canif à manche en forme de patte de chien. 15
7° Cendrier : lynx. 75
8° Cassette pour cigarres : groupe d'animaux 300
9° Briquet : renard. 30
10° Groupe : ours avec conducteur. 50
11° Statuette de M. Kommissaroff-Kostromskoï. 200
12° Portrait de S. M. l'empereur Alexandre II.

Atelier pour confection d'objets en bronze, argent et or, fondé en 1857; production annuelle : 60.000 roubles. 60 ouvriers.

152. CHOPIN (Félix), à Saint-Pétersbourg.

r.
1° Aigle colossal en bronze.. 1200
2° Collection de 64 bustes des souverains de la Russie (en bronze). . . . . la pièce 10
3° Figure en bronze, faite en 1841 (comme premier essai de dorure sur bronze, d'après le procédé galvanoplastique de l'académicien Jacobi).

153. STANGE (Nicolas), à Saint Pétersbourg.

r.
1° Modèle de l'église luthérienne de Saint-Pierre à Saint-Pétersbourg, en bronze 1500
2° Candélabres en bronze doré, style russe. . . . . la paire 800

Etablissement fondé en 1819 ; fabrication annuelle montant à 300.000 roubles. 96 ouvriers. Exportation.

CLASSE 23. HORLOGERIE.

154. ADLER (Henri), à Otchakov, gouv. de Kherson.

Pendule en forme de fleur (construction perfectionnée).

155. WIATROWSKI (Léon), à Varsovie.

Montre.. . . .. 100 r.
    Établissement d'horlogerie fondé en 1854.

156. POMERANTZ (Z.), à Jitomir, gouv. de Volhynie.

Métronome (inventé par l'exposant) pour régler le pas de l'infanterie. .. . . 75 r.

157. SGUIBNEFF (Constantin), à Riazan.

Pendule à remontage annuel, indiquant le jour de la semaine, le quantième, le mois et les phases de la lune. . 700 r.
    Établissement fondé en 1838.

158. SON (Henri), à Mohilev.

			r.
1° Montres sphériques (invention de l'exposant) la pièce			130
2°	—	émaillées et roses.. . . .. —	165
3°	—	pavées de pierres fines. . . .. — de 750 à	1300
4° Montre marchant un an			750

159. SCHUBERT (François), à Varsovie.

	r.
1° Chronomètre pour marins, à monter tous les deux jours. .	450
2° — astronomique portatif, à monter tous les trois jours, avec indicateur des secondes	450

CLASSE 24.   APPAREILS ET PROCÉDÉS DE CHAUFFAGE ET D'ÉCLAIRAGE.

160. BYKOFF (Alexandre), à Moscou.

Modèle de calorifère d'un nouveau système.

GROUPE 3. — CLASSE 24.

161. KUMBERG (Jean), à Saint-Pétersbourg.

1° Lanternes de vaisseau. . . . . la pièce 65 r.
2° Spécimens de becs pour lampe à l'huile de pétrole.

162. FABRIQUE DE LAMPES DE L'ADMINISTRATION DES PHARES DE LA BALTIQUE, à Reva..

Lampe à piston pour l'appareil d'éclairage, système Fresnel. . 150 r.

163. USINE A GAZ DE RIGA (Directeur, M. Kurgas).

Compteurs à gaz . . . . de 15 à 20 r.

L'usine fournit par an plus de 1000 compteurs à gaz, pour une somme de 15.000 roubles.

164. SOBOLSTCHIKOFF (Basile), à Saint-Pétersbourg.

Modèle d'un poêle calorifère pour appartements (invention de l'exposant).

165. SCHANDAU (Charles), à Riga.

Mèches pour lampes. . . . . l'archine, de 5 à 20 c.

166. STOURM (Henri), à Dorpate, gouv. de Livonie.

Cheminée en faïence.

Établissement fondé en 1839, produisant annuellement plus de 70.000 carreaux en faïence, pour 10.000 roubles. 17 ouvriers.

CLASSE 25. PARFUMERIE.

167. BOUIS (Adolphe), à Moscou.

			r.	c.	r.	c.
1° Savon de toilette.	la douzaine, de		»	20 à	10	»
2° Pommade.	—	-	»	35 -	13	»
3° Odeurs	—	-	»	75 -	56	»
4° Eau de Cologne	—	-	1	25 -	21	»
5° Poudre de riz.	—	-	3	50 -	17	50
6° Poudres à parfumer	—	-	»	85 -	8	50
7° Fixatoire.	—	-	»	70 -	4	20
8° Pommade pour les lèvres . .	—	-	2	» -	3	»
9° Elixir et poudre dentifrice . .	—	-	2	50 -	6	»
10° Vinaigre de toilette. . . .	—	-	3	50 -	7	»

GROUPE 3. — CLASSE 25.

			r.	c.		r.	c.
11° Cold-cream	la douzaine,	de	3	»	à	4	50
12° Céruse et fards	—		4	20	-	8	40
13° Essences distillées.	le poud	-	60	»	-	180	»
14° Graisse parfumée.	—	-	60	»	-	80	»
15° Fontaine à odeurs	—	-	»	»		150	»

Établissement cosmétique fondé en 1817, produit annuellement 60.000 douzaines de différents articles, pour une somme de 250.000 roubles. 70 ouvriers.

168. GERKE (Alexandre), à Saint-Pétersbourg.

		c.
1° Papiers à parfumer, jaunes	la douzaine	20
2° — rouges..	—	30

169. LINDE (Théodore), à Saint-Pétersbourg.

		c.	r.	c.
1° Savon transparent	la plaque	»	20	»
2° —	le morceau, de	25	à 1	»
3° — de glycérine	—	- 20	- »	25
4° — pour adoucir la peau. . . .	—	»	»	35
5° Poudre de savon.		»	»	75
6° Papier à parfumer	la douzaine	»	»	35
7° Bougies à parfumer	le flacon	»	»	75

Fabrique de cosmétiques fondée en 1840; production annuelle montant à 50.000 roubles.

170. MOUSSATOFF (Les fils d'Alexandre), à Moscou.

		c.	r.	c.
1° Pommade	le demi-pot, de	13	à »	56
2° Eau de Cologne	le flacon	- 58	- »	70
3° Bouquet de Portugal	—	»	»	76
4° Ambré	—	- 33	- »	48
5° Odeurs	—	- 6 ½	- »	78
6° Savon.	la pièce	- 35	- »	52 ½
7° — de toilette	—	- 5 ¾	- »	52 ½
8° Fixatoire.	le bâton	»	»	6 ½
9° Papier à parfumer.	la grosse	»	2	80

Fabrique de parfumerie et de savons, fondée en 1825, produit par an 70.000 douzaines de divers articles, pour une somme de 100.000 roubles.

171. RALLET et Cie, à Moscou.

			r.	c.	r.	c.
1° Pommade en pots de porcelaine, faïence et verre.	la douzaine,	de	1	10	à 14	50
2° Huile parfumée, en flacons. . .	—		»	»	4	50
3° Fixatoire	—	-	2	»	- 5	
4° Eau de Cologne, en flacons et bouteilles.	—	-	4	50	- 24	»

		r.	c.	r.	c.
5° Vinaigre de toilette	la douzaine	»	»	8	»
6° Odeurs en flacons	—	de 1	10	- 21	»
7° Élixir dentifrice	—	»	»	7	»
8° Cold-cream	—	- 6	»	- 10	»
9° Eaux aromatisées pour parfumer les chambres	—	- 3	80	- 12	»
10° Papier à parfumer	—	- 3	»	- 4	50
11° Pastilles à parfumer	—	- 1	60	- 5	»
12° Savon de toilette	—	- »	90	- 8	»
13° Poudre de riz	—	»	»	8	»
14° Pommades et odeurs de bouquets différents	la livre	»	»	4	»
15° Odeurs	—	»	»	4	»
16° Vinaigre de toilette	—	- »	60	- »	80
17° Savons divers, parfumés et non parfumés	—	- »	25	- »	75
18° Poudre de savon	—	- »	30	- »	75
19° Crèmes de savon	—	- 1	»	- 1	40

Parfumerie fondée en 1844; production annuelle : 600.000 roubles. 100 ouvriers.

172. COMPAGNIE RUSSE POUR FABRICATION DE PARFUMERIES, à Saint-Pétersbourg et à Kazan.

Savons de toilette. . . . . la douzaine, de 1 r. 80 c. à 5 r. 40 c.

Production annuelle de l'établissement de Saint-Pétersbourg : 70.000 roubles. Machine à vapeur. 30 ouvriers.

173. CZYSZKOWSKI (Jean), à Varsovie.

	r.	c.
1° Eau de Cologne, petit flacon	1	50
2° — grand —	3	»

CLASSE 26.   OBJETS DE MAROQUINERIE, DE TABLETTERIE ET DE VANNERIE.

174. DOBROVOLSKY (Basile), à Kiev.

		c.	r.
1° Croix sculptées en bois de cyprès	la pièce, de	30	à 1
2° Croix pectorales	—	20	»

175. KARNOVITCH (Valère), gouv. de Iaroslav.

	r.
1° Boîte à thé en broussin de bouleau..........	25
2° Cassette à lettre.............	50

176. LOUKOUTINE (Alexandre), à Danilkova, gouv. de Moscow.

			r.	c.	r.	c.
1° Cassettes à cigares......	la pièce		»	»	18	»
2° — pour ouvrages de dames..	—	de	8	50	à 15	»
3° Albums........	—	-	12	»	- 22	»
4° Boîtes à cigares......	—	-	5	»	- 12	»
5° — pour cigarettes.......	—	-	1	80	- 7	50
6° Boîtes pour cartes photographiées..	—	-	4	50	- 6	»
7° — de visite...	—	-	4	»	- 4	50
8° — à jouer.....	—		»	»	1	35
9° Étuis pour lunettes.......	—		»	»	»	90
10° Boîtes à allumettes pour table....	—	-	4	»	10	»
11° — — de poche...	—	-	»	50	- 2	50
12° Tabatières pour hommes.....	—	-	»	60	- 10	»
13° — femmes.....	—	-	»	60	- 4	»
14° Cassettes pour la poudre.....	—	-	»	30	- »	90
16° Porte-monnaies........	—	-	»	75	- 8	»
17° Boîte pour la poudre de riz...	—		»	»	4	50
18° — à aiguilles.......	—		»	»	3	»

Établissement fondé en 1817; fabricant par an 6000 pièces environ d'objets en laque, pour une somme de 23.000 roubles. 38 ouvriers. Procédés manuels. Exportation.

177. MAKAROFF (Nicolas et Basile), à Slobodsk, gouv. de Viatka.

		r.	c.
1° Boîte pour gants en broussin de bouleau.........		8	»
2° — pour cigares	—	4	»
3° — pour cigarettes	—	3	»
4° Tabatière	—	2	50
5° Boîte à feu.	—	1	50

178. NIKOLADZE, à Koutaïss (Caucase).

OBJETS EN JAIS.

		r.	c.	r.	c.
1° Chapelets......	la pièce, de	3	25	à 78	50
2° Pipes.....	—	- 5	50	- 6	»
3° Embouchures de pipes......	—	- 3	»	- 6	50
4° Broches....	—	- 2	50	- 3	50
5° Boucles.....	—	- 2	50	- 15	50
6° Breloques......	—	»	»	2	20
7° Cruches.....	—	- 6	50	- 12	»

GROUPE 3. — CLASSE 26.

179. COSAQUES D'ORENBOURG, à Velikopetrovskaïa-Stanitza.

Pipes kalmouques en racine de bouleau. . . . . la pièce 60 c.

180. PAVLOFF (Gabriel), à Iakoutzk (Sibérie).

OBJETS SCULPTÉS EN OS ET EN IVOIRE.

		r.
1° Couteau pour découper le papier.		2
2° Peigne sculpté.		
3° Groupe : un schaman Iakoute.		10
4° Modèle des tourelles avec palissades de l'ancienne forteresse de la ville de Iakoutsk.		100
5° Une fête des Iakoutes.		50

181. POLIAKOFF (Matthieu), à Kiev.

Croix sculptées, en bois de cyprès. . . . . . la pièce 18 et 19 r.

182. SAFONOFF (Alexandre), à Troïtsk, gouv. de Moscou.

1° Couteaux et fourchettes sculptés	la pièce,	75 c.	
2° Flacons de différents genres.	—	de 3 à 12 r.	

183. TULÉNEFF (Simon), à Miaklevo, gouv. de Moscou.

			c.	r.	c.
1° Peignes à toupet	la douzaine, de	80	à 6	»
2° — ordinaires	—	»	- 1	25
3° — pour prêtres	—	»	- 2	25

Fabrique fondée en 1840, produit par an pour 5000 roubles de peignes de tout genre et emploie 6000 paires de cornes diverses.

184. FEIST (Alexandre), à Varsovie.

			c.	r. c.
1° Brosses à l'usage des ménages. . . .	la pièce, de	12 1/2	à 4 50
2° — pour écuries et pour équipages. .	—	- 30	- 2 50
3° — à l'usage des fabriques. . . .	—	- 37 1/2	- 2 70
4° — de toilette	—	- 22 1/2	- 5 »
5° — pour habits et chapeaux . . .	—	- 25	- 1 65

Fabrique fondée en 1825, produisant par an pour 50.000 roub. 30 ouvriers?

185. STRAUCH (Henri), à Moscou.

Tabatières en écorce de bouleau . . . . la pièce 3 r.

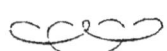

QUATRIÈME GROUPE.

VÊTEMENTS (TISSUS COMPRIS) ET AUTRES OBJETS PORTÉS PAR LA PERSONNE.

CLASSE 27. FILS ET TISSUS DE COTON.

186. BARANOFF, frères, à Alexandrov, gouv. de Vladimir.

1° Indiennes teintes en rouge d'Andrinople.   l'archine, de   28 à 31 c.
2° Mouchoirs et fichus. . . . .   la douzaine   3 r. 20 c.
3° Fils de coton teints en rouge d'Andrinople.

Fabrique d'impression et de blanchissage, fondée en 1847, produisant par an 80.000 pièces, de la valeur de 1.120.000 roubles. 1500 ouvriers. Débouchés en Russie et en Asie.

187. HUBNER (ALBERT), à Moscou.

1° Indiennes . . . .   l'archine, de   20 $^1/_2$ à 23 c.
2° Mouchoirs et fichus. . . . . .   la douzaine   2 r. 80 c.

La fabrique, fondée en 1847, produit annuellement 250.000 pièces de marchandise imprimée, pour une valeur de 900 000 roubles. 1000 ouvriers.

188. ZIMINE (JEAN), à Zouévo, gouv. de Moscou, distr. de Bogorodsk.

Indiennes teintes en rouge d'Andrinople, à l'usage
des classes inférieures. . . . .   l'archine, de   28 à 31 c.

L'établissement date de l'année 1850. La production annuelle monte à 500.000 roubles; on y emploie plus de 18.000 pouds de garance indigène. 500 ouvriers.

189. ZOUBKOFF, frères (N. et A.), à Voznessensk, gouv. de Vladimir.

Indiennes . . . .   l'archine, de   17 à 35 c.

Fabrique montée en 1835; elle produit annuellement jusqu'à 100.000 pièces d'indiennes de différentes qualités, pour une somme de 1.000.000 de roubles. 500 ouvriers.

GROUPE 4. — CLASSE 27.

190. ZOUBOFF (Basile), à Alexandrov, gouv. de Vladimir.

		c.
1° Mouchoirs et fichus teints et imprimés en rouge d'Andrinople......... la pièce,	à 25, 60 et 75
2° Indiennes............ l'archine	— 27, 29 et 32

Établissement fondé en 1832; le total des pièces teintes et imprimées arrive à 40.000 par an, pour 700.000 roubles. 450 ouvriers.

191. FILATURE DE COTON DE LA NEVA, à Saint-Pétersbourg.

ÉCHANTILLONS DE COTON FILÉ.

		r.
1° Fil médio............ le poud	32
2° Fil de chaîne........... —	30
3° Fil de trame........... —.	29
4° Bobines pour trame des n°s 40 et 50..... —	27 et 31
5° Bobines pour chaînes de différents numéros..	de 30 à 33

La filature de la Neva, fondée en 1834, produit annuellement 150.000 pouds, pour une somme de 4.500.000 roubles, en employant 170.000 pouds de matière première, principalement du coton d'Amérique. 4 machines à vapeur de la force de 550 chevaux; 160.764 broches; 2000 ouvriers.

192. KONSCHINE (les fils de Nicolas), à Serpoukhov, gouv. de Moscou.

		c.
1° Indiennes, pour robes......... l'archine	20
2° — pour chemises........ —	17
3° Mouchoirs, imprimés à la main.... la pièce,	de 80 à 95
4° Tabliers............. —	35

Fabrique fondée en 1822; produisant par an 200.000 pièces, de la valeur de 1.000.000 de roubles. 600 ouvriers.

193. KONSCHINE (Jean), gouv. de Moscou, distr. de Serpoukhov.

		c.
1° Calicot............. l'archine	15
2° Coton filé, trame.......... la livre	75
3° — chaîne........... —	80
4° Bobines de coton filé......... —	70

Filature et ateliers de tissage fondés en 1847. La production annuelle atteint 73.000 pouds de filasse et 74.000 pièces de mitcal, valant 2.640.000 roubles. Plus de 1500 ouvriers.

194. MANOUILOFF, frères (Théodore, Basile et Jean), à Zolotovo et Nikoulino, gouv. de Moscou.

	c.	c.
1° Calicot, genre boukhare.... l'archine, de	27	à 32
2° — foncé et imprimé......... —	»	31
3° Cachemire en coton, genre boukhare... —	»	18
4° Corte noir............ —	»	19
5° — rayé et bleu...... —	»	20

Ateliers de tissage et de teinture, fondés en 1820, fournissant par an jusqu'à

55.000 pièces, pour une somme de 600.000 roubles. 600 ouvriers. Le débit de la marchandise s'opère dans l'intérieur du pays, ainsi qu'en Boukharie et la province du Turkestan.

195. MOROZOFF (Élisséï), à Nikolskoé, gouv. de Vladimir.

		c.	c.
1° Calicot (biaze)	l'archine, de	17 à	21
2° Percale écrue, blanche et de couleur, servant à l'impression.	—	- 14 -	20
3° Coutil et jaspé.	—	»	28
4° Nankin, rouge, bleu et rose.	—	- 17 -	20
5° Cotonnade à l'instar de la toile de lin. .	—	»	33
6° Patriotique	—	»	24
7° Twine.	—	- 21 -	38
8° Cotonnade ordinaire, sarpinka. . . .	—	- 19 -	23
9° — — garoussé.	—	»	35
10° Indiennes.	—	- 27 -	29
11° Velours de coton (pliss).	—	»	34
12° — — destiné principalement pour la Chine	—	- 22 -	48

La manufacture Nikolskaïa a été fondée en 1837. Elle fabrique annuellement 200.000 pièces de cotonnades de toutes espèces, pour 1.500.000 roubles. 1400 ouvriers.

196. PROKHOROFF, frères (Constantin et Jacques), à Moscou.

		r. c.	r. c.
1° Cachemire en coton, teint en cuve. . . .	l'archine		» 60
2° Mouchoirs en coton, imprimés. . . .	la pièce, de	1 50 à	2 »
3° Couvertures.			3 25

La fabrique fondée en 1801, produit annuellement 100.000 pièces environ de cotonnades imprimées de différentes espèces, pour une somme de 600.000 roubles. 500 ouvriers. Les produits, outre le débit indigène, se vendent en Allemagne et en Amérique.

197. RABENECK (Louis), à Sobolevo, gouv. de Moscou, distr. de Bogorodsk.

		r. c.	r. c.
1° Indiennes en rouge d'Andrinople. .	l'archine, de	» 27 à	» 32
2° Mouchoirs —	. . la douzaine,	- 3 25 -	8 25

Manufacture d'indienne et teinturerie de coton, fondées en 1833, produisant annuellement 40.000 pièces d'indiennes et 12.000 pouds de coton teint, le tout pour 1.150.000 roub. 900 ouvriers.

198. SERGÉEFF, frères, à Baranovsk, gouv. de Moscou, distr. de Bronitzi.

		c.
1° Tissu en coton, genre écossais. . . .	l'archine	18
2° Coutil en coton pour matelas	— de	18 à 20
3° Nankin rouge, jaune et bleu	—	15, 16 et 20
4° Camelot gris.	—	17

GROUPE 4. — CLASSE 27.   69

		r.	c.
5° Twine...	l'archine		16
6° Cotonnade ordinaire (sarpinka)...	—		20

L'établissement pour tissage de toute sorte de cotonnades, monté en 1816, confectionne annuellement jusqu'à 50.000 pièces, de la valeur de 500.000 roubles. 1000 ouvriers, dont la plus grande partie dans les villages des environs.

199. COMPAGNIE DE LA MANUFACTURE DE RÉOUTOVO, gouv. de Moscou.

FILS DE COTON D'ASTRAKHAN (graines d'Amérique).

		r.	
1° Chaîne, n° 34...	le poud	29	»
2° Trame, n° 40...	—	28	50

FILS DE COTON DU GOUVERNEMENT DE BAKOU (graines d'Amérique).

3° Chaîne, n° 32...	le poud	31	»
4° Médio, n° 40...	—	32	»
5° Trame, n° 50...	—	34	»
6° Fil tordu, n° 60...	—	43	»

FILS DE COTON DU GOUVERNEMENT DE KOUTAISS (graines d'Égypte).

7° Chaîne, n° 32...	le poud	31	»
8° Médio, n° 40...	—	32	»
9° Trame, n° 50...	—	34	»
10° Fil tordu, n° 60...	—	43	»

FILS DE COTON D'ERIVAN ET DE KISLIAR.

| 11° Chaîne, n° 34... | le poud | 26 | » |
| 12° Trame, n° 40... | — | 26 | » |

FILS DE COTON DE LA BOUKHARIE.

| 13° Chaîne, n° 34... | le poud | 27 | » |
| 14° Trame, n° 40... | — | 26 | 50 |

FILS DE COTON DE PERSE.

| 15° Chaîne, n° 34... | le poud | 27 | 50 |
| 16° Trame, n° 40... | — | 27 | » |

FILS DE COTON D'ÉGYPTE.

| 17° Chaîne, n° 40... | le poud | 35 | » |
| 18° Fil tordu, n° 70... | — | 48 | » |

FILS DE COTON D'AMÉRIQUE : SEA-ISLAND.

| 19° Trame, n° 90... | le poud | 56 | » |
| 20° Fil tordu, n° 100... | — | 64 | » |

Manufacture fondée en 1843; en 1865 elle a fourni plus de 67.500 pouds de filasse, pour une somme de 1.345.000 roubles. 30.426 broches mises en mouvement par deux machines à vapeur de 30 chevaux. 1000 ouvriers. Une partie de cette production est exportée en Asie.

200. TRÉTIAKOFF, frères, à Serpoukhov, gouv. de Moscou.

Indiennes . . . . l'archine $18\,^1/_2$ et $19\,^1/_2$ c.

    Fabrique fondée en 1809; ateliers de blanchissage organisés en 1864; tissage mécanique introduit en 1861. La fabrication annuelle est de 250.000 pièces d'indiennes, pour une somme de 2.800.000 roubles. Les ateliers d'impression sont munis de 3 moteurs à vapeur de 110 chevaux et ceux du blanchissage emploient 8 petites machines à vapeur. 840 métiers mécaniques mus par une machine à vapeur de 50 chevaux. 1500 ouvriers. Débouchés en Russie, en Perse et en Boukharie.

201. FINLAYSON et Cie, à Tammerfors (Finlande).

		r. c.	r. c.
1° Guingant . . . . le yard	» »	» $37\,^1/_2$
2° Tick . . . . —	»	36
3° Étoffe pour gilets . . . . — de	» 45 à 1	»
4° Nankin . . . . —	» »	» 50
5° Bracâde . . . . —	» »	» 25
6° Satin . . . . —	» »	» 36
7° Coutil . . . . —	» »	» 29
8° Shirting . . . . — -	» 21 -	» 29
9° — teint, la pièce de 30 yards . . — -	6 25 -	8 »
10° Nappes damassées . . . . la pièce	» »	2 $37\,^1/_2$
11° Étoffe de laine, mélangée . . . . . . le yard, de 1	10 -	2 50
12° Fil de coton, n°s 50 et 60 . . . . . . le paquet	» »	8 »

    Manufacture fondée en 1820; fabrication, au moyen de machines hydrauliques, pour une valeur de 800.000 roubles. 1750 ouvriers. Débouchés en Finlande et en Russie.

202. SOCIÉTÉ D'ACTIONNAIRES DE FORSSA, à Helsingfors (Finlande).

  1° Shirting pour doublure, de diverses espèces.
  2° Coutil
  3° Tissu de coton —
  4° Satin —
  5° Silésias —
  6° Tricot —
  7° Fil de coton non blanchi —

    La manufacture de coton de Forssa, située dans la communauté de Tammela, gouvernement de Tavastehus, a été fondée en 1849-1855. Production annuelle : 600.000 paquets de fil et 40.000 pièces d'étoffes, d'une valeur de 575.000 roubles. 900 ouvriers; 4 turbines à eau et 5 moteurs à vapeur. Débouchés en Finlande et en Russie.

203. KHLOUDOFF, frères (Alexis et Guérassime), à Égorievsk, gouv. de Riasan.

Cotons filés : chaîne, médio et trame.

    La manufacture d'Egorievsk, fondée en 1845, produit par an 150.000 pouds de fils de coton, en employant environ 170.000 pouds de coton de l'Amérique et de Boukharie. La valeur de la marchandise faite atteint 3.750.000 roubles. 2000 ouvriers.

204. ZINDEL (Émile), à Moscou.

Indiennes . . . . l'archine, de 19 $^1/_2$ à 23 $^1/_4$ c.

La fabrique d'indienne, fondée en 1825, imprime 300.000 pièces par an, pour 1.200.000 roubles. 1000 ouvriers.

205. SCHLOESSER (Henri), à Ozorkow, gouv. de Varsovie, distr. de Lenczyca.

			r.	c.	r.	c.
1° Coton filé, trame.	le poud, de	22	»	à	29	20
2° — chaîne.	— -	24	40	-	29	»

3° Échantillons de fils, sur bobines.

Filature de coton montée en 1852 ; production annuelle : 13.060 pouds, pour une somme de 350.000 roubles. La fabrique emploie plus de 15.000 pouds de coton d'Amérique et d'Égypte. Trois moteurs de 90 chevaux. 200 ouvriers.

CLASSE 28. FILS ET TISSUS DE LIN, DE CHANVRE, ETC.

206. FILATURE D'ALTONA, près de Riga.

		r.	r.	c.
1° Fils de lin	le poud, de	4	à 5	»
2° — twist	—	»	5	»
3° Drill anglais	l'archine	»	»	20
4° — ficelé.	—	»	»	30
5° — russe	—	»	»	14
6° — pour essuie-mains	—	»	»	9
7° Coutil en lin	—	»	»	7 $^1/_2$
8° — pour emballage	—	»		11 et 12

La filature emploie annuellement jusqu'à 24.000 pouds d'étoupes de lin. 70 ouvriers. Débouché en Angleterre.

207. COMPAGNIE BALTIQUE (Manufacture de la), à Kengeragge, gouv. de Livonie.

		r.	r.
1° Fils de lin, non blanchis	le poud, de	17	à 32
2° — blanchis.	—	»	19
3° Fils d'étoupes de lin	— -	10	- 14

Filature de lin fondée en 1860 ; production annuelle : 170.000 roubles. 160 ouvriers. La moitié de la marchandise est exportée à l'étranger.

208. BRUKHANOFF (Apollinaire) et **MIKHINE** (Jean), à Kostroma.

1° Fils de lin	le poud,	de 8 à 55 r.
2° Fils à coudre	—	- 21 - 35

    Filature de lin fondée en 1854; production annuelle, 90.000 pouds, pour une somme de 875.000 roubles. 1200 ouvriers. 2 machines à vapeur de 140 chevaux.

209. GRIBANOFF (Woldémar), à Oustioug-Veliky, gouv. de Vologda.

		r. c.	r. c.
1° Fils de lin	la livre, de	» 39 à	2 10
2° — d'étoupes de lin	— -	» 18 -	» 25
3° Toile écrue	l'archine	» »	» 90
4° — blanchie	— -	» 33 -	1 30
5° Nappes et serviettes	la douzaine, -	15 » -	26 »
6° Serviettes à dessert	—	» »	3 »
7° Essuie-mains	— -	8 » -	10 »

    La filature de lin à la mécanique et les ateliers de tissage, montés en 1852, produisent annuellement 24.000 pouds de filasse et 370.000 archines de toiles et de nappages, d'une valeur totale de 545.000 roubles. 910 ouvriers.

210. DOMBROWICZ (Charles), à Dobrowola, gouv. d'Augustow, distr. de Mariampol.

1° Fils de lin faits à la main		
2° Échantillons de toile non blanchie		r.
3° Nappes pour 12 personnes	la pièce	6
4° Serviettes	la douzaine	8
5° Nappe à thé	la pièce	2
6° Serviettes à thé	la douzaine	3
7° Essuie-mains	—	7

    Ateliers de tissage et de blanchissage fondés en 1840; production annuelle : 15.000 archines de toiles. 26.000 archines passent au blanchissage. 57 ouvriers.

211. DIAKONOFF (Alexandre), à Nerekhta, gouv. de Kostroma.

		r. c.	r. c.
1° Ravendouk	la pièce, de	7 25 à	8 75
2° Toile flamande, à demi blanchie	— -	10 » -	13 »
3° — — blanche	— -	12 50 -	14 50
4° — blanche	— -	12 50 -	40 80
5° — grisâtre	— -	5 50 -	6 75
6° — pour serviettes	—	» »	7 95
7° — pour nappes	— -	14 30 -	20 80
8° Serviettes	la douzaine	» »	2 75
9° Fils de lin	le poud	- 18 » -	24 »
10° Fils d'étoupes	— -	8 50 -	11 »

    Filature et ateliers de tissage fondés en 1849, produisant par an jusqu'à 25.000 pièces de toiles de lin, d'une valeur de 180.000 roubles et 30.000 pouds de fils de lin environ, pour une somme de 250.000 roubles. 5000 broches et 100 métiers mécaniques. Blanchissage à la manière irlandaise. 800 ouvriers.

242. ÉMÉLIANOFF (Macaire), à Mourom, gouv. de Vladimir.

1° Toile flamande.
2° Ravendouk.

    Fabrique de toiles de lin fondée en 1790; production de l'année 1866 : 10.000 pièces de toiles de différentes qualités, d'une valeur de 100.000 roubles. Procédés manuels.

243. JOURAVLEFF, frères, à Rybinsk, gouv. de Iaroslav.

		r.
1° Fils de chanvre	le poud	7
2° — à coudre.	— de	25 à 35

244. ZOTOFF (André), à Kostroma.

		r.	c.	r.	c.
1° Fils de lin, nos 14 — 80.	le poud, de	8	50	à 46	40
2° Fils à coudre, nos 60 — 80. . . .	— -	42	»	- 56	»

    Filature mécanique fondée en 1859. La production annuelle monte à 110.000 pouds de filasse de la valeur de 1.200.000 roubles. 1600 ouvriers.

245. LOUKS (Charles), à la colonie Lindenau, gouv. de Tauride.

Fils à coudre . . . . le peloton 35 c.

246. MARR (François), à Koutaïss (Caucase).

Fils à coudre, toile et essuie-mains.

247. NIKITINE (Nicolas), à Viazniki, gouv. de Vladimir.

		r.	c.
1° Toile flamande, la pièce de 50 archines, sur 1 1/2 archine de largeur. . . . . la pièce	10	50
2° Toiles flamandes de 2, 2 1/2, 3 et 4 archines de largeur, la pièce de 50 archines . . . . de	30 à 70	»

    Fabrique fondée en 1791. Métiers à bras. Production annuelle de 5000 pièces, d'une valeur de 70.000 roubles; on emploie pour le tissage le fil indigène. 200 ouvriers.

248. NIEMYSKA (Antoinette), à Varsovie.

Lin filé à la main . . . . l'écheveau 35 c.

249. COMITÉ DE LA BOURSE DE RIGA.

Fils de chanvre. . . . . le poud, de 2 r. 80 c. à 4 r.

    Le montant de l'exportation annuelle de chanvre filé du port de Riga atteint 40.000 pouds.

220. SOCIÉTÉ D'ACTIONNAIRES DE LA MANUFACTURE DE TOILERIE ET DE FER, à Tammerfors (Finlande).

		r. c.	r. c.
1° Toile blanchie. . la pièce de 50 archines, de		12 50	à 17 »
2° Linge damassé pour nappes. 25	—	- 19 50	- 23 75
3° Linge damassé pour serviettes. 50	—	- 17 50	- 20 »
4° Serviettes. . . . . la douzaine	-	4 25	- 5 »
5° Linge damassé. la pièce de 50 archines	-	» »	9 50
6° Essuie-mains. . . . . . . la douzaine	-	4 50	- 6 25
7° Nappes blanchies. . . . . la pièce	-	» 87 $^{1}/_{2}$	6 25
8° Nappes non blanchies. . .	—	- » 75	- 3 75
9° Toile à voiles. . la pièce de 50 archines	-	11 25	- 15 50
10° Toile et damas, non blanchis.	—	- 11 50	- 16 »
11° Toiles pour taies d'oreiller.	—	- 13 50	- 16 75
12° Toile à voiles, claire. . . .	—	- » »	- 8 50
13° Fil d'étoupe, filé humide. . la livre	-	» 14 $^{1}/_{2}$ -	» 41 $^{1}/_{2}$
14° Fil de lin, filé humide. .	—	- » 27 $^{1}/_{2}$ à	1 17 $^{1}/_{2}$
15° Fil de lin, filé à sec. . . .	—	- » 22 $^{1}/_{2}$ -	» 40
16° Fil de lin, filé à sec, tortillé en deux	—	- » 30	- » 60

Manufacture fondée en 1858; production annuelle, 500.000 roubles. La plus grande partie de lin employé dans cette manufacture est de culture finlandaise, le reste est importé de la Russie. Moteurs hydrauliques; 7000 broches; 110 métiers. 600 à 800 ouvriers. Débouchés en Finlande et en Russie.

221. COMMISSION TECHNIQUE DU MINISTÈRE DE LA GUERRE POUR L'ÉQUIPEMENT DES TROUPES, à Moscou.

		c. c.
1° Toile pour chemises . . . . l'archine, de		8 à 16
2° — pour doublure	—	- 6 - 12
3° — flamande	—	» 20
4° Ravendouk, pour tentes et paletots. . . .	—	- 13 - 28
5° Rubans, pour tentes.	—	» 1 $^{1}/_{2}$
6° Coutil pour tentes.	—	» 16

7° Échantillons de toiles de différentes espèces et pour différents usages.

222. COMPAGNIE DE LA MANUFACTURE NORSKAIA, gouv. de Iaroslav.

		r.
1° Toiles écrues, pour tentes . . . . la pièce		15
2° — flamandes, à demi blanchies	—	10
3° Ravendouk.	—	7

Manufacture fondée en 1858; fabricant par an 70.000 pouds de fils de lin, de la valeur de 950.000 roubles et 20 000 pièces de toile, pour une somme de 185.000 roubles. Matière première exclusivement de production indigène. 1.500 ouvriers. Débouchés en Russie et en Angleterre.

223. STIEGLITZ (Baron Alexandre), à Narva, gouv. de Saint-Pétersbourg.

Toiles à voile . . . . la pièce de 50 archines, de 10 à 20 r.

    Filature de lin et ateliers de tissage mécanique établis en 1852 ; production annuelle 50.000 pièces, pour une somme de 750.000 roubles. 750 ouvriers. 20.000 pièces environ sont exportées à l'étranger.

224. ÉRISTOFF (Prince Raphaël), en Mingrélie (Caucase).

Fils à coudre, toile et essuie-mains.

CLASSE 29. FILS ET TISSUS DE LAINE PEIGNÉE.

225. ARMAND (Eugène) et fils, à Pouschkino, gouv. et distr. de Moscou.

		c.
1° Lustrine unie et façonnée	l'archine	48
2° — mêlée de soie	—	49
3° Cachemire.	—	60
4° Impérial et reps-popeline	—	70
5° Gros-gros de laine	—	72
6° Crêpe.	—	60
7° — double	—	65
8° Satin d'Espagne	—	60
9° Satin de laine	—	65
10° Prunelle	—	55

    Manufacture de tissage mécanique et de teinture, fondée en 1844, fournit par an 35.000 pièces d'étoffes en laine pure et mélangée ; en sus elle exécute la teinture pour le dehors, le tout pour une somme de 3.125.000 roubles. Quatre moteurs à la vapeur de 83 chevaux. 870 ouvriers.

226. BORODINE (Michel), à Moscou.

		c.
1° Mousseline satinée	l'archine	60
2° — de soie, façonnée	—	55

    Fabrique d'étoffes en laine peignée, pure et mélangée, produit par an pour 200.000 roubles. 160 ouvriers.

227. BOUTIGUINE (Constantin), à Izmaïlovka, gouv. et distr. de Moscou.

		c.	r.	c.
1° Lustrine	l'archine, de	39 à	»	45
2° Satin noir mélangé de coton.	—		»	» 50
3° Cachemire.	—	— 57	- »	76
4° Reps	—		»	1 20

    Fabrique d'étoffes en laine peignée, pure et mélangée, fondée en 1842 ; production annuelle : 15.000 pièces, pour une somme de 300.000 roubles. 800 ouvriers.

228. GANÉSCHINE, frères (Basile et Nicétas), à Moscou.

			r.
1° Fils de laine indigène	le poud,	de 31 à	80
2° — d'Angora	—		120
3° — d'Angleterre et d'Autriche.	—		

Filature de laine peignée, fondée en 1861, produit par an jusqu'à 15.000 pouds de filasse, pour une somme de 825.000 roubles. Machine à vapeur de 60 chevaux. 500 ouvriers adultes et 370 enfants.

229. ÉLAGUINE (Onésime) **et frères**, à Bogorodsk, gouv. de Moscou.

		c.
1° Satin, demi-laine	l'archine	70
2° Lustrine façonnée	—	45

Fabrique de tissus en laine peignée, fondée en 1825, produit par an jusqu'à 10.000 pièces de satin et 15.000 pièces de lustrine, pour une somme de 610.000 roubles. 975 ouvriers.

230. ÉMELIANOFF et ROCHEFORT, à Moscou.

		c.	r.	c.
1° Atlantine	l'archine	de 27	à »	32
2° Alpacaline	—	- 40	- »	43
3° Mozambique	—	- 27	- »	44
4° Gaze en coton et soie	—		»	45
5° Diamantine	—	- 40	- »	42
6° Potomac façonné	—		»	65
7° Jupes à bords façonnés	la pièce		»	3 75

Fabrique d'étoffes mélangées fondée en 1859; production annuelle: 13.000 pièces, pour une somme de 225.000 roubles. 300 ouvriers.

231. KINDLER (Rodolphe), à Pabianice, gouv. de Varsovie, distr. de Sieradz.

		r.	c.
1° Popeline avec raies en soie	la pièce	9	90
2° Lustrine façonnée	—	7	70
3° Étoffe d'ameublement	l'archine	»	50
4° Camelot noir		de 36 ¹/₂ c.	à 46 ¹/₂

232. KROUCHÉ (Benjamin), à Pabianice, gouv. de Varsovie, distr. de Sieradz.

		c.	c.
1° Popeline Pekin	l'archine	»	48
2° — avec soie	—	»	55 ¹/₂
3° Pompadour avec soie	—	»	51 ¹/₄
4° Gaze avec soie	—	»	75
5° Demi-lustrine	—	»	59
6° Alpaga	—	de 62	à 65
7° Orléans et satin de laine	—	»	45

GROUPE 4. — CLASSE 29.

		r.	c.
8° Moguère	l'archine	»	60
9° Italian-cloth	—	»	70
10° Reps façonné	—	»	47
11° Lustrine façonnée	—	de 43 à 44	
12° Croisé	—	»	32 1/2
13° Bêche	—	»	43
14° Coquerine	—	»	47 1/2
15° Élastine	—	»	44
16° Piqué	—	»	62 1/2
17° — avec soie	—	»	30

Fabrique montée en 1830; production annuelle : 40.000 pièces d'étoffes en laine pure et mélangée, pour une somme de 720.000 roubles. 800 ouvriers.

233. MILLER (Louis), à Moscou.

		c.
1° Popeline	l'archine	75
2° Cachemire	—	50
3° Reps royal	—	75

Filature de laine peignée et ateliers de tissage fondés en 1847, produisant par an pour 140.000 roubles. 160 ouvriers.

234. MIKHAÏLOFF (Théodore), à Moscou.

		c.	r.	c.
1° Lustrine	l'archine	de 43 à	»	48
2° Catalan et crêpe	—		»	1 40
3° Cachemire	—	- 63 -	»	95
4° Reps mêlé de coton	—	- 45 -	»	49
5° — rayé	—	- 90 -	»	95
6° — royal	—	- 85 -	»	95
7° Royal	—	- 90 -	»	95
8° Gros-gros	—	- 65 -	»	90
9° Perle	—	- 70 -	»	75
10° Satin de laine	—		»	» 90
11° Satin, laine et coton	—		»	» 60

Fabrique de tissage, fondée en 1846, fournit par an 350.000 archines d'étoffes en laine pure et mélangée, pour une somme de 260.000 roubles. 250 ouvriers.

235. COSAQUES D'ORENBOURG (Stanitsa Novovozdvijenskaya).

Tissu commun (façon toile) de poil de chameaux, la pièce de 11 archines 4 verchocks . . . . 10 et 13 r.

Ces tissus sont fabriqués dans les stanitsas du district d'Orsk; les qualités supérieures, produites dans les stanitsas Novovozdvijenskaya et Jeltaya, situées sur la rivière de Sakmara, sont exportées dans l'Asie centrale; les qualités inférieures sont en partie exportées en Sibérie et en partie consommées sur place.

236. SOPOFF (Dmitry), à Moscou.

			c.	r.	c.
1º Étoffes pour meuble, demi-laine...	l'archine	de 43 à	»	98
2º — de laine pure..	—	»	1	50
3º Gros de laine............	—	»	»	80
4º Byzantine............	—	- 45 -	»	70
5º Gaze.............	—	- 45 -	»	55
6º Barége............	—	- 28 -	»	35
7º Mozambique..........	—	»	»	44
8º Reps en laine..........	—	»	»	80
9º Gros d'Afrique, demi-laine......	—	»	»	45
10º Mouchoirs-châles, façonnés......	la pièce	»	5	50
11º — de vigogne.......	—	»	3	»
12º — de barége.......	—	»	1	»

Fabrique fondée en 1827; production annuelle : 10.000 pièces, pour une somme de 250.000 roubles. 280 ouvriers.

237. TIMASCHEFF (Alexandre), à Moscou.

		c.
1º Alpacaline façonnée............	l'archine	42
2º Moguère façonnée............	—	50
3º Piqué pour gilet............	—	35
4º Étoffe pour gilet............	—	80
5º Barége façonné............	—	27
6º Toile de chèvres, rayée..........	—	25
7º Alpine...............	—	30
8º Mozambique façonnée..........	—	33

Fabrique d'étoffes en laine mélangée, fondée en 1856; produit annuellement pour 100.000 roubles. 130 ouvriers.

238. FINLAYSON et Cie, à Tammerfors (Finlande).

Étoffes en laine mélangée .. l'archine, de 1 r. 10 c. à 2 r. 50 c.

239. SCHEPELER (Jean), à Riga.

			c.	r.	c.
1º Cachemire............	l'archine,	de 65 à	»	90
2º Reps-mérinos...........	—	- 90 -	1	»
3º Impérial............	—	»	»	60
4º Orléans et crêpe-orléans......	—	»	»	50
5º Alpaga.............	—	»	»	66
6º Paramatte............	—	»	»	55
7º Serge.............	—	»	»	70
8º Velours ottoman..........	—	»	1	60
9º Damas.............	—	»	1	30
10º Italienne et camelot pour manteaux...	—	»	»	80
11º Serge de Berry et de Navarin......	—	»	»	85

GROUPE 4. — CLASSE 30. 79

			c.
12° Lasting...		l'archine	95
13° Moguère...		—	65
14° Stift-camelot...		—	58

Fabrique fondée en 1830; fournit par an jusqu'à 10.000 pièces d'étoffes en laine peignée, pour une somme de 300.000 roubles. 300 ouvriers.

240. SCHNEIDEMANN (Adolphe), à Riga.

			c.
1° Camelot vert...		l'archine	60
2° — pour manteaux...		—	85
3° Poil de chèvre...		— de 50 à	70

La fabrique livre par an pour 35.000 roubles d'étoffes en laine peignée.

241. SCHRADER (Auguste), à Moscou.

			c.
1° Tibet...		l'archine	85
2° — double...		—	95
3° Armure rayée...		—	75
3° Satin de laine...		—	80
4° Cachemire...		—	55
5° Ternaux...		—	70
6° Reps noir...		— 1 r.	20
7° — d'autres couleurs...		—	85
8° Popeline rayée et d'Écosse...		—	75
9° Mousseline de laine...		—	45
10° Preciosa et piqué du Nord...		—	75
11° Velours rayé...		—	65

Fabrique fondée en 1847; fournit par an 8000 pièces d'étoffes en laine pure et mélangée, pour une somme de 300.000 roubles. 300 ouvriers.

CLASSE 30. FILS ET TISSUS DE LAINE CARDÉE.

242. APLETCHÉEFF (Alexandre), à Nikolskoé, gouv. de Saratov, distr. de Petrovsk.

Drap ordinaire de poil de chameau . . . . l'archine 73 c.

L'établissement date de l'année 1842; la production annuelle monte à 36.000 pièces, de la valeur de 30.000 roubles. La fabrique consomme jusqu'à 2500 pouds de matière première, poil de chameau de préférence, fourni par les Kirghiz des gouvernements d'Astrakhan et d'Orenbourg.

243. BABKINE, frères et **Cᵉ**, gouv. de Moscou, distr. de Bogorodsk.

DRAPS DE CHINE.

Drap dit *Méséritz*, noir, bleu, vermeil, paille, vert et de couleurs indécises, la pièce de 25 archines. . . . . 72 r.

La fabrique de MM. Babkine, fondée en 1816, s'occupe spécialement de la fabrication des draps destinés pour la Chine (provinces du nord). La production annuelle monte à 30.000 pièces, de la valeur de 2.800.000 roubles. Quatre machines à vapeur et une roue hydraulique. 1800 ouvriers. Débouchés en Chine et dans le midi de l'Europe, hormis une certaine part qui se vend dans l'intérieur du pays.

244 BOUDILINE (Alexis), à Arzamass, gouv. de Nijny-Novgorod.

		r.	r.	c.
1° Feutres blancs.	la pièce, de	2	à 3	»
2° Feutres rouges et noirs	—	»	»	50

245. BOUTIGUINE (Constantin), à Izmaïlovka, gouv. de Moscou.

		r.	c
1° Drap de dames et twine..	l'archine	1	5
2° Flanelle à carreaux.	—	»	70

246. BOUCHHOLTZ (Successeurs d'Adolphe), à Souprasl, gouv. de Grodno.

		r.	c.	r.	c.
1° Tricot d'hiver.	l'archine	»	»	3	85
2° — d'été..	—	»	»	2	85
3° Drappe..	— de	4	50 à	4	65
4° Étoffe pour paletots de dames	—	»	»	4	25

Fabrique de draps fondée en 1837; production annuelle : 100.000 archines, pour la somme de 400.000 roubles. 215 ouvriers.

247. VEZOVOFF (Serge), à Vyiezdnaïa-Sloboda, gouv. de Nijny-Novgorod, distr. d'Arzamass.

		r.	c.
1° Couverture en feutre..	la pièce	3	50
2° — en poil de vache.	—	2	50
3° Feutres	—	50 et	70 c.

Fabrique fondée en 1836; production annuelle : 60.000 r. environ; 70 ouvriers.

248. WŒHRMANN et **fils**, à Zintenhoff, gouv. de Livonie.

		r.	c.	r.	c.
1° Drap noir..	l'archine, de	2	20 à	4	40
2° — croisé.	—	- 3	60 -	4	70
3° — de couleur.	—	- 2	80 -	5	70
4° Satin noir.	—	3	» -	5	»
5° Édredon noir et bleu.	—	- 3	30 -	3	80
6° Peau d'ours.	—	»	»	»	4
7° Castor.	—	»	»	3	80
8° Melton.	—	»	»	2	55

GROUPE 4. — CLASSE 30.

		r.	c.
9° Tricot d'été............ l'archine		2	75
10° — d'hiver........... —		3	60
11° Étoffe pour paletot........ —		3	90

Fabrique de drap fondée en 1833; production annuelle: 300.000 archines de différentes espèces d'articles en draperie, pour une somme de 1.000.000 de roubles. 2000 ouvriers. Moteur à vapeur de 150 chevaux.

249. GANÉSCHINE, frères (BASILE et NICÉTAS), à Moscou.

	r.	c.	r.	c.
1° Castor noir........... l'archine	»	»	3	25
2° Drappe............. —	»	»	2	85
3° Drap noir........... —	de	1 90	à 2	15
4° — bleu.......... —	»	»	2	10
5° — de dames, noir..... —	»	»	1	50
6° — bleu.......... —	»	»	1	65
7° Flanelle blanche........ —	»	»	»	55
8° — rayée, rouge-vermeil... —	»	»	1	10
9° — à carreaux, couleur rouge de fuxine........... —	»	»	1	5
10° Frise (baïka) teinte en fuxine.. —	»	»	1	»

Fabrique de draps fondée en 1830; livre par an jusqu'à 23.000 pièces, de la valeur de 770.000 roubles. 800 ouvriers adultes et 150 enfants.

250. GOERZ (JULES), à Tatara, gouv. de Varsovie, distr. de Rawa.

	r.
1° Corte (tricot) pour paletots......... l'archine	4
2° Couvertures............... la pièce	10

L'établissement, fondé en 1857, livre annuellement 16.000 archines de tricots et 1500 couvertures, pour une somme de 50.000 roubles. 125 ouvriers.

251. HOLM (ERNEST) et Cie, à Riga.

	r.	c.	r.	c.
1° Étoffes d'été........ l'archine,	1	85	à 2	22
2° — demi-saison...... —	»	»	2	57
3° — d'hiver......... —	- 1	33	- 2	66

Fabrique de draps fondée en 1837; production annuelle: 610.000 roubles. 280 ouvriers.

252. GOUTCHKOFF, frères (JEAN, NICOLAS et THÉODORE), à Moscou.

	r.	c.	r.	c.
1° Étoffes pour pantalons d'hiver.... l'archine,	de 1	30	à 2	60
2° — — d'été..... —	»	»	2	»
3° Twines mélangés........ —	- 1	10	- 1	20
4° — unies........... —	»	»	1	15
5° Flanelle mélangée, unies et à carreaux. —	- »	90	- 1	»
6° — imprimée...... —	»	»	1	20
7° Vigogne à carreaux......... —	»	»	1	50

		r.	c.
8° Doubleton, chaîne en lin . . . . l'archine	2	25
9° Drappe . . . . —	3	»

Filature de laine cardée, ateliers pour la fabrication de draps de tous genres, teinturerie et atelier pour apprêter les étoffes, fondés en 1813. Production annuelle : 15.000 pouds de filasse, 10.000 pièces d'étoffes en draperie, 2000 pièces imprimées, 5000 pièces d'étoffes légères en laine cardée et 30.000 mouchoirs en laine, pour une somme de 850.000 roubles. L'établissement emploie 15.000 pouds de laines indigènes et étrangères. 1300 ouvriers.

253. DOLGOFF (Serge) et BASSKAKOFF (Jean), gouv. de Moscou.

FILS DE LAINE CARDÉE DE MÉRINOS INDIGÈNES.

		r.
1° Chaîne, n° 20. . . . . le poud	41
2° — n° 22. . . . . —	42
3° Trame, n° 20. . . . . —	41
4° Chaîne tordue. . . . . —	49

Filature de laine cardée, fondée en 1860, fournit par an jusqu'à 7000 pouds de filasse, pour une somme de 300.000 roubles. 130 ouvriers.

254. ZACHERT (Guillaume), à Souprasl, gouv. de Grodno,

NOUVEAUTÉS EN DRAPERIE.

		r.	c.	r.	c.
1° Shalskine, rose et cramoisi . . . . l'archine	»	»	2	»
2° — gris et noir . . . . —	de 1 80 à 1 90
3° Tricot d'hiver . . . . —	»	»	3	60
4° — d'été . . . . —	- 2 70 - 3 »

Fabrique de drap fondée en 1834; production annuelle: 5000 pièces, pour une somme de 400.000 roubles. 600 ouvriers.

255. IOKISCH (Basile), à Mikhalkovo, gouv. de Moscou.

		r.	c.	r.	c.
1° Drap bleu (bleu de Prusse). . . . . . l'archine	»	»	2	75
2° — noir. . . . . —	2 45 et 2 75
3° — cramoisi et vermeil . . . . . . —	»	»	3	»
4° — pour billards. . . . . . . —	»	»	3	60
5° Satin noir. . . . . —	2 80 - 3 »
6° Casimir et Milton. . . . . . . —	»	»	1	70
7° Péruvienne . . . . —	»	»	2	65
8° Tricot d'hiver et castor. . . . . . —	»	»	3	60
9° Palmerston . . . . —	»	»	4	»
10° Nordman, esquimos et flaconel . . . . —	»	»	4	25

Fabrique de draps, fondée en 1838, et ateliers de teinture; production annuelle : 7700 pièces de drap d'une valeur de 400.000 roubles; en outre, elle teint et apprête pour d'autres fabriques 2500 pièces, pour une somme de 28.000 roubles. Machine à vapeur de 40 chevaux et une roue hydraulique de 15 chevaux. 600 ouvriers.

GROUPE 4. — CLASSE 30.

256. COMITÉ AUXILIAIRE DU CAUCASE POUR L'EXPOSITION UNIVERSELLE DE PARIS, à Tiflis.

		r. c.	r.
1° Drap noir, marron, gris et blanc..	la pièce, de	1 20 à	9
2° Drap gris clair en duvet de chèvre. .	—	» »	20

257. SOCIÉTÉ AGRICOLE DU CAUCASE, à Tiflis.

1° Draps lesghins, ossétiens et cabardiens.
2° Tissu en laine : tifeinik, gris.

258. QUELLENSTEIN (Fabrique de draps de), gouv. de Livonie.

		r. c.	r. c.
1° Tricots d'hiver .	l'archine, de	3 60 à	3 78
2° — d'été.	—	- 2 88	- 3 6
3° Satin noir et mélangé	—	- 2 48	- 3 »
4° Duffel noir .	—	» »	3 60
5° Peau d'ours, noire et brune . .	—	- 4 5	- 4 28

Fabrique de draps fondée en 1863 ; production annuelle : 114.000 archines, pour une somme de 400.000 roubles. 470 ouvriers.

259. KIRCH (MATTHIEU), gouv. de Moscou, distr. de Dmitrovsk.

		r. c.
1° Tricot d'été..	l'archine	2 30
2° — d'hiver	—	2 90

Fabrique fondée en 1827 ; produit annuellement jusqu'à 50.000 archines, pour une somme de 130.000 roubles. 150 ouvriers.

260. KOUBAREFF (ATHANASE), à Klintzy, gouv. de Tchernigov.

1° Drap gris foncé et bleuâtre. . . . l'archine   1 r. 70 c. et 1 r. 85 c.
2° — couleur acier et fumée de
   Londres. . . . .   —   2 »

Fabrique de draps fondée en 1831 ; production annuelle : 6000 pièces, de la valeur de 36.0000 roubles. 800 ouvriers.

261. LÉVÈ (CHARLES), à Akatovo, gouv. et distr. de Moscou.

		r. c.	r. c.
1° Tricot.	l'archine, de	1 75 à	4 »
2° Étoffe pour paletot..	—	» »	3 »
3° Castor.	—	» »	3 75

Fabrique de draps, fondée en 1855, livre annuellement 1500 pièces pour une somme de 100.000 roubles. 200 ouvriers.

262. MILLER (LOUIS), à Moscou.

		r.	r. c.
1° Tricot..	l'archine	»	1 50
2° — velours de poil de chameaux. . . .	—	»	2 »
3° — mélangé. . . .	—	»	1 50
4° Diagonale.. . .	—	de 1 à	1 50
5° Flanelle. . . .	—	»	» 75

263. MOES (K. A.), à Pilica, gouv. de Radom (Pologne).

		r. c.	r. c.
1° Drap, appelé cloth, marron et bleu. .	l'archine	» «	4 50
2° Castor royal noir et bleu.	— de	4 25 à	4 50
3° Doskine royal.	—	» »	3 75
4° Peau d'ours, gris et noir.	—	» »	4 50
5° — bleu et marron. . . .	—	» »	4 75
6° Tricot d'été.	—	» »	2 80
7° Lima.	—	» »	2 50
8° Tricot soyeux.	—	» »	2 90

Production annuelle : 95.000 archines, pour une somme de plus de 360.000 roubles. 360 ouvriers.

264. MOES (Chrétien) et **Cie**, à Khorochtch, gouv. de Grodno.

		r. c.	r. c.
1° Tricot d'été.	l'archine	» »	2 75
2° — d'hiver.	—	» »	3 75
3° Étoffes pour paletot.	— de	3 30 à	6 »

Fabrique de draps fondée en 1840; production annuelle : 200.000 archines de tissus divers, pour une somme de 600.000 roubles. Moteur à vapeur de 100 chevaux. 1000 ouvriers.

265. MOURATOFF (Michel), à Nijny-Novgorod.

Feutres. . . . . la pièce 70 c.

266. NAÏDÉNOFF, frères, à Moscou.

FIL DE LAINE CARDÉE.

		r.	r.
1° Chaîne	le poud, de	44 à	49
2° Trame	—	»	49
3° Fil tordu.	— -	48 -	50
4° Fil teint en différentes couleurs	—	»	52

La filature livre annuellement jusqu'à 5000 pouds de filasse, pour une somme de 230.000 roubles. 100 ouvriers.

267. NITSCHE (Ferdinand), (anc. maison A. G. Fidler), à Opatowek, gouv. de Varsovie, distr. de Kalisz.

		r. c.
1° Drap noir.	l'archine	5 72
2° Cachemire noir.	—	4 22
3° Satin de laine, noir.	—	4 60

Fabrique de drap fondée en 1824; production annuelle : 4000 pièces de draps de différentes qualités, pour une somme de 340.000 roubles. Machine à vapeur de 60 chevaux et deux roues hydrauliques. 600 ouvriers.

268. OSSIPOFF (Alexandre), gouv. de Moscou, distr. de Podolsk.

		r. c.	r. c.
1° Drappe	l'archine	» »	3 50
2° Double-face	—	» »	3 »

			r.	c.	r.	c.
3°	Castor.	—	»	»	4	50
4°	Satin.	—	»	»	4	25
5°	Castor (biber).	de	3	75 à 4	»
6°	— — mélange.	—	- »	»	- 4	75
7°	Draps.	—	- 1	90	- 2	30
8°	Drap de dames.	—	»	»	1	60
9°	Tricot.	—	»	»	2	75
10°	— d'hiver.	—	»	»	3	50
11°	Cachemire.	—	»	»	3	»

La fabrique livre par an jusqu'à 15.000 pièces de draps de différentes qualités, pour une somme de 800.000 roubles. 800 ouvriers. Débouchés dans l'intérieur du pays et en Asie centrale.

269. SELIVERSTOFF (Nicolas), gouv. de Simbirsk, distr. de Korsoun.

			r.	c.	r.	c.
1°	Drap ras, noir.	l'archine	»	»	1	30
2°	— jaunâtre.	—	de »	85	à 1	30
3°	— de différentes couleurs.	—	- 1	35	- 1	45
4°	Étoffes en poil de chameau.	—	- 2	»	- 2	50
5°	Couvertures.	la pièce	6	»	et 7	50

Fabrique de draps (Roumiantsovskaïa) fondée en 1850; production annuelle: 700.000 archines, pour la somme de 850.000 roubles. 2500 ouvriers. Une partie de la marchandise se vend au Turkestan et en Perse.

270. SKIRMOUNDT (Alexandre), à Poretchié, gouv. de Minsk, distr. de Pinsk.

			r.	c.	r.	c.
1°	Drap noir	l'archine, de	2	90	à 4	»
2°	— gris	—	»	»	2	40
3°	— vert foncé.	—	»	»	2	90
4°	— bleu foncé	—	»	»	3	20
5°	Satin de laine	—	3	60	et 3	70
6°	Northcloth.	—	»	»	3	70
7°	Croisé.	—	»	»	3	20
8°	Corte noir.	—	»	»	3	»
9°	Bristol.	—	3	10	- 3	70
10°	Derby gris.	—	»	»	4	20

Fabrique fondée en 1837; production annuelle: 3000 pièces de différents articles en draperies, pour une somme de 250.000 roubles. 300 ouvriers.

271. SOKOLOFF (Nicéphore), à Moscou.

Étoffe imitant la peau de mouton (astrakan). . . . . l'archine 1 r.

272. SOULKHANOFF (Jean), gouv. de Tiflis, distr. de Gori (Caucase).

			r.
1°	Drap noir	la pièce	4
2°	Tissu en laine, appelé Djimjin.	—	10

273. COMMISSION TECHNIQUE DU MINISTÈRE DE LA GUERRE POUR L'ÉQUIPEMENT DES TROUPES, à Moscou.

ÉCHANTILLONS DE DRAP MILITAIRE.

		r.	c.	r.	c.
1° Drap pour les gardes, vert foncé et noir.	l'archine, de	1	80	à 1	90
2° — — rouge et jaune. .	—	»		2	10
3° — pour l'armée, vert foncé, gris et pour manteau.	—	»	»	1	»
4° — pour l'armée, gris bleuâtre, rouge, cramoisi, bleu et jaune.	—	»	»	1	50
5° — pour l'armée, blanc.	—	»	70	1	70
6° — en poil de chameau pour doublure de bachlyks (capuchons).					

274. THILO (ADOLPHE), à Sassenhoff, près de Riga.

		r.	c.	r.	c.
1° Drap noir.	l'archine, de	2	20	à 4	50
2° — de couleur.	—	»	»	3	50
3° Cachemire blanc et noir.	—	»	»	3	50
4° Castor double.	—	»	»	3	60
5° Tricot.	—	-	4 50	- 5	»

Fabrique de drap fondée en 1817 ; production annuelle : 4000 pièces, pour une somme de 400.000 roubles. 300 ouvriers.

275. UNGERN-STERNBERG (Barons L. et E.), à Kertell, île Dago, gouv. d'Esthonie.

		r.	c.	r.
1° Castor vert et eskimo.	l'archine	4	»	»
2° — kirsey.	—	4	50	»
3° Eskimo, noir.	—	4	75	»
4° Satin, double mélange.	—	3	50	»
5° — noir et rouge.	— de	4	75	à 5
6° Drap noir et de couleur	— -	2	85	- 5

Fabrique de draps fondée en 1826 ; production annuelle : 550.000 roubles. 600 ouvriers.

276. FARBSTEIN et KLEIFF, à Varsovie.

		r.	c.	r.	c.
1° Laine renaissance : mungo. . . .	le poud, de	10	50	à 20	50
2° — Shoddy. . . .	— -	12	50	- 18	50

La fabrique livre par an plus de 7000 pouds de produits de chiffons de laine, pour la somme de 100.000 roubles. 75 ouvriers. Débouchés en Russie, en Angleterre et en Allemagne.

277. TSOURIKOFF (PAUL), gouv. de Moscou, distr. de Zvenigorod.

		r.	c.	r.	c.
1° Drap noir et de couleur.	l'archine, de	1	60	à 2	80
2° Satin noir.	— -	2	66	- 2	76

GROUPE 4. — CLASSE 30.

		r.	c.
3° Castor	l'archine	4	»
4° Drap de dames	—	1	70
5° Tricot	—	2	50
6° Drap pour paletots	—	4	25

Fabrique de draps fondée en 1833 ; production annuelle : 10.000 pièces, pour une somme de 670.000 roubles. 900 ouvriers, les enfants compris.

278. TCHETVÉRIKOFF (Simon), à Gorodistché, gouv. de Moscou, distr. de Bogorodsk.

		r. c.	r. c.
1° Castor.	l'archine	3 50 et	4 »
2° Ratine.	—	» »	3 50

Fabrique de draps fondée en 1830 ; production annuelle : 500.000 r. Moteurs : machine à vapeur de 30 chevaux et trois roues hydrauliques de 120 chevaux. 700 ouvriers.

279. SCHNEIDEMANN (Adolphe), à Ilgezem, près de Riga.

		r. c.	r. c.
1° Boukskine d'été	l'archine, de	2 30 à	2 40
2° — d'hiver	—	3 20 -	3 40
3° Drappe noir, de couleur et mélangé.	—	» »	3 40
4° — marron (ratine).	—	» »	3 50

Fabrique de draps et d'étoffes en laine fondée en 1859 ; production annuelle de draps pour une valeur de 75.000 roubles. 150 ouvriers.

280. STIEGLITZ (Baron Alexandre), à Narva, gouv. de Saint-Pétersbourg.

		. c.	r. c.
1° Castor gris et bleu.	l'archine, de	3 90 à	5 »
2° Satin noir.	—	2 90 -	3 70
3° Castor bleu et vert	—	4 15 -	4 35
4° Draps.	—	3 90 -	5 75
5° Tricots.	—	» »	3 70

Fabrique de draps fondée en 1845 ; production annuelle . 8500 pièces, pour la somme de 765.000 roubles. 900 ouvriers.

281. SCHOUBINE (Artem), à la stanitza Ourupinskaya, pays des Cosaques du Don.

Tapis en feutre, la pièce. . . . . 4 r.

282. ENGALYTCHEFF (Prince Nicolas), à Bedischeff, gouv. et distr. de Tambov.

Drap en poil de chameau.

CLASSE 31. SOIES ET TISSUS DE SOIE.

283. AGALAROFF (Caucase).

Tissu en soie, appelé Djidjim.

284. ADAMOVITCH (Nicolas), à Khorol, gouv. de Poltava.

Soie grége avec cocons.

285. ALI-KHANOUM-SCHIRIN-KIZI, gouv. de Bakou, distr. de Noukha (Caucase).

ÉTOFFES EN SOIE.

					r.	c.
1° Étoffe de couleur rouge	.	.	.	la pièce	14	»
2° — —	verte	.	.	—	12	»
3° — —	grise	.	.	—	13	»
4° — —	bleue	.	.	—	12	40

286. ÉCOLE FORESTIÈRE D'ANADOLSK, gouv. d'Ékathérinoslav.

Soie grége avec cocons.

287. ANDRONNIKOFF (Prince Salomon), à Bakourtzyk (Caucase)

Soie blanche.

288. VORONINE, frères, à Noukha.

Échantillons de soie.

289. VIAZEMSKY (Princesse Nadine), à Serdobsk, gouv. de Tambov.

Soie grége avec cocons.

290. HADJI-SAFAR-OGLOU, à Élisavetpol (Caucase).

Étoffe en soie, rouge . . . . la pièce 8 r.

291. DENGING (École d'horticulture de Bessarabie), à Kischinev.

Soie grége avec cocons.

292. DEUTCHMANN, en Cachetie (Caucase).

Soie écrue blanche.

293. DJOLIA (Prince Beriky), en Mingrélie (Caucase).

Soie écrue blanche.

294. ÈLIAZAROFF (David), à Kamarly, gouv. d'Erivan (Caucase).
Écheveaux de soie.

295. ZIMENS (Jacques), à Bergtam, gouv. de Tauride.
Soie grége avec cocons.

296. IVANOFF (Alexandrine), à Khorol, gouv. de Poltava.
Soie grége.

297. COMITÉ AUXILIAIRE DU CAUCASE POUR L'EXPOSITION UNIVERSELLE DE PARIS, à Tiflis.
Soie écrue blanche et jaune.

298. KALMOUKS DU GOUV. D'ASTRAKHAN.
Soie grége avec cocons.

299. KLASSEN (Abraham), à Simféropol, gouv. de Tauride.
Soie grége avec cocons.

300. KLEPATSKY (Joseph), à Koupiansk, gouv. de Kharkov.
Soie grége avec cocons.

301. KOLOKOLNIKOFF (Paul), à Moscou.

		r.	r.	c.
1°	Brocart d'argent avec croix tissées en or, l'archine, de	14 à	38	»
2°	— — avec bouquet en or..	—	» 35	»
3°	— d'or avec bouquets en argent..	—	» 35	»
4°	Velours cramoisi avec bouquets en or.	—	» 35	»
5°	— pensée avec croix en soie....	—	» 42	»
6°	— bleu de ciel avec ornements d'argent..........	—	» 16	»
7°	Brocart en argent avec bordure en soie.	—	» 6	50
8°	Moire antique en or	—	» 7	»

Fabrique de brocarts et d'étoffes en soie fondée en 1796; production annuelle : 60.000 roubles. 55 ouvriers. Débouchés en Russie, en Boukharie et en Perse.

302. KOMAROVSKY (Comte Paul), à Prilouki, gouv. de Poltava.
Soie grége avec cocons.

303. KRAPINE (A.), à Troubino, gouv. de Moscou, distr. de Bogorodsk.
Soie grége et cocons.

GROUPE 4. — CLASSE 31.

304. KRIPNER (Paul), à Moscou.

                                                                                                r.

1° Soie dévidée des cocons de vers à soie, cultivés à Moscou .. .. la livre 15

2° Cocons, produits à Moscou. .. .. — 3

305. KRYLOFF, à Novomirgorod, gouv. de Kherson.

Soie grége avec cocons.

306. KOURNOSSOFF (Catherine), à Lébédian, gouv. de Kharkov.

Soie grége avec cocons.

307. LIVEN (Isaac), col. Orlov, gouv. de Tauride.

Soie grége avec cocons.

308. LUBIMOFF (André), à Moscou.

Soie grége avec cocons.

309. MAKAROFF et Cie, à Noukha (Caucase).

Soie blanche.

310. MAMED-KHALIM-OGLOU, gouv. de Bakou, distr. de Schemakha (Caucase).

Move (étoffe en soie).

311. MOURADKHANOFF (Mikirtich), à Noukha (Caucase).

Soie blanche et jaune.

312. NEUFELDT (Jacques), col. Halbstadt, gouv. de Tauride, distr. de Berdiansk.

Soie grége, blanche du Japon et jaune de la Perse. .. la livre 10 r.

313. NICKEL (François), à Rosenthal, gouv. de Tauride.

Soie grége avec cocons.

314. NIKITINE (Nicolas), à Moscou.

Soie grége avec cocons.

315. NISSEN (André), à Saint-Pétersbourg.

1° Soie grége.

2° Soie ouvrée : chaîne et trame.

                                                                                      r. c.   r. c.

3° Satin noir. .. .. l'archine, de 3 44 $^{2}/_{3}$ à 4 92 $^{1}/_{3}$

4° Serge blanche, grise et noire .   —   1 53   - 2 58 $^{1}/_{2}$

    Fabrique de soieries fondée en 1834; production annuelle : 1000 pièces, pour une somme de 100.000 roubles. Matière première de préférence russe. 100 ouvriers.

316. SOCIÉTÉ SÉRICICOLE DE TIFLIS (Caucase).
Échantillons de soie à coudre. . . . . la livre 17 r.

317. PELTZ (G.), à Rosenberg, gouv. de Tauride.
Soie grége avec cocons.

318. SAPOJNIKOFF (Véra), à Moscou.
1° Étoffes d'ameublements destinées pour les appartements de S. A. I. Mme la grande-duchesse Marie Fédorowna.
2° Velours avec écussons.
3° Étoffes d'ameublements en soie et brocarts, destinées au palais des Boyards Romanoff.

		r.	r.	c.
4° Brocart avec écussons.				
5° Velours brochés. . .	l'archine	»	45	»
6° Lampas. . .	—	»	4	50
7° Brocatelles. . .	—	3 et	7	50
8° Damas. . .	—	»	3	50
9° Matelassés. . .	—	»	4	25
10° Cottelines . .	—	»	5	»
11° Reps . .	—	»	4	50
12° Brocarts. . .	—	de 8 à	100	»
13° — or. . .		25 et	28	»
14° Velours avec or et argent . .	—	- 10 -	45	»
15° Brocart glacé, or et argent. . .	—	17 et	20	»
16° Moire antique, or et argent. . .	—	9 -	10	»
17° Brocart repsé, argent . . .	—	»	7	»

Fabrique fondée en 1837, produisant annuellement pour 250.000 roubles de différentes étoffes. 120 ouvriers.

349. ÉTABLISSEMENT SÉRICICOLE DE SIEDLCE, près de Varsovie, et **SOCIÉTÉ SÉRICICOLE DE VARSOVIE**.
Soie écrue.

320. SONTZEFF (Dmitry), à Bakhmout, gouv. d'Ékatérinoslav.
Soie grége avec cocons.

321. SOULKHANOFF (Jean), à Terznissi (Caucase).
Soie grége et soie teinte.

322. SOULKHANOFF (Salomé), gouv. de Tiflis, distr. de Gori (Caucase).
Soie de différentes couleurs.

GROUPE 4. — CLASSE 31.

323. ÉCOLE DE SÉRICICULTURE DE STAVROPOL.

Soie grége... .. .. la livre 6

324. TAROEFF (Avak), gouv. de Bakou, district de Schémakha (Caucase).

1° Étoffes en soie : move, kanaouss, glacé noir.
2° Couvertures.
3° Châles-mouchoirs.

325. TISSEN (François), à Neuendorf, gouv. de Tauride.

Soie grége avec cocons.

326. TRÉTIAKOFF (Pépinière de Konstantinograd), gouv. de Poltava.

Soie grége avec cocons.

327. FAST (Pierre) (École forestière de Berdiansk), gouv. de Tauride.

Soie grége et cocons.

328. FESSENKOFF (T.), à Krolevetz, gouv. de Tchernigov.

Soie grége avec cocons.

329. KHALATOFF (Bakchy), à Moscou.

Termalama (étoffe en soie pour robes de chambre).. l'archine, 3 r.

<small>Fabrique de soieries fondée en 1861; production annuelle : 30.000 archines de soieries, pour la somme de 60.000 roubles. Matières premières employées par la fabrique : soie du Caucase, 150 pouds, et soie étrangère, 30 pouds. 100 ouvriers.</small>

330. TCHAVTCHAVADZE (Prince), à Koutaïss (Caucase).

Soie écrue blanche et jaune.

331. SCHANSCHIEFF, à Bakou (Caucase).

1° Soie écrue blanche et jaune.
2° Caisse contenant des échantillons de soie.

332. SCHVEDOFF (Michel), à Martha, gouv. de Poltava.

Soie grége avec cocons.

333. SCHERVINSKY (Anne), à Moscou.

Soie grége avec cocons.

334. SCHMIDT (Pierre), col. menonites de l'arrond. de Molotchansk, gouv. de Tauride, distr. de Berdiansk.

Soie grége de la Chine et du Japon.. .. .. la livre 9 r. 50 c.

<small>Les colons s'occupent de sériciculture depuis 1834.</small>

335. **ÉRISTOFF** (Princesse Théodosie), en Mingrélie (Caucase).

Soie écrue blanche.

336. **IOURIEFF**, à Géorgievsk, gouv. de Stavropol.

Soie grége avec cocons.

337. **KROINE** (A.), à Iroubino, gouv. de Moscou, distr. de Bogorodsk.

Soie grége et cocons.

CLASSE 32. CHALES.

338. **VILKEN** (Marie de), à Kourakino, gouv. de Penza.

	r.
1° Châle long, fond blanc, avec bordure en couleur, à l'instar des châles des Indes.	2000
2° Écharpe, fond couleur saumon, avec bordure.	500

  L'établissement pour la confection de châles, à l'instar des châles des Indes, a été fondé par la mère de l'exposant, Mme Kolokoltsoff, au commencement de ce siècle. Un véritable châle des Indes a servi de modèle à la fabrication. Le tissage, l'apprêt, de même que la teinture, s'exécutaient sur place. Comme matière première, l'on se servait de duvet d'angora, assorti avec un soin tout particulier.

339. **GROTEN** (Charles), à Saint-Pétersbourg.

Châles en poil de chèvre d'Orenbourg . . . la pièce, de 34 à 45 r.

340. **OUSSKOFF** (Marie), à Orenbourg.

	r.
1° Châles de duvet de chèvre, de différentes grandeurs . . . . la pièce	5.15.20.35 et 60
2° Écharpes. . . . . —	5

  La production annuelle de châles et d'écharpes — du prix de 3 à 100 roubles la pièce — de matière première indigène (duvet de chèvre), dans les bourgs des Cosaques d'Orenbourg, représente une valeur de 15.000 roubles. Les meilleures qualités de duvet proviennent des chèvres appartenant aux Cosaques mêmes; on se procure les qualités ordinaires chez les Kirghiz nomades de l'Oural.

341. **KHISCHTILY**, au Daghestan (Caucase).

Châles en poil de chameau . . . . la pièce 25 et 35 r.

CLASSE 33. DENTELLES, TULLES, BRODERIES ET PASSEMENTERIES.

342. ALEXEEF (Woldemar), à Moscou.

			r.	c.		r.	c.
1°	Lames	le rouleau, de	25	25	à	38	»
2°	Massifs	— -	5	50	-	38	»
3°	Cannetilles	— -	17	50	-	26	50
4°	Paillettes	— -	16	50	-	20	»
5°	Fils fins en or	— -	25	75	-	28	75
6°	— en argent	— -	10	75	-	19	75

    Fabrique fondée en 1785, produisant annuellement pour 800.000 roubles. 300 ouvriers. Débouchés en Russie, en Boukharie, à Khiva, en Turquie et en Égypte.

343. AKHOUNOFF (Aga-Abdoul), à Noukha (Caucase).

BRODERIES EN SOIE, OR ET ARGENT.

			r.	r.
1°	Rideaux en drap, brodés en soie	la pièce,	250 et	500
2°	Couchette			20
3°	— avec coussin			80
4°	Coussins pour sofa (takhty)	—		17
5°	Fauteuils	—		17
6°	Coussins	—	5 -	6
7°	Tapis	— de	180 à	380
8°	Divan avec deux coussins			180
9°	Nappes	— -	140 -	160
10°	Vestes brodées en or	—	125 et	150
11°	Zouaves	— -	150 -	200
12°	Bachlyks (capuchons)	—	85 -	180

344. VISCHNIAKOFF, frères (Jean et Simon), à Moscou.

			c.	r.	c.
1°	Galons pour ornements d'église	l'archine, de	31 à	2	»
2°	Franges d'or et d'argent	le zolotnik, -	31 -	»	37
3°	Galons, genre petit russien	—	»	»	44
4°	Galons, genre tartare.				
5°	Passementeries, genre asiatique	— -	26 -	»	40
6°	Galons pour militaires	l'archine -	80 à	6	»
7°	Dentelles d'or	le zolotnik, -	25 -	»	50

    Fabrique fondée en 1818, produit annuellement pour 300.000 roubles. 80 ouvriers employés à la fabrique et 100 au dehors. Débouché dans l'intérieur de la Russie, en Perse et en Boukharie.

GROUPE 4. — CLASSE 33.

345. COMITÉ AUXILIAIRE DE HELSINGFORS POUR L'EXPOSITION UNIVERSELLE DE PARIS.

Échantillons de dentelles de Raumo,
l'aune, de. . . . . 7 ½ cop. à 1 r. 25 c.

346. GRÉDIAKINE (Marie), à Saint-Pétersbourg.

Broderie sur tulle pour éventail (travail à la main). 100

347. IPROUMOFF (Marie), à Tiflis.

	r.	r.
1° Tapis en velours, brodés en or et argent.		1000
2° Nappe — —		500
3° Coussins brodés	de 50	à 120
4° Bachlyks (capuchons)	– 70	– 130
5° Chemises brodées.	– 30	– 60
6° Dessous de lampe	– 6	– 15
7° Passementerie en or.		

348. LONGUINOFF (Eugénie), à Tiflis.

BRODERIES.

	r.	c.
1° Nappe-couverture, en velours bleu, brodée en or et en argent	500	»
2° Écran en velours rouge	100	»
3° Coussin.	140	»
4° Dessous de lampe	11	60
5° Chemises	50	»
6° Veste gourielle	40	»
7° Bachlyk.	150	»
8° Couverture	40	»

349. MAKSOUMOFF (Sophie), en Ossetie (Caucase).

Echantillons de galons en argent.

350. NAZAROFF (Sophie), à Tiflis.

BRODERIES.

	r.
1° Coussin brodé en or.	90
2° Abba (habit national persan).	35
3° Chemises	35 et 40
4° Tassakravy (coiffure géorgienne)	3
5° Bachlyk	15
6° Coiffure.	1

GROUPE 4. — CLASSE 33.

351. POLEVOÏ (Catherine), à Nijny-Novgorod.

Mouchoirs brodés à la main.

352. RYBINE (Paul), à Moscou.

			r.	c.	r.	c.
1° Galons d'officiers............	l'archine, de		1	15	à 9	50
2° Rubans pour écharpes d'officiers.	—		»	»	1	20
3° Tissu pour épaulettes.........	la paire, de		»	40	- »	90
4° Ceinturons de hussards.....	la pièce		»	»	10	»
5° Dragonnes............	—		2	» et	3	20
6° Ceinture de dames, en or.....	—		»	»	9	»
7° — — en argent..	—		»	»	5	»
8° — — large, genre asiatique..			»	»	11	»
9° Fil d'or, fin.............	la bobine		»	»	3	50
10° — d'argent............	—		»	»	2	30
11° — d'or, appliqué.........	—		1	10 et	1	65
12° — d'argent............	—		»	60	- 1	»
13° Massif d'or.............	—	-	11	30	à 13	10
14° — d'argent..........	—		»	»	8	76
15° Cannetilles d'or.........	—		»	»	48	»
16° — appliqué.....	—		»	»	16	»
17° — d'argent......	—		»	»	38	»
18° — appliqué..	—		»	»	5	»

Fabrique fondée en 1835; production annuelle : 125.000 roubles. 75 ouvriers.

353. TASSALOFF (Macaire), à Schemakha (Caucase).

Échantillons de passementerie de différentes espèces.

354. ZINZERLING (K.), à Saint-Pétersbourg.

			r.	c.	r.	c.
1° Rubans croisés à la hollandaise, les cent archines, de			»	65	à 3	60
2° — lisses.........	—	-	»	65	- 3	25
3° — croisés, en coton...	—	-	1	»	- 2	30
4° — en laine, cramoisis et noirs.......	—	-	2	25	-10	»
5° — pour couture.....	—		»	»	5	»
6° — pour malles et chaussures......	—	-	1	60	- 2	40
7° Rubans pour emballages, rouges.....	—		»	»	3	50
8° — ordinaires......	—	de	»	20	à 1	85
9° Bandages............	—	-	2	40	- 3	50

Atelier de passementerie fondé en 1790; production annuelle : un million et demi d'archines, de la valeur de 15.000 roubles.

355. TCHILINGAROFF, à Akhaltsykh (Caucase).

		r.
1° Chabraque, en drap noir, brodée en soie et en or.		18
2° — en drap rouge, brodée en soie.		15

356. SCHADRINE (Élie), à Moscou.

	r.
1° Saint suaire en velours, brodé en or	5000
2° Bannière d'église	500

Production annuelle : 40.000 roubles. 60 ouvrières.

CLASSE 34. ARTICLES DE BONNETERIE ET DE LINGERIE; OBJETS ACCESSOIRES DU VÊTEMENT.

357. AMBAROFF (Khatchuk), à Karassoubazar, en Crimée.

Canne sculptée en bois de prunier de Crimée. . . . . 40 r.

358. HAASE (Charles), à Saint-Pétersbourg.

Gants d'officiers, en chamois. . . . . la paire 1 r. 50 c.

359. PAIER (Marie), à Varsovie.

		r.
1° Corset en toile, à jour.		75
2° — de bal, en rubans.		100
3° — en gros de Naples, brodé.		75
4° — noir, en satin.		10

Atelier monté en 1853, produisant annuellement plus de 1000 corsets de tout genre.

360. PANOFF (Jean), à Moscou.

	c.	r.	c.
1° Boutons de redingote. . . . . . . la grosse, de	75	à 1	50
2° — de gilet. —	-	38 - »	70
3° — pour pantalon. —	-	20 - »	50
4° Boucles en métal pour ceintures des dames.			

Fabrique fondée en 1855, produisant annuellement pour 47.000 roubles. 31 ouvriers.

GROUPE 4. — CLASSE 35.

361. REICHEL (Julien), à Varsovie.

	r. c.	r. c.
1° Chemises d'hommes en toile d'Irlande, la pièce, de	6 50	à 7 »
2° Devants de chemise. — -	» 75	- 1 10
3° Cols de chemises pour hommes. — -	» 26	- » 50
4° Manchettes. — -	» 50	- 1 70

Établissement fondé en 1855, fabricant annuellement pour 100.000 roubles. 100 ouvriers.

362. COMMISSION TECHNIQUE DU MINISTÈRE DE LA GUERRE POUR L'ÉQUIPEMENT DES TROUPES, à Moscou.

1° Boutons pour militaires et aigles pour les casques.
2° Gants militaires pour officiers et soldats, en chamois blanc et gris.

CLASSE 35. HABILLEMENTS DES DEUX SEXES.

363. ALEXANDROFF (Alexis), à Moscou.

	r. c.	c.
1° Chapeaux pour hommes. de	4 »	à 7
2° — pour femmes. -	2 50	- 3
3° — pour enfants	» »	3
4° Képis. -	4 »	- 20
5° Casquettes et chapeaux pour uniformes civils. -	3 »	- 12
6° Pantoufles.	» »	2

Deux fabriques de l'exposant produisent annuellement plus de 100.000 chapeaux, pour 150.000 roubles. 120 ouvriers.

364. BRUNO (Eugène), à Saint-Pétersbourg.

	r.	r.
1° Chapeaux d'uniforme. la pièce, de	15	à 150
2° — de cocher, en soie —	»	7
3° — de soie, ordinaires —	»	8
4° — de feutre, pour iamstchiks. —	»	5
5° — — pour chasse. —	»	10
6° — de dames — -	10	à 60
7° Casquettes d'uniforme. —	»	3
8° Képis. — -	5	- 7
9° Bachlyks (capuchons) en duvet, gris et noirs. —	»	25
10° Bottes en duvet. —	»	14

Fabrique fondée en 1848.

365. BELKINE (Serge), à Moscou.

		r.
1°	Pelisse en renard noir...................	500
2°	Pélerine, manchon et gorgerette en zibeline.........	1000
3°	— en duvet....................	120
4°	Pélerine et manchon en hermine............	180
5°	Objets en fourrure d'agneaux de la Boukharie.	

Établissement fondé en 1863; production annuelle : 150.000 roubles. 50 ouvriers.

366. VANDRAGUE (Barthélemi), à Moscou.

			r.	c.	r.
1°	Chapeaux en pluche.................	de	2	»	à 12
2°	— en feutre, imperméables, sans formes..	-	3	50	- 12
3°	— pour femmes.............	-	2	50	- 7
4°	— avec formes.............	-	6	»	- 7
5°	— mous.................	-	2	»	- 5
6°	— en étoffes imperméables........	-	3	50	- 6
7°	Casquettes et képis.............	-	2	50	- 4
8°	Bonnets en fourrures............	-	6	»	- 20

Établissement fondé en 1838, fabriquant par an 11.000 pièces, pour une somme de 60.000 roubles. 34 ouvriers.

367. WEIGT (Théodore), à Varsovie.

			r.	c.	r.	c.
1°	Chapeaux en soie............	de	4	50	à 7	50
2°	— en feutre............	-	4	50	- 5	»

Fabrication annuelle de 3000 chapeaux d'hommes et de femmes, pour une somme de 21.000 roubles. 20 ouvriers.

368. VINOGRADOFF (Anne), à Nijny-Novgorod.

CONFECTIONS EN ÉDREDON ET EN DUVET DE CYGNE ET D'OIE.

		r.	r.
1°	Rotonde tricotée en duvet de cygne...........	»	120
2°	Garniture pour robes................	»	50
3°	Paletot pour dames, tissé..............	»	80
4°	Pélerines et capelines................		15 et 20
5°	Collerettes et chapeaux de dames...........		10 - 15
6°	Écharpe de dames................		6
7°	— d'hommes.................		25
8°	Pantoufles de dames...............		5
9°	Bonnets d'hommes................		15
10°	Échantillons de tissu en duvet de cygne... l'archine		7

Établissement fondé en 1857. Travail à la main. Exportation.

GROUPE 4. — CLASSE 35.

369. VINOGRADOFF (Théodore), à Moscou.

		r.	r.
1° Toupets et perruques pour hommes.	de	12 à	20
2° — pour femmes.		»	20

370. HUBNER (Nicolas), à Saint-Pétersbourg.

		r.	r.
1° Bottes de chasse. . . . . la paire	»		20
2° — en cuir de veau. . . . . —	»		10
3° Bottines vernies . . . . —	»		12
4° — en cuir de veau . . . . . —	»		8
5° Galoches. . . . . —	de	5 à	8
6° Pantoufles . . . . —	-	5 -	15
7° Bottines de dames, à la hongroise . . . —	-	10 -	15
8° — — avec patins . . . . . —	»		20

Confection annuelle de 7000 paires de chaussures, pour 55.000 roubles. 100 ouvriers. Exportation.

371. GONTCHAROFF (Basile), à Vladimir.

	r.	c.	r.	c.
1° Casquettes . . . . la pièce, de	1	50 à	5	50
2° Képis . . . . — -	2	75 -	8	»
3° Bonnet de femme en duvet de cygne. . —	»	»	6	»

La production annuelle monte à 7000 roubles.

372. DOLGOFF (Nicétas), à Moscou.

		r.
1° Bottes de chasse. . . . . la paire		20
2° — pour promenade. . . . . —		15
3° — vernies. . . . . —		12
4° — à semelles de liége. . . . . —		12
5° — légères. . . . . —		9
6° Bottines de couleur . . . . —		8
7° — vernies . . . . —		8

Atelier fondé en 1860, confectionnant par an pour une somme de 16.000 roubles. 16 ouvriers.

373. ENGALYTCHEFF (Prince Nicolas), à Bedischevo, gouv. de Tambov, distr. de Temnikov.

Ceintures en laine. . . . . la pièce, de 40 à 50 c.

374. KARPYTCHEFF (Eustache), à Ivonkino, gouv. de Nijny-Novgorod, distr. de Semenovsk.

CHAUSSURES EN FEUTRE.

	r.	c.
1° Bottes pour hommes et pour femmes. . . . . . la paire	1	50
2° Galoches pour hommes . . . . —	1	60
3° Souliers de femmes, gris . . . . —	1	»

L'établissement existe depuis plus de trente ans; il produit annuellement plus de 5000 paires de chaussures en feutre, pour 6000 roubles.

GROUPE 4. — CLASSE 35.

375. KLUG (Guillaume), à Kiev.

Bottines . . . . la paire   7 r.

    L'atelier existe depuis 1852; production annuelle : 3000 paires de chaussures. 35 ouvriers.

376. KOMAROFF, à Moscou.

Bonnets en peau d'agneau de Reschétilovka . . . . la pièce   5 r.

377. KOROLEFF, à Moscou et à Saint-Pétersbourg.

Chaussures pour hommes et pour femmes.

378. LVOFF (Jean), à Nijny-Novgorod.

Bonnets tartares en peau d'agneau . . . . la pièce   5 r.

379. MOURATOFF (Michel), à Nijny-Novgorod.

    VÊTEMENTS ET CHAUSSURES EN FEUTRE.

		c.	r.	c.
1° Paletots noirs et gris	la pièce		3	50
2° Bottes d'hommes, de femmes et d'enfants.	—	de 30 à	1	70
3° Souliers d'hommes, de femmes et d'enfants.	—	- 25 -	1	30
4° Chapeaux.	—	- 35 -	»	65
5° Ceintures.	—	- 20 -	»	50

380. NOGATSKY (Pierre), à Vladimir.

		r.
1° Bottines pour hommes. . . . . la paire	6
2° — à double semelle . . . . . . —	5
3° Bottes vernies . . . . —	6
4° — de chasse. . . . . —	20

381. POUZAKOFF (Basile), à Nijny-Novgorod.

Bottes de chasse. . . . . la paire, de 10 à 15 r.

    Atelier fondé en 1839, fabriquant annuellement 2000 paires de chaussures, de la valeur de 10.000 roubles.

382. RÉSCHKO (Claude), à Orenbourg.

Mantille en peau de cygne, doublée de satin blanc. . . . . .   50 r.

383. SITNOFF (Grégoire), à Moscou.

	r.	c.
1° Bottes vernies, longues	35	»
2° — avec tiges en maroquin	12	»
3° — de jockeys.	15	»
4° — en peau de veau.	8	»
5° Bottines vernies.	7	50

    Établissement fondé en 1854; production annuelle : 80.000 roubles. 65 ouvriers.

384. SOUKHANOFF (Jean), à Ostaschevo, gouv. de Iaroslav, distr. de Romanov-Borissoglebsk.

1° Pelisse et paletot de peaux de moutons de la race Romanoffskaya, tannées en jaune . . . . la pièce   r. 41

2° Pelisse d'enfant, de la même peau, tannée en noir. .   —   13

385. COMMISSION TECHNIQUE DU MINISTÈRE DE LA GUERRE POUR L'ÉQUIPEMENT DES TROUPES, à Moscou.

1° Plumets d'infanterie et de cavalerie.
2° Fournitures de bonneterie militaire.

386. TIMOFÉEFF (Basile), à Moscou.

Perruques et toupets pour la scène. . . . . la pièce, de 11 à 20 r.

387. TIKHOMIROFF (Léon), à Nijny-Novgorod.

Pelisses en peaux de moutons de la race Romanoffskaya, tannées en jaune et en noir. . . . . la pièce 30 r.

388. COMPAGNIE RUSSO-AMÉRICAINE DE LA MANUFACTURE DE CAOUTCHOUC, à Saint-Pétersbourg.

VÊTEMENTS ET CHAUSSURES IMPERMÉABLES.

		r.	c.	r.	c.
1° Paletots. . . :	la pièce, de	6	60	à 14	80
2° Pantalons.	—	- 2	20	- 5	60
3° Capuchons (bachlycks)	—	- 1	10	- 3	60
4° Casquettes.	—	- 1	50	- 2	»
5° Galoches.	la paire	- »	75	- 1	70
6° Guêtres.	—	- »	80	- 1	30
7° Bottines.	—	- 1	70	- 2	75
8° Bottes.	—	- 6	»	- 8	»
9° Bottes en feutre, garnies de caoutchouc	—	- 3	»	- 7	»

389. FOMINE (Basile), à Belgorod, gouv. de Koursk.

		r.	c.
1° Ceintures, étroites.	la pièce	»	23
2° — larges	—	»	43
3° — en laine fine.	—	3	»
4° Bas de laine.	la paire	»	35

390. TSELIBÉEFF (Théodore), à Saint-Pétersbourg.

		r.	c	r.	c.
1° Bottes en peau de veau.	de	6	»	à 8	»
2° Bottes de chasse.		»	»	22	»
3° Bottines.		- 4	50	- 5	50
4° Bottines en maroquin, brodées		- 12	»	- 15	»

GROUPE 4. — CLASSE 35.

		r. c.	r. c.
5° Pantoufles brodées	de	3 »	à 4 50
6° Bottines pour femmes	—	3 50	- 15 »
7° Pantoufles —	—	3 25	- 13 »

391. ZIMMERMANN (F.), à Saint-Pétersbourg.

		r.	r. c.
1° Chapeaux en pluche	la pièce	»	8 »
2° — à ressorts	—	de 6	à 8 »
3° — en feutre de castor	—	- 5	- 8 »
4° — en poil de lapin	—	»	4 50
5° — tricornes, en feutre	—	»	8 50
6° Galettes de chapeau en pluche	—	»	» 90
7° Étoffe pour galettes	l'archine	»	» 60
8° Casquettes en feutre	la pièce	»	2 »
9° Bonnet de tirailleur	—	»	8 »
10° Casquettes	—	»	4 »
11° Chaussure en poil de lapin		3 et 4	»
12° Souliers en feutre		»	2 25

Fabrique de chapeaux établie en 1814; production annuelle : 35.000 chapeaux et casquettes, pour 90.000 roubles. 80 ouvriers, hommes et femmes.

392. TSIKHMISTRENKO (Paul), à Poltava.

		r.
1° Bottes de chasse	la paire	10
2° — à semelles de liége	—	9
3° — à doubles semelles	—	8
4° — à vis	—	8
5° — légères	—	7
6° Demi-bottes en canepin	—	6

393. TCHILINGAROFF (M.), à Akhaltsykh (Caucase).

Objets d'habillement brodés, genre circassien.

394. TCHOUVATOFF (Étienne et Alexis), à Koungour, gouv. de Perm.

Bottes .... la paire 3 r. 50 c.

Établissement fournissant par an jusqu'à 40.000 paires de bottes.

395. TCHOURKINE, à Saint-Pétersbourg.

Chapeaux et casquettes.

396. JUSCZYK (Joseph), à Varsovie.

	r.
1° Habit pour hommes	50
2° Gilet	13

GROUPE 4. — CLASSE 37.

407. IJEVSK (Fabrique d'armes et forge d'), gouv. de Viatka.

		r.	c.
1° Carabines réglementaires du calibre de 9 lignes, avec accessoires	la pièce	13	61
2° Moule à balles, en bronze, avec accessoires		6	50

La fabrique d'armes à Ijevsk, fondée en 1807, livre par an jusqu'à 35.000 carabines, pour la somme de 455.000 roubles. La forge, créée en 1763, produit par an jusqu'à 72.000 pouds de fer et 9000 pouds d'acier corroyé, le tout pour 121.000 roubles. 5000 ouvriers.

408. CABINET DE S. A. I. LE GRAND-DUC MICHEL NICOLAEVITCH, Tiflis.

Fusil, pistolets, poignard et schaschka.

409. SOCIÉTÉ AGRICOLE DU CAUCASE, à Tiflis.

	r.
1° Canon de pistolet	3
2° Fusil de Daghestan	300
3° — Kiubata	200
4° Poignard de Kiubata	60
5° Pique de Kourdes.	

410. MÉMEDY-KAGUERMAN-OGLOU, à Schemakha (Caucase).

	r.	c.
1° Canon de fusil	10	»
2° — de pistolet	3	50

411. POPOFF (Joseph), à Tiflis.

	r.
1° Poignard, orné d'or et d'argent	70
2° Sabre (schaschka)	150
3° Pistolet	80
4° Boîte à graisse.	

412. RYJOFF (Anastasie), à Kharkov.

Plomb de chasse de 12 numéros. . . . . le poud   3 r. 50 c.

Établissement fondé en 1846, produit annuellement 5000 pouds de plomb de chasse, pour 17.500 roubles.

413. SESTRORÉTSK (Fabrique d'armes de), gouv. de Vibourg.

Carabine à longue visée.

414. SOKOFF (Omar), à Tersk (Caucase).

1° Poignards.
2° Schaschka (sabre).
3° Poires à poudre.
4° Cartouches.
5° Accessoires d'armes.

415. STANDERTSKJÖLD (Charles), directeur de la fabrique d'armes de Toula.

		r.	c.
1° Carabines réglementaires, calibre de 6 lignes, avec accessoires . . . . la pièce		18	9 ¼
2° Carabines à tir accéléré, se chargeant par la culasse	—	25	»
3° Moule à balle, en fer	—	5	»
4° Fusil de chasse à deux canons	—	190	»
5° Revolver, système Normann	—	35	»
6° Pistolet, système Adams-Dane	—	135	»

La fabrique d'armes à Toula, fondée en 1712, livre au gouvernement par an : 60.000 carabines, 480 moules à balles, en bronze, et 50.000.000 culots pour balles ; en sus elle exécute des commandes particulières. Production totale par an : plus de 1.500.000 roubles. 3720 ouvriers.

416. TARKHANOFF (Salomon), à Tiflis.

	r.
1° Pistolet	12
2° Poignard	2
3° Schaschka	4
4° Lames de sabre . . . . de	20 à 40

417. TEZEK (Sultan Kirghiz du district d'Alatov), à Omsk (Sibérie).

Arcs et carquois avec flèches.

418. COMMISSION TECHNIQUE DU MINISTÈRE DE LA GUERRE POUR L'ÉQUIPEMENT DES TROUPES, à Moscou.

1° Gibernes à 2, 10, 20 et 40 compartiments, avec courroies.
2° Cartouchière et ceinturon en cuir verni.

419. TOBOEFF; à Aghinsk (Sibérie).

Arc avec flèches et accessoires . . . . 10 r.

420. COMPAGNIE RUSSO-AMÉRICAINE DE LA MANUFACTURE DE CAOUTCHOUC, à Saint-Pétersbourg.

		r.	r.	c.
1° Housses de fusils, en caoutchouc . . . . la pièce		»	3	50
2° Bouchons pour nettoyer le fusil	—	»	»	12
3° Kokers pour poudre	—	de 5 à	16	50
4° Bouchons pour fusils . . . . la douzaine			1	80

421. SCHAKHMAI-AMIRALI-OGLOU, au Daguestan septentrional (Caucase).

		r.	c.
1° Poignards . . . . la pièce, de	7 à	40	»
2° Poignard de femme, orné d'or	—	12	50
3° Lame de sabre (schaschka)	—	20	»

CLASSE 38. OBJETS DE VOYAGE ET DE CAMPEMENT.

422. HOFFMANN (Basile), à Saint-Pétersbourg.

Malle en cuir de semelle, sans couture (invention de l'exposant) . . . . 50 r.

<small>Établissement fondé en 1861; production annuelle : 40.000 roubles. 20 ouvriers.</small>

423. COMITÉ AUXILIAIRE DU CAUCASE POUR L'EXPOSITION UNIVERSELLE DE PARIS, à Tiflis.

		r.	c.	r.
1° Sacs de voyage. . . . . la pièce, de	2	»	à 9
2° Valises de voyage . . . . —	- 1	50	- 8
3° Outres en cuir pour vin.			

424. NISSEN (Guillaume), à Saint-Pétersbourg.

	r.	r.
1° Malles en cuir (grande dimension) . . . . . la pièce, de	28 à	68
2° — portatives . . . . . . — -	9 -	20
3° Sacs de voyage . . . . — -	16 -	50
4° Sacoches . . . . — »	15	
5° Étuis en cuir, à chapeaux . . . . — -	9 -	15
6° Lits de voyage en fer. . . . . — »	38	
7° Matelas en maroquin, avec dessus en chamois, rembourrés de crin. . . . . . . — -	36 -	40
8° Paletots de voyage, en cuir. . . . . . . — -	35 -	36

<small>Fabrique d'objets de voyage et de campement fondée en 1840; production annuelle : 30.000 roubles. 20 ouvriers. Exportation en Angleterre.</small>

425. COMMISSION TECHNIQUE DU MINISTÈRE DE LA GUERRE POUR L'ÉQUIPEMENT DES TROUPES, à Moscou.

1° Havre-sacs en veau, avec courroies
2° — doublés en youfte blanche.

426. COMPAGNIE RUSSO-AMÉRICAINE DE LA MANUFACTURE DE CAOUTCHOUC, à Saint-Pétersbourg.

	r.	c.	r.	c.
1° Sacs de voyage. . . . . de	4	»	à 5	25
2° Matelas avec coussins. . . . . -	35	»	- 40	»
3° Coussins. . . . . -	2	80	- 10	70

427. STOLZMANN (Auguste), à Varsovie.

		r.
1° Sacs de voyage, en cuir noir.		15
2° Valise de chasse.		18
3° Nécessaire de dames.		6
4° — en velours, avec ornements.		51
5° Coffrets de voyage.		12 et 15

CLASSE 39. BIMBELOTERIE.

428. BOBRETSOFF (Michel), à Zapolsk, gouv. d'Arkhangel, distr. de Kholmogori.

Jouchets en os de morse. . . . . 10 r.

429. COMPAGNIE RUSSO-AMÉRICAINE DE LA MANUFACTURE DE CAOUTCHOUC, à Saint-Pétersbourg.

		r.	r.
1° Balles et œufs en caoutchouc	la pièce, de	1 à	24
2° Cordes pour gymnastique.		- 12 -	18

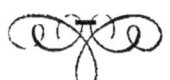

CINQUIÈME GROUPE

PRODUITS (BRUTS ET OUVRÉS) DES INDUSTRIES EXTRACTIVES.

CLASSE 40. PRODUITS DE L'EXPLOITATION DES MINES ET DE LA MÉTALLURGIE.

430. USINES D'IJORA DU MINISTÈRE DE LA MARINE, à Kolpino, gouv. de Saint-Pétersbourg.

		r.	c.	r.	c.
1° Chaînes en fer de $1/4$ et de $2\ 1/2$ pouces; le poud		5	50	et 18	40
2° — de $1/2$ et de 1 pouce . .	—	8	»	- 50	»
3° Feuilles en cuivre rouge et vert . . .	—	»	»	16	»
4° Tuyaux coulés en cuivre vert.	—	»	»	18	»
5° Tôles de fer	—	»	»	5	30

L'usine d'Ijora a été fondée par Pierre le Grand en 1713. Actuellement la production annuelle atteint 237.000 pouds en objets de fer et de cuivre, représentant une valeur de 1.622.000 roubles. Six moteurs à vapeur de 384 chevaux et 16 roues hydrauliques de 1000 chevaux. 1850 ouvriers.

431. ALEXANDROVSK (Fonderie de canons d'), à Petrozavodsk, gouv. d'Olonetz.

1° Minerais de fer des lacs et des marais.
2° Argile réfractaire et enduit intérieur des hauts fourneaux.
3° Fonte de différentes espèces.
4° Scories de fusion.
5° Morceau de fonte provenant d'un canon qui a éclaté avec une charge de 870 pouds par pouce carré.
6° Morceau de fonte découpé d'un canon de 24 livres, qui avait résisté à 1000 décharges sans être endommagé.
7° Munitions de système russe pour les armes à feu d'un calibre de 4 et de 12 livres.

La fonderie, montée en 1733, livre par an 60.000 pouds de métal à canons et

200.000 pouds de munitions, 100.000 pouds de fonte et 20.000 pouds d'objets moulés, pour un total de 600.000 roubles. 1200 ouvriers.

432. ALIBERT (Jean-Pierre), mont Batougol, près d'Irkoutsk (Sibérie).

1° Échantillons de graphite amorphe.
2° Bloc de néphrite pesant 456 kilogrammes.

433. MINES DE L'ALTAÏ (Administration des), gouv. de Tomsk, distr. de Biysk, de Kouznetzk et de Barnaoul.

MINE DE PLOMB ARGENTIFÈRE DE ZIRANSK.

a. Minerais du gîte : schistes argileux, talqueux et chloriteux; porphyre.
b. Minerais oxydés d'argent, trouvés à la partie supérieure et moyenne du gîte, tenant de 3 $^1/_2$ à 7 zolot. d'argent par poud de minerai.
c. Minerais sulfurés provenant des étages inférieurs, cuivre sulfuré argentifère, pyrite et blende argentifères.
d. Minerais de plomb, teneur de 7 à 13 livres par poud.

MINES D'ARGENT DE SOKOL.

a. Gangues : schiste argileux et silex.
b. Minerais oxydés d'argent : teneur de 1 $^3/_4$ à 2 $^1/_2$ zolotniks par poud.
c. Minerais sulfurés.

MINES D'ARGENT DU DISTRICT DE SALAÏRSK.

a. Gangues : calcaire, schiste talqueux et quartz.
b. Minerai oxydé : teneur en argent de $^5/_8$ à 1 zolotnik par poud de minerai.
c. Minerai sulfuré, des étages inférieurs, sortant du gîte de Soïmonovsk.

MINES DE CUIVRE DU DISTRICT DE ZMEINOGORSK.

a. Gangues : évrite, porphyre, schiste quartzeux, siliceux.
b. Pyrite cuivreuse, teneur en cuivre de 10 à 13 livres par poud : minéraux qui l'accompagnent.

MINE DE CUIVRE DE BÉLOOUSSOV.

a. Gangues argileuses : schiste argileux et siliceux.
b. Minerais oxydés : teneur en cuivre de 2 $^1/_2$ à 3 $^1/_2$ livres par poud; minerais sulfurés.

USINE DE PLOMB DE BARNAOUL.

a. Produits secondaires et intermédiaires de la fonte : scories, mattes, bleistein, fonds de fourneaux, litharges.

b. Matériaux employés à la construction des fours et à la fusion : sel de Glauber, calcaire, briques réfractaires, terre réfractaire, pierre de tympe et de creuset du four.

c. Plomb d'œuvre argentifère : teneur en argent 12 zol. par poud ; plomb après le premier, le deuxième et le troisième appauvrissement ; argent fin.

USINE DE CUIVRE DE SAZOUNSK.

a. Produits de la fusion : scories, dépôts, mattes, riches et pauvres.
b. Produits de la fonte des mattes pour cuivre noir.
c. Produits de l'affinage du cuivre noir au spleishoffen.
d. Cuivre en lingots.
e. Fondants et matériaux de construction : terre réfractaire, calcaire, quartz ; protogine.

C'est T. C. Démidoff qui découvrit, sur la rivière Barnaoul, en 1739, les principales mines qui composent le district minier de l'Altaï.

Les usines de l'Altaï fondent des minerais d'argent aurifère et de cuivre ; l'élaboration des premiers se fait dans 5 usines : Barnaoul, Pavlovsk, Gavrilovsk, Zmeïevsk et Loktevsk. On y reçoit jusqu'à 1050 pouds d'argent au 90e, tenant environ 55 pouds d'or.

Le travail du cuivre se fait à l'usine de Souzoùnsk : on en obtient environ 33.000 pouds.

434. ARENDT (Sophie). Côte méridionale de la Crimée.

1° Spécimens de roches de la Crimée.
2° 160 échantillons de calcaires du midi de la Crimée . . . . 50 r.

435. ARPPE (N. L.) (Héritiers d'), Waertsilae (Finlande).

1° Fonte brute . . . . le poud, de 50 à 60 c.
2° Fer en barre. . . . . — - 1 r. 50 c. - 2 r.

La manufacture de Waertsilae, située dans la paroisse de Tohmajarvi, gouvernement de Kuopio, compte 1 haut fourneau, 6 fours à puddler et 4 paires de cylindres ; les 2 hauts fourneaux de la propriété de Mochkoe (même gouvernement) lui appartiennent également. Les moteurs sont hydrauliques et à vapeur, 1156 chevaux de force ; la production annuelle monte à 351.290 pouds de fonte brute et 143.322 pouds de fer en barre. Une partie de la fonte brute est exportée en Russie, l'autre est puddlée ; le combustible employé est le bois et le charbon de bois. Le nombre des ouvriers est de 160.

436. ARTINSK (Usines de fer et aciérie d'), gouv. de Perm.

		r.	c.
1° Faux coulées. . . . . la pièce	»	45
2° Scies pour bois.	—	2	32

L'établissement date de l'année 1770. En 1863, il a produit plus de 62.000

pouds de fer en barres et de canons de fusils, 6138 pouds d'acier et 18.000 faux. 361 ouvriers.

437. ARTSYBYSCHEFF (Nicolas), à Tourovo, gouv. de Moscou, distr. de Serpoukhov.

Clous faits à la mécanique . . . . le poud, de 3 r. 70 c. à 7 r.

L'établissement, fondé en 1859, livre annuellement jusqu'à 10.000 pouds de clous, pour une valeur de 42.000 roubles; il emploie 50 ouvriers.

438. ASTACHEFF (Benjamin). Mines d'or de Iagodni, gouv. de Perm, distr. d'Ekaterinbourg.

1° Pépite d'or trouvée dans le quartz, pesant 3 $^1/_2$ livres.
2° Pépite d'or du gouvernement d'Énisseïsk, pesant 6 livres.
3° Or pur en poudre.
4° Vue des travaux et des aqueducs de Iagodni.

L'exploitation d'or à Iagodni a été commencée en 1862; la quantité d'or exploitée actuellement varie de 14 à 18 pouds par an, et représente une valeur de 200.000 roubles. Le lavage s'exécute au moyen de moteurs à vapeur. 400 ouvriers.

439. BAYERN (Frédéric), à Tiflis (Caucase).

Collection géologique et minéralogique du Caucase.

440. BALASCHEFF, frères, à Novo-Nikolskoë, gouv. de Novgorod, distr. de Belozersk.

			r. c.	r. c.
1°	Fil de fer ordinaire. . . . . le poud, de	2 34	à 12 80
2°	— pour ressorts.	—	- 2 55	- 2 72
3°	— pour télégraphes. . . .	—	- 2 85	- 3 35
4°	— bronzé.	—	- 2 75	- 3 39
5°	— zinqué.	—	» »	4 40
6°	Clous pour fers à cheval (de 4 à 17 livres le mille).	—	- 7 25	- 10 »
7°	Clous découpés.	—	- 3 20	- 3 85

L'usine de fer a été fondée en 1828; elle produit annuellement pour 150.000 roubles de fer; la fonte provient de l'Oural, des usines de Simsk, appartenant aux exposants. 350 ouvriers.

441. BARANTCHA (Hauts-fourneaux et fonderie de), gouv. de Perm.

Fonte et produits intermédiaires.

En 1863, plus de 425.000 pouds de minerai ont passé aux hauts fourneaux, et ont donné 203.000 pouds de fonte en gueuses et 31.000 pouds de munitions de guerre.

442. BARTH (Charles), à Krasnaïa-Gorka, gouv. de Saint-Pétersbourg, distr. de Peterhoff.

Tourbe comprimée.

La tourbière se trouve près du golfe de Finlande, et occupe une surface de

447 dessiatines, sur 3 archines de profondeur moyenne. On extrait par jour, à l'aide d'une machine à vapeur, 1200 pouds de tourbe.

443. BATASCHOFF, frères, à Toula.

		r. c.	r. c.
1° Serrures	la pièce, de	» 30 à	3 50
2° Crampons pour portes	la paire	» 30 -	7 »
3° Manches et manivelles	—	» 75 -	1 40
4° Plaques de serrures	—	» 50 -	1 »
5° Gonds de serrures	—	1 50 -	5 50
6° Verrous de serrures	—	» 70 -	3 50
7° Crochets pour fenêtres	—	» 70 -	» 75
8° Vis en cuivre	le mille	5 50 -	13 75
9° — en fer	—	3 30 -	7 »
10° Samovars (bouilloire) en tompac	la livre	» » -	» 80
11° — — en cuivre vert	—	» 65 -	« 70

L'établissement fournit par an jusqu'à 8000 samovars; 11.500 pièces d'accessoires pour portes, fenêtres et poêles ; 1.500.000 vis en fer et en cuivre : le tout représentant une somme de 150.000 roubles.

444. BENARDAKI (DMITRY). Usines d'Avzianopetrovsk, gouv. d'Orenbourg.

Fer affiné . . . . le poud   1 r. 50 c.

L'usine date du siècle passé. En 1864, il y a été fondu 406.600 pouds de minerai, qui ont produit plus de 154.300 pouds de fonte en gueuses et plus de 33.600 pouds en objets moulés. La quantité de fer affiné et puddlé, fabriquée la même année, a été de 198.000 pouds. 520 ouvriers.

445. BOGOSLOVSK (Usines de), gouv. de Perm, distr. de Verkhotourié.

1° Pyrite cuivreuse et gangues qui l'accompagnent, provenant des mines de Vassiliev et de Bogoslovsk.

2° Lingots de cuivre raffiné, provenant de l'usine de Bogoslovsk.

Des mines composant le district minier de Bogoslovsk, on avait tiré en 1863, depuis leur découverte, 723.000 pouds de minerais de cuivre, ayant une teneur moyenne de 3,8 %; il en a été obtenu 19.670 pouds de cuivre. Les mines et l'usine emploient 1240 ouvriers.

446. BOHTE (ROBERT), à Varsovie.

	r.
1° Coffre-fort incombustible	600
2° Coffret —	45

447. BOCHENSKI, frères, et WIELOGLOWSKI (FÉLIX), à Ruda Maleniecka, gouv. de Radom (Pologne).

1° Échantillons de minerais de fer; fonte et fers de différentes espèces; argile réfractaire.

2° Échantillons de la houille et du bois servant à la fonte des minerais.

GROUPE 5. — CLASSE 40.   115

3° Carte des environs et coupe de la mine principale.

L'usine de fer de Ruda Maleniecka a été fondée vers le milieu du siècle dernier. La production actuelle atteint à 100.000 pouds par an. L'usine emploie trois moteurs à vapeur de la force de 24 chevaux et plusieurs roues hydrauliques. 200 ouvriers.

448. BOUIS (Adolphe), à Moscou.

			r.	c.	r.	c.
1° Clous en fil de fer	le poud, de	3	25	à 13	»
2° — avec têtes rondes.	—	-	6	75	- 12	»
3° — sans têtes	—	-	6	50	- 9	50
4° Clous en fil de cuivre.	—	-	16	»	- 23	»
5° Fil d'archal	—	-	2	50	- 4	»

L'établissement fournit par an jusqu'à 30.000 pouds de fils d'archal et de clous. 30 ouvriers.

449. BELOSSELSKY-BELOZERSKY (Prince). Usines de Katav-Ivanovsk, gouv. d'Oufa.

		r.	c.	r.	c.
1° à 7° Fer assorti, de sept différentes espèces	le poud, de	1	20	à 1	80
8° Fer ouvré	—	»	»	1	80
9° Acier cémenté	—	-	1	75	- 1	80
10° Acier pour ressorts.					
11° Fers à cheval.	—	»	»	3	»
12° Clous pour fers à cheval..	—	»	»	5	50

Usines fondées en 1758 ; elles produisent annuellement 300.000 pouds de fer représentant une valeur de 475.000 roubles. Elles emploient 2000 ouvriers. 150.000 pouds de fer en barres se vendent annuellement en Angleterre.

450. WOERHMANN, à Riga.

Tourbe comprimée mécaniquement.

451. VERKHNETOURA (Fonderie de), gouv. de Perm.

1° Fragment de canon en fonte, ayant tiré 3500 fois.		c
2° Obus de quatre livres, non achevé	la pièce	45
3° — — achevé	—	79

En 1863, plus de 520.000 pouds de minerai ont été fondus à Verkhnetoura, et ont donné 273.000 pouds de fonte en gueuses et 53.000 pouds d'objets moulés.

452. VOLOSCHINOFF (Athanase), à Saint-Pétersbourg.

Bouilloires (samovars) de nouvelle construction, inventée par l'exposant. .. la pièce, de 30 à 360 r.

GROUPE 5. — CLASSE 40.

53. VOTKINSK (Forges et aciérie de), gouv. de Viatka.

		r. c.	r. c.
1° à 11° Fers puddlés et autres de différentes espèces et qualités	le poud, de	» 73 à	2 50
12° Chaîne pour ancre	—	» »	2 40
13° et 14. Acier cémenté, de différentes qualités	—	- 1 35 -	2 36
15° Lingot d'acier fondu	—	» »	3 54
16° Acier fondu, de différentes qualités	—	» »	4 60
17° Fer fondu	—	» »	2 50
18° et 19° Acier puddlé	—	- 1 35 -	3 50
20° Tôle d'acier fondu	—	» »	4 85
21° Boulet	—	» »	4 »
22° Fer, méthode Bessemer	—	» »	1 55
23° Acier, —	—	» »	2 »

La forge et l'usine de Votkinsk ont été fondées en 1759, et fournissent par an : 300.000 pouds de fer assorti, pour une valeur de 440.000 roubles; 27.000 pouds de chaînes et d'ancres, pour 143.000 roubles; 6000 pouds d'acier de différentes qualités, pour 25.000 roubles, et 50.000 pouds de fer pour la construction des navires en fer, pour 200.000 roubles. L'usine n'a point de mines appartenant à la direction; la fonte lui est fournie par les usines de Goroblagodat, qui lui en envoient, en moyenne, 500.000 pouds par an. On consomme à Votkinsk plus de 8500 sagènes de bois; on emploie 2000 ouvriers. L'usine de Votkinsk fournit presque exclusivement aux besoins des ministères de la marine et de la guerre.

454. VSÉVOLOJSKY (VSÉVOLOD), à Alexandrovsk, gouv. de Perm.

1° Houille et coke.

2° Tôle de fer, travaillée à la houille, provenant de fonte au coke.

Hauts fourneaux et usines fondés en 1767; 400.000 pouds de fonte par an, produisant 280.000 pouds de fer en feuilles, pour une valeur de 600.000 roubles; 1500 ouvriers.

455. AVRILOFF, à Novaïa, gouv. de Moscou, distr. de Bogorodsk.

Tourbe en brique . . . . le sagène cube, de 12 à 14 r.

456. COMITÉ AUXILIAIRE DE HELSINGFORS POUR L'EXPOSITION UNIVERSELLE DE PARIS.

1° Granit poli de Helsingfors et d'Abo.

2° Marbre poli de Ruskiala, gouv. de Wiborg.

3° Pierres rondes provenant des « Chaudrons des géants » (Helsingfors).

457. HILL et SCHTOUK (fermiers de la tourbière de Ioukhinsk, à 25 verstes de Moscou).

Tourbe de trois différentes espèces. . le sagène cube, de 12 à 21 r.

L'exploitation annuelle atteint à 4000 sagènes cubes, qui se vendent aux fabriques des environs.

GROUPE 5. — CLASSE 40.   117

458. **HORDLICZKA** (Guillaume), à Rogoznik, gouv. de Radom (Pologne).

1° Minerai de fer de la mine de Rogoznik.
2° Calamine de la mine de Fanny.
   Les mines de fer et de zinc s'exploitent depuis 1822. 66 ouvriers.

459. **DÉPARTEMENT DES MINES DE POLOGNE**, à Varsovie.

1° Échantillons de minerai de fer.
2° Calamine des mines de Iossifovsk, Ouliisk, Georgievsk et Varvarinsk.
3° Charbon des houillères de Tsechkovsk et Ksaviersk.
4° Argile réfractaire des gisements d'Augustovsk et
   de Grabetsk . . . .   r. c.
5° Zinc brut et de première fusion . . . . . . le poud 2 80
6° — en feuilles. . . . .   —   3 98 $^1/_2$
7° Cadmium . . . .   la livre 1   »
8° Fonte grise de première fusion. . . . . . .   le poud » 50
9° Fer de différentes espèces. . le poud, de 1 r. 35 c. à 2 »
10° Fonte moulée. . . . .   le poud 1 63

   Les usines du gouvernement comptent plus de cent années d'existence; la valeur totale de la fonte produite et de la houille extraite monte par an à 1.270.000 roubles. 5000 ouvriers.

460. **COSAQUES DU DON** (Administration des), à Grouschevka, près de Novo-Tcherkask.

1° Colonne sculptée, en anthracite de Grouschevka, pesant 59 pouds.
2° Ardoises.
3° Meules provenant de carrières du pays.

   L'anthracite du pays des Cosaques du Don s'y trouve en quantité très-considérable; la couche occupe une surface de quelques centaines de verstes carrées. Les meilleures qualités se rencontrent environ à 30 verstes de Novo-Tcherkask, près de la rivière Grouschevka, dans le terrain houiller, et forment des couches d'environ 2 archines et demie de puissance. On exploite par an plus de 6.000.000 de pouds d'anthracite, et les explorations en font connaître encore plus de 3 $^1/_2$ milliards de pouds non exploités. L'anthracite de Grouschevka contient 96 % de carbone.
   Les couches d'ardoises se rencontrent dans beaucoup de localités du pays des Cosaques du Don; elles se débitent facilement en feuilles de quelques archines carrées de surface et d'une épaisseur d'une ligne à trois pouces. Elles s'emploient pour couvertures de toit, confection des tables, entablements de fenêtres et pour ardoises à écrire. Les meilleures qualités s'exploitent à deux verstes du village Novopavlovsk, dans le district de Miousk. Les carrières à meules se trouvent disséminées dans la formation crayeuse; les meules jouissent dans le pays d'une renommée méritée; les meilleures espèces sont fournies par les carrières de Kalitvinsk et Gorodistchensk, dans le district du Donetz.

461. **GOROBLAGODAT** (Arrondissement des mines de), gouv. de Perm.

1° Minerai de fer magnétique (non grillé) de diverses provenances.

2° Minerai de fer magnétique (grillé).

3° à 6° Gangues et fondants.

> La montagne de Goroblagodat, dont la richesse minérale a été découverte en 1730, a une circonférence de 5 verstes et demie, et fournit annuellement plus de 2.000.000 de pouds de minerai, contenant de 54 à 60 % de fer. Ce minerai est fondu dans les usines de Kouschva, Verkhne-Toura et Barantcha, qui font partie de l'arrondissement du Goroblagodat.

462. DASCHKOFF (Mme). Usines de Blagovestchensk, gouv. d'Oufa.

1° Minerai des mines des environs d'Orenbourg appartenant aux usines.

2° Charbon de bois de saule employé pour la fusion des minerais de cuivre.

3° Chaux servant de fondant.

4° Matériaux pour la construction des fours : briques, argile réfractaire, sable, etc.

5° Produits de la fonte du cuivre : cuivre noir, fonte cuivreuse, scories.

6° Produits de l'affinage du cuivre noir dans le four à réverbère.

7° Échantillons de cuivre raffiné en lingot.

> L'usine, établie en 1756, a fondu, en 1864, 160.250 pouds de minerai, et en a reçu 5350 pouds en cuivre pur, en lingots. 200 ouvriers.

463. DEMIDOFF (Paul). Mines et usines de fer et de cuivre. Lavages d'or et de platine de Taguil (gouv. de Perm).

MÉTALLURGIE DU PLATINE.

Prix à la foire de Nijny-Novgorod.

1° à 6° Platine brut, provenant de différents gisements.

7° Platine brut, séparé par amalgation de l'or qu'il accompagnait.

8° Pépite de platine, pesant 11 livres ³/₄.

} Vendu affiné à 3.100 roub. le poud, rendu franco à Paris.

MÉTALLURGIE DU CUIVRE.

a. 1° à 10° *Gangues et minerais.*

11° à 18° Minéraux.

b. *Première fusion.*

19° Cuivre noir.

20° Matte.

21° Scories riches.

22° Scories pauvres.

c. *Seconde fusion.*

23° Matte.

GROUPE 5. — CLASSE 40.

24° Matte grillée.
25° — fine de seconde fusion.
26° Scorie riche.
27° Cuivre noir de seconde fusion.

d. *Affinage du cuivre noir au spleishoffen.*

  α. *Première période. Scories fluides.*

    28° Cuivre noir fondu au spleishoffen.
    29° Première scorie.
    30° Cuivre noir commençant à donner des scories.
    31° Seconde scorie.
    32° Cuivre au moment où les scories deviennent très-fréquentes.
    33° Troisième scorie.

  β. *Seconde période. Scories pâteuses.*

    34° Cuivre contenant encore du soufre.
    35° Scorie.
    36° Cuivre.   } Echantillons pris pendant toute la période.
    37° Scorie peu fusible.
    38° Cuivre.
    39° Scorie poreuse.

  γ. *Troisième période (Bouillante).*

    40° Cuivre noir au moment du plus fort dégagement de vapeurs sulfureuses.
    41° Scorie, cuivre.

  δ. *Quatrième période (Brassage).*

    42° Cuivre.

  η. *Cinquième période.*

    43° Cuivre rosette déjà un peu oxydulé.

e. *Refonte des scories d'affinage au cubilot.*

  44° à 47° Cuivre, matte, scories pauvres et riches.

f. *Cuivre raffiné.*   le poud.

  48° à 53° Cuivre en lingots de diverses formes . . . . 12 r. 50 c.
  54° Tôle de cuivre de 14 pieds sur 4 pieds 11 pouces pesant 39 pouds $^1/_4$.   18 à 20 r.
  55° à 56° Tôle de cuivre de 7 pieds, pesant 19 livres.

GROUPE 5. — CLASSE 40.

MÉTALLURGIE DU FER.

a. 1° à 10° Gangues et minerais.

b. *Fusion.*

    11° à 14° Fontes : grise, blanche, truitée, lamellaire.
    15° Scorie.

c. *Fer affiné au charbon de bois.*

    16° à 18° Loupe, larget pour tôle forte; id. cassé à froid.
    19° à 20° Pièces de 9 et 6 pouces de diamètre, cassées à froid.
    21° à 22° Barres pliées et tordues à froid.
    23° à 27° Tôles de $^5/_8$ à $^3/_8$ d'épaisseur.   { long., 7 pieds
    28° à 30°   —   tordues et travaillées à froid. . .   { larg., 4 pieds 8 pouc.
                                                                                    { épaiss., 1 pouce à $^3/_{16}$
                                                                                   { le poud, 2 r. 70 c.
    31° à 35° Tôle moins épaisse, longueur de 17
        pieds. . . . . le poud, de   7 r. à 8 r. 2 c.

d. *Fer puddlé* . . . . . . le poud, de   1 r. 85 c. à 3 r. 70 c.

    36° à 37° Fer puddlé brut.
    38° à 44° Tôles fortes.
    45° à 50°   —   fines non parées.
    50° à 57°   —   parées.
    58° à 65° Fers ronds.
    66° à 67°   —   courbés par un seul coup d'un mouton pesant
                92 pouds et tombant de 42 pieds.
    68° à 72° Fers ronds courbés et noués à froid.
    73° à 81°   —   à 4 pans, dont 2 tordus à froid.
    82° à 94° Barres laminées.
    95° à 98° Fer pour bandages de roues.
    99° à 105° Fer à angles (3 tordus à froid).
    106° à 112° Acier cémenté travaillé au marteau;
              le poud, de. . . . .   2 r. 60 c. à 3 r. 30 c.
    113° à 115° Acier pour ressorts . . . . . . le poud   3 r. 20 c.
    116° et 117° Bouts de rails.
    118° Bloc de malachite de 2130 kilos.

    Les prix varient avec l'importance et les conditions de la vente.
    Les usines de Taguil ont été fondées en 1725, par un des aïeux de M. Demidoff l'exposant. La propriété renferme 638.274 dessiatines de terrain, dont 530.000 sont couvertes de forêts : elle est distribuée sur les deux versants de l'Oural. La population ouvrière se compose de 54.000 âmes des deux sexes. Dans cette immense propriété se trouvent 24 mines de cuivre, toutes explorées, mais dont une seule, sérieusement exploitée, fournit tout le minerai de cuivre actuellement fondu ; une grande quantité de gisements ferreux très-importants et dont le principal est la montagne de Vissoko-gora, énorme amas de fer

magnétique. En outre on connaît 107 gisements aurifères et 20 gisements platinifères.

La mine de cuivre de Medno-Roudiansk, découverte en 1814, a donné depuis ce temps 425.900 pouds de cuivre fin; elle est travaillée jusqu'à la 82e sagène : elle a donné en outre 35.000 pouds de belle malachite, découverte en 1840 dans la mine, où elle formait un énorme noyau. Le minerai extrait de cette mine est fondu dans l'usine de Vouya, qui produit annuellement de 100.000 à 115.000 pouds de cuivre.

La mine de fer de Vissoko-gora, presque uniquement exploitée, donne des fers d'une qualité égale à celle des meilleurs fers de Suède : elle est explorée parfaitement, et peut, sur données et calculs certains, donner 3 millions de pouds de minerai par an, pendant plus de trois siècles. Ce minerai tient en moyenne 96,34 % de fer oxydé. La production actuelle de fer, à laquelle donne lieu l'élaboration du minerai annuellement exploité, se fait dans 9 usines et 4 ateliers d'élaboration (laminoirs, forges, etc.) : on produit en moyenne 1.560.000 pouds de fonte, donnant un total de 1.023.000 pouds de fer fini.

Les lavages d'or ont produit, depuis 1823, environ 1155 pouds d'or, et les lavages de platine ont donné depuis 1825 environ 3105 pouds de ce métal: mais une grande partie des gisements est à l'état de réserve.

Le matériel de fabrication se compose de : 24 fours à cuivre dont quelques-uns fondent 2000 pouds de minerai en 24 heures, 7 hauts fourneaux, 5 cubilots, 38 feux comtois, 37 fours à puddler, 32 fours à souder.

Les moteurs sont hydrauliques et à vapeur.

Marteaux à vapeur, laminoirs, aciérie, trains pour rails, atelier mécanique, etc. etc. Les usines de Taguil sont montées comme les usines les plus complètes de l'Europe.

464. COMPAGNIE TRANSCASPIENNE, près Bakou (Caucase).

Naphte. . . . . le poud   2 r.

465. ZLATOOUST (Fabrique d'armes de), gouv. de Perm.

                                                                                                                 r.   r.

1° Essieu en acier fondu, pour roues de wagons.   le poud, de   6 à 10

2° Cercles en acier fondu, pour roues de locomotives . . . .   —   12

3° Cylindres de laminoirs en acier fondu. . .   —   12

466. IVANOFF (Christophe), à Alexandrovka, gouv. d'Ekaterinoslav, distr. de Bakhmout.

Charbon de terre. . . . . . — . . . . le poud   5 c.

On a commencé à exploiter le charbon d'Alexandrovka en 1839. La houille s'extrait d'une couche rencontrée à 30 sagènes de profondeur, dont la puissance est de 7 pieds, et qui s'étend sur une distance de 17 verstes. A 9 sagènes, au-dessous de cette première couche, s'en trouve une autre puissante de 5 ½ pieds.

Cette houille donne 65 % de coke.

La mine en fournit annuellement 800.000 pouds environ, avec une dépense d'environ 40.000 roubles. On emploie jusqu'à 200 ouvriers.

467. ILETSK (Salines d'), gouv. d'Orenbourg.

1° Échantillon de sel gemme transparent.

2° Sel gemme du commerce. . . . . le poud   33 c.

C'est à la fin du dix-huitième siècle que l'on a commencé à exploiter les salines d'Iletsk; elles fournissent actuellement de 800.000 à 1.200.000 pouds de sel par an, et il leur revient de 4 ½ à 5 copeks le poud. Le travail emploie de 1000 à 1200 ouvriers.

468. CABINET DE SA MAJESTÉ L'EMPEREUR, à Saint-Pétersbourg.

COLLECTION DE MARBRES ET DE PIERRES DURES.

1° Marbre, quarzite, diorite, porphyre, ardoise et conglomérat de Tiodinsk, des bords du lac d'Olonetz, à 94 verstes de Petrozavodsk.

2° Marbres des carrières de Rouskolsk, situées au nord du lac Ladoga, à 28 verstes de Serdobol.

3° Marbre, quarzite, aventurine, agate, silex, jaspe, feldspath, porphyre, amiante, évrite et rodonite des monts Oural.

4° Marbres, quarzite, jaspe, porphyre, brèche et granit des montagnes de l'Altaï.

469. KAMENSK (Fonderie de canons de), gouv. de Perm.

1° Minerai de fer de différentes mines de la localité.
2° — grillé.
3° Scories de fusion.
4° Morceau d'un canon en fonte, système américain, qui a tiré 2568 coups avec des boulets de 63 livres.

		r.	c.
5° Obus ovale de 4 livres	la pièce	1	78
6° — de 12 livres.	—	2	79
7° Boulet de trois pouds.	—	3	20

La fonderie date de l'année 1700. En 1864, plus de 410.000 pouds de minerais ont passé aux hauts fourneaux, et ont donné 175.000 pouds de fonte coulée en canons, munitions de guerre et autres objets. 400 ouvriers.

470. KAMSK (Forges de), gouv. de Perm.

Plaque de blindage de 4 pouces ½ d'épaisseur, essayée contre le tir d'un canon tirant des boulets d'acier et de fonte de 60 livres et à la distance de 350 pieds.

L'établissement pour la confection des plaques de blindage a été fondé en 1863; la fonte provient des usines de Goroblagodat; moteurs à vapeur.

471. KARNÉEFF (Dmitry), à Moscou.

Tourbe en briques.

La tourbière se trouve dans le district de Bogorodsk (gouvernement de Moscou), et occupe une surface de 1400 dessiatines, sur une profondeur de 2 à 10 archines; la production annuelle est de 2000 sagènes cubes, qui se vendent, à Moscou, de 10 à 12 roubles le sagène cube.

472. KOJEVNIKOFF, à Roudniki, gouv. de Moscou, distr. de Bogorodsk.

Tourbe .. .. le sagène cube 16 r.

473. KOSSAKOVSKY (Comtesse ALEXANDRINE). Usine de cuivre d'Arkhangelsk, gouv. d'Orenbourg.

1° Minerai de cuivre.
2° Cuivre en lingots . .. . le poud 12 r.

> L'usine, fondée en 1753, livre annuellement jusqu'à 10.000 pouds de cuivre, représentant une somme de 120.000 roubles. 400 ouvriers.

474. KOTKOWSKI (SÉVERIN, FRANÇOIS et STANISLAS), à Bodziechow, gouv. de Radom, distr. d'Opatow (Pologne).

Clous . .. . le cent 7 c.

475. KOUKOL-IASNOPOLSKY (PIERRE), à Andréevka, gouv. de Kharkov, distr. de Soumy.

Tourbe découpée.

> La tourbière occcupe 61 dessiatines; la production annuelle est d'environ 4000 sagènes cubes, qui s'emploient à la fabrique de sucre d'Andréevka.

476. KOULPINSK (Salines de), gouv. d'Erivan, distr. de Nakhitchevan (Caucase).

Sel gemme, blanc et gris.

> Production annuelle : 200.000 pouds; valeur : 35.000 roubles; 53 ouvriers.

477. KOUSSINSK (Usines et hauts fourneaux de), gouv. d'Oufa, distr. de Zlatooust.

1° Hématite brune des mines de Kissegansk et Akhtensk.
2° Terre glaise du toit et gangue ocreuse du mur de la mine de Kissegansk.
3° Dolomite, employée comme fondant.
4° Fonte servant à la fabrication du fer . . .. .. le poud 18 ½ c.
5° Fer en barres . .. . — 73

> L'usine a été fondée en 1788; en 1863, elle a produit plus de 2260 pouds en projectiles et autres objets fabriqués. 423 ouvriers.

478. KOUSCHVA (Hauts fourneaux et usines de), gouv. de Perm.

Mitraille . .. . le poud 1 r. 70 c.

> En 1863, l'usine a fourni 470.000 pouds de fonte en gueuses et 43.000 pouds de fonte moulée.

479. LINDER (Fridolphe), à Svarto (Finlande).

1° Labrador rayé. . . . . le bloc, de 25 à 125 r.
2° Marbre vert.

On trouve le labrador dans la mine de fer d'Ajamo, communauté de Lajo ; le marbre est de la carrière de Svarto.

480. LOMOFF (Élie), à Toula.

		r.
1° Samovar (bouilloire) en cuivre vert.		9
2° — en tombac, avec batterie de cuisine		50
3° — de voyage		15
4° Alambic pour distiller l'esprit-de-vin et l'huile.		20
5° Alambic, genre persan		20

La fabrique, fondée en 1800, confectionne par an jusqu'à 5000 pouds d'ustensiles en cuivre, représentant une somme de 80.000 roubles. 200 ouvriers. Les produits de la fabrique se vendent dans l'intérieur du pays, et s'exportent en Perse, en Boukharie et en Turquie.

481. LOUGANSK (Arrondissement des mines de), gouv. d'Ekatérinoslav, distr. de Bakhmout et de Slavianosserbsk.

1° Minerais de fer des environs de l'usine de Petrovsk : le minerai de Nikitofsk rend 49 pour 100 de fonte, celui de Jelezniansk 52 pour 100, celui de Baeratzk 50 pour 100, celui de Stilsk 54 pour 100, celui de Koumschatzk 54 pour 100, celui de Kaioutovsk 51 pour 100, celui de Katonossovsk 54 pour 100, et celui de Sofievsk 59 pour 100.
2° Fonte au coke de l'usine de Petrovsk.
3° Charbon de terre des environs de ladite usine, et échantillons du coke obtenu de ce charbon.
4° Anthracite des environs des usines de Lougansk, de Grouschevsk, de Nicolaevsk et de Khristoforovsk.
5° Anthracite de Ouspensk, Bialiansk et Novopavlovsk.
6° Échantillons des couches de houille de Lissitchansk.

Au district de Lougansk appartiennent la fonderie de Lougansk et les hauts fourneaux de Pétrovsk. En 1865, il y a été produit : 24.000 pouds d'objets en fonte, 5000 pouds d'objets en fer, pour un total de 146.000 roubles. L'exploitation de la houille varie de 200 à 300.000 pouds par an.

482. LOUGOVSKY (Nicolas), à Annovka, gouv. de Kherson.

Échantillon de marbre, trouvé à 5 verstes de la rivière Ingoul.

483. LUBIENSKI (Comte Jules), **FRENCKEL et Cie.** Hauts fourneaux et usines à Irena, gouv. de Lublin, et à Ostrowice, gouv. de Radom (Pologne).

1° Minerais de fer des différentes couches des mines de Hendrikovsk et Iossifovsk.

		r. c.	r. c.
2° Charbon de bois servant à la fonte.			
3° Fonte	le poud	» »	» 60
4° Moyeux de fonte.	—	» »	1 20
5° Fer puddlé.	—	» 68 et	» 80
6° Fer en barres.	—	de 1 45	à 1 75

Les usines datent de l'année 1837. La production annuelle va jusqu'à 75.000 pouds. Moteurs à vapeur de 100 chevaux. 216 ouvriers.

484. MUNICIPALITÉ DE LA VILLE DE VARSOVIE.

Plaques en fer pour le pavage de la ville.

485. MALYSCHEFF (Alexis), à Pavlovo, gouv. de Nijny-Novgorod.

Cadenas à la manière suédoise. . . . . la pièce, de 2 à 40 r.

486. MARZENHOF (Village), gouv. de Livonie, distr. de Venden.

Tourbe découpée.

La tourbière s'étend sur une longueur de 19 verstes; la production annuelle est de 600 sagènes cubes.

487. MIASK (Mines d'or de), gouv. d'Orenbourg, distr. de Troïtsk.

1° Gangue se trouvant au-dessus et au-dessous de la couche aurifère des mines d'Andréevsk et de Miask.
2° Sable aurifère, tel qu'il se trouve dans la couche.
3°   —   enrichi par le lavage.
4° Schlich noir et or des mines précitées.

La couche aurifère a été découverte en 1823. En 1863, 27.000.000 de pouds de sables aurifères ont passé au lavage; ces sables contenaient, en moyenne, 70 dolis d'or dans 100 pouds de sable. On en a retiré 45 pouds d'or pur et 3 pouds ½ d'argent. 834 ouvriers.

488. MINÉEFF, à Selenghinsk (Sibérie).

Terre d'ombre des environs du lac Goussine (dans la région Transbaïkale).

489. MOLOSCHNIKOFF, gouv. de Moscou.

Tourbe en briques.

La tourbière occupe 14 dessiatines, sur une profondeur de 4 archines; la production annuelle est de 1000 sagènes cubes.

490. NÉANDER, à Saint-Pétersbourg.

1° Tourbe en briques, du district de Louga.
2° Tourbe moussue, de la ferme de Glukhoozersk.
3° Tourbes comprimées.
4°   —   du gouvernement de Kovno.
5°   en briques   —   —

GROUPE 5. — CLASSE 40.

491. NIKOLADZE, à Koutaïs (Caucase).

Échantillons de jais.

492. NIJNÉISSETSK (Usines de), gouv. de Perm.

	r. c.	r. c.
1° Obus avec saillies, en zinc, de 4 et 12 livres	1 23 et	2 83
2° Obus sans saillies.	» 83 -	1 73

Cette usine produit annuellement : 14.000 pouds de munitions pour l'artillerie, pour une valeur de 36.000 roubles; 17.000 pouds en objets moulés en fonte, et 75.000 pouds de fer de différentes espèces formant une valeur de 102.000 roubles. Plus de 150 000 pouds de fonte sont fournis par les usines de Kamsk. L'usine emploie par an jusqu'à 1500 sagènes cubes de bois. 440 ouvriers.

493. NIJNÉTOURA (Usines de), gouv. de Perm.

	r. c.
1° Tôle fine parée, pesant de 5 à 16 livres la feuille, le poud	2 81
2° Tôle fine mate, pesant 13 livres. . . . . —	2 50

En 1863, l'usine de Nijné-Toura a fondu 521.000 pouds de minerai et a livré 273.000 pouds de fonte en gueuses et 43.000 en objets moulés.

494. OBOUKHOFF (ACIÉRIE D'), à Saint-Pétersbourg.

	r.
1° Canon de 6 pouces.	6000
2° — 4 pouces.	1200
3° Arbres de couche pour bateaux à vapeur.	600
4° Cylindres pour la fabrication de la monnaie.	180
5° Acier pour instruments . . . . le poud	8

495. PASCHKOFF (ALEXANDRE). Usines de Bogoïavlensk, gouv. d'Oufa.

1° Minerais des mines de Kargalinsk, contenant de 2 à 40 pour 100 de cuivre.

2° Gangues.

3° Calcaire servant de fondant; argile réfractaire et charbon de terre.

4° Produits de la fonte des minerais : cuivre noir contenant de 89 à 90 pour 100, scories et autres.

5° Produits de l'affinage du cuivre noir.

6° Cuivre en lingots. . . . . le poud 13 r.

7° Lingot déformé à froid, pour juger la qualité du cuivre.

8° Fil de cuivre.

9° Fil de cuivre mince, pouvant supporter un poids de 200 à 500 grammes.

10° Fil de cuivre et cannetille.

11° Or pour mosaïque.

12° Cuivre pour paillon, argenté et doré.

Usines de cuivre fondées en 1752 ; actuellement, on y exploite plus de

350.000 pouds de minerai, donnant 10.000 pouds de cuivre, d'une valeur de 130.000 roubles. La fusion se fait au charbon de bois ; les machines soufflantes fonctionnent au moyen de roues hydrauliques de la force de 60 chevaux et d'un moteur à vapeur de 40 chevaux. 800 ouvriers.

496. PASCHKOFF (Nicolas). Mines et usines de cuivre de Voskressensk et de Préobrajensk, gouv. d'Orenbourg et d'Oufa.

		r.	c.	r.
1° Cuivre en lingots des mines de Voskressensk, le poud	12	50	et 14
2° — laminé — . . . —	14	50
3° — plaqué des mines de Préobrajensk. . —	18	»

L'usine de Voskressensk date de 1745 ; actuellement la production du cuivre en lingots atteint 10.000 pouds par an, pour une valeur de 133.500 roubles. On fond annuellement 300.000 pouds de minerai de cuivre, et on consomme 200 sagènes cubes de bois et 300.000 pouds de charbon de bois. 800 ouvriers. L'usine de Préobrajensk a été fondée en 1748 ; des 150.000 pouds de minerai exploités, on extrait 6000 pouds de cuivre. 200 ouvriers.

497. PASCHKOFF (N. et S.). Hauts fourneaux et usines de Béloretzk et de Tirliansk, gouv. d'Orenbourg.

1° Minerai de fer magnétique, contenant
  94 $^1/_2$ pour 100 de fer.   r. c.   r. c.
2° Fer en barres et autres. . . . . . .   le poud, de   1 30 à 1 50
3° Clous pour fers à cheval. . . . . .   le cent   » »   » 25

L'usine de Béloretzk a été fondée en 1762, celle de Tirliansk en 1799 ; la production annuelle de la première atteint 100.000 pouds ; celle de la seconde, 80.000 pouds de fer de différentes espèces. 1200 ouvriers. Le minerai rend, en moyenne, 65 pour 100 de fonte, et se travaille au charbon de bois.

497 bis. PERM (Fonderie de canons de).

Canons (en acier) de 4 et de 24, ayant tiré 1000 coups à projectile oblong.

498. PLATER (Comte César), à Borkowice et Nieklan, gouv. de Radom, distr. d'Opoczno (Pologne).

1° Échantillons des mines de fer de Borkowice et de Nieklan.
2° Fonte grise.
3° Fer plat, en barres et à angles.
4° Socs de charrue.
5° Charbon de bois de pin et de sapin, employé à la fusion.

Ces usines existent depuis environ deux siècles ; elles produisent annuellement pour 37.743 roubles de fonte et pour 44.256 roubles de fer ouvré. — Les moteurs employés sont hydrauliques et à vapeur. 220 ouvriers.

499. POPOFF (Nicolas et Alexandre). Steppe des Kirghiz (Sibérie).

1° Échantillon de cuivre natif du poids de 39 pouds.
2° — — des mines de Kalmak-tas.

3° Cuivre provenant de l'usine de Stepanovo.

4° Minerai de cuivre de la mine de Bogoslovsk, tenant 75 pour 100.

5°   —   —   d'Annenski, 72 pour 100.

6°   —   —   d'Alkassor, de 44 à 55 pour 100.

7° Plomb fondu dans les usines de MM. Popoff.

8° Minerai de plomb argentifère de Bogoslovsk, tenant 42 pour 100 de plomb, et 3 zolotniks d'argent dans le poud de minerai.

9° Minerai de plomb argentifère d'Alexandrovsk, tenant 50 pour 100 (4 zolotniks d'argent dans le poud de minerai).

10° Minerai de fer d'Alexandrovsk, tenant 80 pour 100.

11°   — de Kouou, tenant 75 pour 100.

12° Houille de Kisil-taou.

13°   — de Maou-Kouben.

Dans la province des Kirghiz de Sibérie, à 70 verstes de l'Irtich, les mines sont répandues sur une surface de 150 dessiatines. Jusqu'à ce jour, on y a découvert : 5 mines de plomb argentifère, contenant de 1 ½ à 20 zolotniks d'argent par poud de minerai, et de 40 à 60 % de plomb; 10 mines de cuivre, dont le minerai a une teneur variant de 12 à 58 %; 3 gisements de houille et 2 mines de fer. Sept de ces mines ont donné lieu à un travail sérieux d'exploration ou d'exploitation.

500. RASTERIAEFF (Agrippine), à Saint-Pétersbourg.

		r.	r. c.
1° Tôles de fer-blanc, de trois espèces. . .	le poud, de	5 à	6 50
2° Plomb de chasse et mitraille de tous les n°s	—	»	3 20

Établissement fondé en 1852; production annuelle : 65.000 roubles. L'étamage du fer se fait à la fabrique chimique appartenant à l'exposant.

501. RASTORGOUIEF (Héritières de). Usines de Kyschtyme, gouv. de Perm.

		r. c.	r. c.
1° Fonte.			
2° Fer de différentes espèces. . . .	le poud, de	1 30 à	1 40
3° Tôle mate et polie.	—	- 2 »	- 2 60
4° Tôle fine.	—	» »	- 6 50
5° Échantillons de clous de 1 à 4 mille le poud.			

OBJETS EN FONTE MOULÉE.

6° Table de jardin.	15	»
7° Grille	6	»
8° Jeu d'échecs	15	»
9° Coupe, genre asiatique (groupe).	4	»
10° Le laboureur.	7	»
11° Groupes. . . . . la pièce, de 3 à	4	»
12° Assiettes. . . . . — »	»	25

Les usines ont été fondées au milieu du siècle dernier; actuellement, on y produit jusqu'à 500.000 pouds de fer et de fonte moulée, pour une somme de

850.000 roubles. Les fours marchent au charbon de bois; moteurs hydrauliques. 1200 ouvriers.

502. RYBNIKOFF, à Moscou.

Tourbe en briques.

503. SAÏD-HALILEM, à Oulou-Ouzen, en Crimée.

Amiante.

504. SAMSONOFF et MAMONTOFF. Province de Semipalatinsk, distr. de Serguiopol (Sibérie).

Échantillon de graphite.

505. HOTEL DES MONNAIES DE SAINT-PÉTERSBOURG.

1º Échantillons de platine :   r.   c.
    a. Platine brut. . . . . la livre   42   2
    b. Platine affiné, à l'état d'éponge et en lingots. .   —   62 50

2º Produits de l'affinage du platine :
    a. Osmiure d'iridium. . . . . le zolotnik » 85
    b. Précipité insoluble. . . . .   —   » 10

3º Métaux du groupe du platine :
    a. Iridium, ruthenium, osmium, rhodium et palladium, à l'état pur.
    b. Précipités.

506. SATKINSK (Hauts fourneaux de), gouv. d'Oufa, distr. de Zlatooust.

1º Minerai de fer de mines de Bakalsk, Klutchevsk, Korelsk et Elnitch.

2º Fonte grise . . . . le poud   20 c.

    L'usine, fondée en 1758, a livré, l'année 1863, plus de 6500 pouds en appareils et ustensiles de fonte. 136 ouvriers.

507. SOCIÉTÉ GÉOGRAPHIQUE IMPÉRIALE DE SAINT-PÉTERSBOURG (Section de la Sibérie).

1º Calcédoine contenant de l'eau. . . . . 200 r.

2º Or natif de la Sibérie orientale.

508. SIDOROFF (Michel), à Krasnoïarsk.

1º Graphite de Sibérie, provenant des bords des rivières Toungouska, Koureïka, Taïmoura, Orana et Oussa. Graphite de Finlande, de Kuopio et de Saint-Michel. Échantillons faits en graphite : briques réfractaires, creusets, crayons.

2º Charbon de terre de Touroukhan, trouvé sur le bord de la rivière Taïmoura (la mine brûle depuis 180 ans); charbon de Petchora (rivière Orana).

3º Pépites d'or, sables et schlichs, du district d'Yénisseï.

4° Minerai d'argent avec gangue, venant de l'île Medvége.

5° Minerais de fer et de cuivre, provenant de gîtes nouvellement trouvés sur les rivages de la mer Blanche et des rivières Petchora et Toungouska inférieure.

6° Pierres à meule de Petchora et de Touroukhansk.

7° Échantillons géologiques et minéralogiques de l'île de la Nouvelle-Zemble et des bords de la Toungouska inférieure.

509. SOMOFF (P.) et fils, à Toula.

		r.	c.	r.	c.
1° Samovars en tombac (bouilloire à thé)	la pièce, de	15	»	à 40	»
2° — en cuivre vert	—	»	»	7	56 ¼
3° Plateaux pour bouilloires	—	2	50	- 10	»
4° Jattes	—	1	75	- 3	»
5° Cafetière avec plateau, en tombac	—	»	»	24	50

L'établissement, fondé en 1841, livre annuellement 1500 samovars avec accessoires, pour une somme de 20.000 roubles. 40 ouvriers.

510. STEPANOFF, à Semipalatinsk (Sibérie).

1° Cuivre natif, pesant 2 pouds $1/2$.
2° Échantillon de minerai de cuivre.
3° Émeri (argile manganésifère).

511. TALLGREN (Henri), à Helsingfors (Finlande).

	r.	c.
1° Échantillons de granit pour monuments (de 12 à 16 pieds cubes) .. par pied cube	2	25
2° Blocs pour quais, fondations, etc. . . . —	»	75

Ce granit provient de la carrière de Jollas, située sur le bord de la mer, à une distance de 7 verstes de Helsingfors ; il est livré franco à bord des navires en blocs de 12 à 16 pieds cubes. On peut, par suite de commande spéciale, préparer des blocs encore plus considérables.

512. COMMISSION TECHNIQUE DU MINISTÈRE DE LA GUERRE POUR L'ÉQUIPEMENT DES TROUPES, à Moscou.

Couverts de table en étain pour les troupes.

513. COMPAGNIE DES USINES VYKSOUNSKI, gouv. de Nijny-Novgorod, distr. d'Ardatov.

1° Minerai oxydé et carbonaté.
2° Fer marchand.
3° Fonte moulée.

GROUPE 5. — CLASSE 40.

514. TRAPEZNIKOFF (Serge). Usines de fer de Nicolaevsk, gouv. d'Irkoutsk (Sibérie).

1° Échantillons des minerais de fer de la mine de Dolonovsk.
2° Roches et gangues accompagnant les minerais.
3° Échantillons de fonte et de fer.

515. OUVAROFF (Simon), à Toula.

			r.	c.	r.	c.
1° Samovar (bouilloire) en tombac, avec accessoires.	la pièce	»	»	50	»
2° — sans accessoires	—	»	»	22	»
3° — genre persan.	—	»	»	14	»
4° — en cuivre vert, à 3 compartiments.	—	»	»	18	»
5° — de campagne.	—	»	»	26	»
6° — ordinaires.	—	de 12	» à	15	50
7° Bassins en cuivre vert et en tombac	—	-	4 30	-	5	30
8° Porte pour cheminée	—	»	»	7	50

L'établissement produit par an pour 90.000 roubles d'objets et ustensiles en cuivre, et occupe de 100 à 150 ouvriers.

516. COSAQUES DE L'OURAL (Administration des).

Sel. . . . . le poud 40 c.

517. OUKHOFF (Athanase), à Ekaterinbourg, gouv. de Perm.

		r.	c.
1° Fer chromé.	le poud	»	70
2° Minerai de nickel.	—	4	»

518. FÉDOROVSKI (Inspecteur de l'établissement galvanoplastique du ministère de la marine), à Cronstadt.

		r.	r.
1° Tuyaux en cuivre (fer cuivré) confectionnés galvanoplastiquement, d'après un procédé inventé par l'exposant.	le poud, de	23 à	40
2° Fils de fer cuivré, faits d'après le même procédé.	la livre	35	c.

519. FINLANDSKY (Nicolas), à Moscou.

Cloches du poids de 1 à 100 pouds. Le poud de 15 r. 50 c. à 16 r. 50 c.

L'établissement a été fondé en 1814. On y fond par an plus de 10.000 pouds de cloches, représentant la somme de 120.000 roubles. 20 ouvriers.

520. FROBEN, à Saint-Pétersbourg.

Tourbe en briques.

521. FERME-MODÈLE DE KHARKOV.

Tourbe en briques.

522. ZUCKERWAR (G.) et fils, à Varsovie.

			r. c.	r. c.
1°	Moules à sucre	la pièce de	1 35 à	3 75
2°	Écrous	la livre —	» 17 —	» 19
3°	Vis	— —	15 à	20
4°	Clous	— —	8 —	9
5°	Crocs pour rails	— —	»	6

La fabrique existe depuis 1820 ; elle produit, chaque année, pour une somme de 90.000 roubles. 155 ouvriers.

523. TCHERNIKOFF (Constantin et Alexandre), à Toula.

Cloches . . . . le poud, de 7 r. à 17 r. 50 c.

La fonderie a été construite en 1800. Elle produit par an jusqu'à 400 cloches de différentes dimensions, représentant une valeur de 45.000 roubles. On emploie environ 25 ouvriers.

524. TCHETVERIKOFF, à Medvédévo, gouv. de Moscou.

Tourbe résineuse.

La tourbière est située à 20 verstes de Moscou ; elle produit annuellement environ 1500 sagènes cubes, dont chacune revient sur place à 9 roubles.

525. SCHELIGOVSKI, à Sanniny, gouv. de Kovno.

Tourbe. . . . . la sagène cube, de 3 à 5 r.

526. STJERNWALL (Fridolin), à Helsingfors (Finlande).

Pierre taillée pour pavage des rues, le mètre
    carré, rendu à bord du navire à Helsingfors. . 1 r. 37 ¹/₂ c.

On livrera des pierres taillées pour pavage de rues (granit des environs de Helsingfors), rendues à bord, au port de Helsingfors, à 1 r. 37 ¹/₂ c. le mètre carré, en quantité illimitée, si la commande en est faite avant la fin du mois d'octobre de l'année précédant la livraison.

527. SCHIPOFF (Dmitry et Nicolas). Usines d'Ilev, gouv. de Nijny-Novgorod, et de Voznessensk, gouv. de Tambov.

			r. c.
1°	Minerais de fer.		
2°	Fonte en gueuses	le poud	» 90
3°	Milbarss	—	1 20
4°	Fer assorti	—	1 65

Les deux usines sus-mentionnées fournissent par an, à l'aide de 1000 ouvriers, jusqu'à 280.000 pouds de fonte et de fer, représentant une somme de 420.000 roubles.

528. JACOBI (Boris), à Saint-Pétersbourg.

Épreuves galvanoplastiques.

529. IAKOVLEFF (Héritiers de Pierre). Hauts fourneaux et usines de Néviansk, gouv. de Perm.

Barre de fer affiné. . . . . le poud   1 r. 75 c.

> L'usine, fondée en 1699, traite par an 720.000 pouds de minerai, et produit 240.000 pouds de fonte et de fer, pour une valeur de 336.000 roubles. Moteurs à eau. 670 ouvriers.

530. IAKOVLEFF (Héritiers de Serge). Hauts fourneaux et usines d'Alapaëv, gouv. de Perm.

Échantillons de fer de différentes qualités. . . . . le poud, de 1 r. 70 c. à 4 r. 20 c.

> Les usines d'Alapaëv, au nombre de quatre, ont été fondées pour la plupart dans la seconde moitié du siècle dernier. Plus de 2.500.000 pouds de minerais de fer passent annuellement aux hauts fourneaux, et produisent jusqu'à 500.000 pouds de fer de différentes qualités, représentant une valeur de 800.000 roubles. Les usines consomment annuellement 400.000 pouds de calcaire pour fondant, 100.000 pouds d'argile réfractaire et 65.000 sagènes cubes de bois de sapin. 2000 ouvriers.

531. IOUGOV (Usines de), gouv. de Perm.

MINERAIS DE CUIVRE DES MINES DES ENVIRONS DE IOUGOV.

1° Grès contenant de $1 \frac{1}{2}$ à $3 \frac{1}{2}$ pour 100 de cuivre.

2° Grès accompagné de folbortite (vanadiate de cuivre), contenant jusqu'à 5 pour 100 de cuivre.

3° Argile avec cuivre carbonaté, teneur 2 pour 100.

4° — accompagnée de folbortite: $1 \frac{3}{8}$ pour 100 de cuivre.

5° Tronc d'arbre injecté de cuivre : 1 pour 100 de cuivre.

6° à 8° Matériaux de construction ; fondants.

9° à 18° Produits secondaires de la fonte du cuivre : scories, cuivre noir, fonte cuivreuse et autres produits contenant de 12 à $97 \frac{1}{2}$ pour 100 de cuivre.

19° à 24° Cuivre raffiné en feuilles et en lingots; de différentes espèces et qualités.. . . . . . le poud, de 15 r. à 15 r. 24 c.

> L'usine, fondée en 1735, élabore par an 338.300 pouds de minerai livrés par les mines du gouvernement et celles de plusieurs particuliers ; elle en reçoit environ 8000 pouds de cuivre. 563 ouvriers.

532. IOUROFF (Grégoire), à Moscou.

1° Feuilles d'étain pour l'étamage des glaces et miroirs, la livre   67 c.

2° — de plomb recouvertes d'étain. . . . . $17 \frac{1}{2}$

3° — pour l'emballage du thé. . . . . $16 \frac{1}{2}$

> L'établissement, fondé en 1847, emploie annuellement 2000 pouds d'étain et de plomb, pour une somme de 16.000 roubles.

CLASSE 41. PRODUITS DES EXPLOITATIONS ET DES INDUSTRIES FORESTIÈRES.

533. ALFTHAN (Charles), à Wiborg (Finlande).

Bardeaux, fendus à la main, de bois de pin et de sapin. . . . . le mille 50 c.

534. BŒHLKEN (Alexandre von), à Riga.

Collections de semences et d'échantillons de bois d'arbres et arbustes de la Livonie.

535. ÉCOLE FORESTIÈRE DE BERDIANSK, gouv. de Tauride.

ÉCHANTILLONS DE BOIS.

1° Orme (Ulmus effusa, Willd).
2° Acacia blanc (Robinia Pseudo-Acacia, L.).
3° Orme champêtre (Ulmus campestris, L.).
4° Fraxinus Oxyphylla.
5° Chêne commun (Quercus pedunculata, Ehr.).
6° Frêne (Fraxinus excelsior, L.).
7° Cerisier (Prunus Cerasus, L.).
8° Genévrier (Juniperus communis, L.).
9° Troène (Ligustrum vulgare, L.).
10° Sumac (Rhus cotinus, L.).
11° Baguenaudier (Colutea arborescens, L.).
12° Poirier (Pyrus communis, L.).
13° Vernis du Japon (Ailanthus glandulosa, Desf.).
14° Prunellier (Prunus spinosa, L.).
15° Aubépine (Cratægus Oxyacantha, L.).
16° Vénettier (Berberis vulgaris, L.).
17° Sureau (Sambucus racemosa, L.).
18° Tamaris (Tamarix gallica, L.).
19° Érable champêtre (Acer campestre, L.).
20° Peuplier noir (Populus nigra, L.).
21° Bouleau (Betula alba, L.).
22° Olivier de Bohême (Elæagnus angustifolia, L.).
23° Mûrier (Morus nigra, L.).
24° Sumac de Virginie (Rhus typhinus, L.).
25° Pyrus baccata, L.

26° Prunus Sibirica, L. (Armeniaca vulgaris).
27° Carouge à miel (Gleditchia triacanthos, L.).
28° Catalpa commun. (Bignonia catalpa, L.).
29° Sophora japonica.
30° Cratægus ozarolus.
31° Sorbier (Sorbus aucuparia, L.).
32° Tilleul (Tilia angustifolia).
33° Prunier (Prunus domestica, L.).
34° Acer tataricum, L.
35° Acacia (Robinia Caragana, L.).
36° Chamerisier (Lonicera tatarica, L.).

Ces échantillons représentent des espèces élevées artificiellement dans les steppes.

536. BJOERKENHEIM (Robert), à Mariefors (Finlande).

1° Collection de coupures en biais d'arbres.
2° Échantillons d'écorces d'arbres et ramilles de bousserolle (pour tanneries).

537. BOLTAÏEFF (N.), à Astrakhan.

Nattes de jonc . . . . la pièce 5 r. 75 c. et 6 r. 87 c.

538. BOTCHKAREFF (Jean), gouv. de Nijny-Novgorod, distr. de Semenovsk.

				r.
1° Échantillons de cuillères en bois (non achevées).				
2° Cuillères en bois de bouleau, blanches			le millier	6
3° — — peintes			—	7
4° — d'érable.			—	29
				c. c.
5° Cuillères en bois de palmier			la pièce, de	3 à 30
6° Plats vernis			—	» 10
7° Chaises pliantes.			—	» 40
8° Vases en écorce de bouleau.			—	- 5 - 28
9° Objets en bois de genévrier.				

L'atelier, fondé en 1836, produit annuellement jusqu'à 8.500.000 cuillères, pour une somme de 75.000 roubles. Fabrication manuelle. 150 ouvriers.

539. BELIAEFF (Pierre), à Saint-Pétersbourg.

		c.	c.
1° Planches de revêtement pour maisons de bois, rabotées, simples, avec grand recouvrement . . . . le pied		»	6 $^1/_2$
2° Planches avec moulures et recouvrement.	—	de 2 $^1/_4$	à 6
3° Frises pour garnitures de wagons. . .	—	- 1 $^1/_2$	- 2 $^1/_4$
4° Châssis de portes.	—	»	3 $^1/_2$
5° — de fenêtres.	—	- 2 $^1/_4$	- 4

			c.	c.
6° Petits bois.	le pied, de	1 ½ à 2
7° Fermetures de fenêtres.	—	6
8° Garde-main pour rampe d'escalier.	—	3
9° Dormant de portes.	—	3

Fabrication à la mécanique; deux machines à vapeur de 30 chevaux; 60 ouvriers; production annuelle : 30.000 roubles. La fabrique emploie par an jusqu'à 300.000 planches de pin et de sapin.

540. ADMINISTRATION DES DOMAINES DE L'ÉTAT DU GOUVERNEMENT DE VIATKA.

1° Broussin de bouleau.
2° — de pin.

		r.	r.	c.
3° Feuilles de placages en broussin de sapin.				
4° Porte-cigare.		»	12	»
5° Boîte à ouvrage		»	7	50
6° Porte-cigarettes	la pièce, de	3 à	3	50
7° Tabatières	—		2	»
8° Boîtes à allumettes.	—		1	20

541. HACKMAN et Cie, à Wiborg (Finlande).

1° Sections de bois.
2° Échantillons de planches et d'ais. . le pied cube, de 25 à 37 ½ c.

Plusieurs scieries, fondées de 1780 à 1857, appartenant à la maison Hackman et Cie, et situées dans les gouvernements de Saint-Michel et de Kuopio, grand-duché de Finlande, fournissent annuellement 2.200.000 pieds cubes de diverses espèces de bois de charpente, pour une somme de 500.000 roubles. Toutes ces scieries marchent à l'eau et emploient 700 ouvriers environ. Exportation en France, en Angleterre, en Allemagne et en Italie.

542. HAMMER (John), à Riga.

Échantillons de planches.

Scierie à vapeur fondée en 1830. 300 ouvriers.

543. COMITÉ AUXILIAIRE DE HELSINGFORS POUR L'EXPOSITION UNIVERSELLE DE PARIS.

MATIÈRES POUR TANNER.

		r.	c.
1° Ramilles de bousserolle.	les 100 kilos	7	50
2° Écorce de bouleau.	—	2	»
3° Écorce de saule.	—	2	50

544. ADMINISTRATION DES DOMAINES DE L'ÉTAT DU GOUVERNEMENT DE GRODNO.

ÉCHANTILLONS DE BOIS DE LA FORÊT DE BIALOVÈGE.

1° Pin (Pinus sylvestris, L.).

2° Sapin (Pinus abies, L.).
3° Pinus picea, L.
4° Chêne (Quercus pedunculata, Ehr.).
5° Charme commun (Carpinus betulus, L.).
6° Orme champêtre (Ulmus campestris, L.).
7° Ulmus effusa, Willd.
8° Ulmus suberosa, Ehr.
9° Frêne (Fraxinus excelsior, L.).
10° Érable platane (Acer platanoïdes, L.).
11° Bouleau (Betula alba, L.).
12° Aulne (Alnus glutinosa, Willd).
13° Aulne (Alnus incana, Dec.).
14° Tilleul (Tilia europea, L.).
15° Tremble (Populus tremula, L.).
16° Sorbier (Sorbus aucuparia, L.).

La forêt de Bialovège est la seule en Europe qui possède des ures.

545. GROMOFF (Basile), à Saint-Pétersbourg.

Bois de construction, en échantillons séparés et sous forme d'une habitation rustique. (V. cl. 74, n° 1251.)

546. DASCHKOFF (Mme). Ferme de l'usine de Blagovestchensky, gouv. d'Oufa.

		c.
1° Tille.	le poud	35
2° Sacs en tille.	la pièce	18
3° — doubles	—	60
4° Nattes.	—	12
5° Chaussure d'écorce.	la paire	5
6° Jantes en bois de chêne.	la pièce	40

Production annuelle : tilles, jusqu'à 200.000 pouds, d'une valeur de 70.000 roubles; jantes, jusqu'à 40.000 pièces, pour 16.000 roubles; sacs en nattes, jusqu'à 100.000 pièces, pour 35.000 roubles. Confection et tissage à la main.

547. EKLOEF (Auguste), à Borga (Finlande).

Bardeaux de sapin . . . . par mille 1 r.

548. IVANOFF (Daniel), à Boudi, gouv. de Mohilev, distr. de Rogatchev.

Nattes de tille. . . . . la pièce 1 r. 50 c.

549. IVANOFF, à Nikolaevsk (Sibérie).

Traîneau des Kamtchadales.

550. IDESTAM (Frédéric), à Tammerfors (Finlande).

		r.	c.
1° Pâte à papier, extraite du bois; les 100 kilos franco à Helsingfors		7	50
2° — — — livrés à Lubeck.		11	25

Le moulin à moudre le bois, fondé en 1865, fournit annuellement 200.000 kilogrammes de pâte à papier, d'une valeur de 15.000 roubles. Machine hydraulique; 12 ouvriers. Exportation.

551. JARDIN BOTANIQUE IMPÉRIAL DE SAINT-PÉTERSBOURG.

Collection de 161 spécimens d'arbres et de plantes de différentes espèces, accompagnée d'un catalogue spécial.

552. COMITÉ AUXILIAIRE D'IRKOUTSK POUR L'EXPOSITION UNIVERSELLE DE PARIS.

Vingt-trois spécimens de la flore de la Sibérie orientale.

553. COMITÉ AUXILIAIRE DU CAUCASE POUR L'EXPOSITION UNIVERSELLE DE PARIS, à Tiflis.

1° Spécimen de bois de différentes localités du Caucase.
2° Ustensiles en bois, usités au Caucase.

554. KAUFMANN (A.), à Riga.

ÉCHANTILLONS DE BOIS DES GOUVERNEMENTS DE KIEV, DE VOLHYNIE ET DE MINSK.

1° Bois de tonnelier (douvains).
2° Bois de chêne.
3° Poutres en bois de sapin.
4° Échantillon de mât.

555. KOZOULINE (Basile), Sibérie.

Vase en bois.

556. KORNIS (David), colonie d'Orlov, gouv. de Tauride, distr. de Berdiansk.

	r.	c.	r.	c.
1° Corbeille en saule des sables.	»	»	»	75
2° — avec couvercle.	1	50	et 2	»
3° — faite de racines du saule des sables. .	»	»	»	75

557. KOUZMINE (Jean), à Boudi, gouv. de Mohilev, distr. de Rogatchev.

Nattes de tille. . . . . la pièce 1 r. 50 c.

558. KOURBATOFF, à Oustioujno, gouv. de Nijny-Novgorod.

Coffrets, dits d'Oustioujno. . . . . la pièce, de 40 c. à 4 r.

559. ADMINISTRATIONS FORESTIÈRES DES GOUVERNEMENTS BALTIQUES, D'ARKHANGEL, DE VOLOGDA, DE KOSTROMA, DE PERM, DE VILNA, DE KAZAN, DE MINSK, DE VOLHYNIE, D'ASTRAKHAN ET DE TAURIDE.

Échantillons de bois.

560. ADMINISTRATION DES FORÊTS DU ROYAUME DE POLOGNE.

1° *Essences forestières* :

			c.
a.	Pin sylvestre (Pinus sylvestris)......	prix d'un pied cube	7,6
b.	Mélèze (Pinus larix)....	—	9,5
c.	Sapin commun (Pinus abies)	—	6,6
d.	Sapin epicéa (Pinus picea).	—	8,2
e.	If (Taxus baccata).....	—	3,4
f.	Genévrier (Juniperus communis).......	—	4,9
g.	Chêne rouvre (Quercus robur).........	—	16,1
h.	Chêne pédonculé (Quercus pedunculata)......	—	16,1
i.	Hêtre commun (Fagus salvatica)........	—	9
j.	Frêne élevé (Fraxinus excelsior)..	—	13,2
l.	Orme champêtre (Ulmus campestris)......	—	13,2
m.	Orme fongeux (U. suberosa).	—	9
n.	Érable sycomore (Acer pseudoplatanus)......	—	13,2
o.	Érable plane (A. platonoïdes).......	—	13,2
p.	Bouleau blanc (Betula alba).	—	8,1
r.	Charme commun (Carpinus betulus).........	—	13,2
s.	Aulne blanc (Alnus glutinosa).........	—	8,1
t.	Peuplier tremble (Populus tremula)........	—	5,9
u.	Sureau à grains rouges (Sambucus racemosa)..	—	5,9
v.	Tilleul à petites feuilles (Tilia europea)......	—	5,9

GROUPE 5. — CLASSE 41.

  w. Peuplier noir (Populus nigra) . . . . prix d'un pied cube   c. 5,9
  x. Saule blanc (Salix alba). .   —   9

2° *Échantillons de 53 espèces de bois et d'arbrisseaux indigènes, en forme de volume*. . . . . la pièce   3 r.

3° *Bois travaillé* :   c.
  a. Cor de chasse. . . . .   —   10
  b. Cuiller d'érable. . . . .   —   1 1/2
  c. Couteau d'érable et fourchette. . . . .   —   5
  d. Pipe en bois de bouleau, montée en cuivre. . . . .   —   30
  e. Corbeille faite de racines de pin . . . .   —   15
  f. Petites terrines en bois de peuplier et d'aulne. . . . .   —   6
  g. Vaisseau en bois de frêne, pour conservation de boissons spiritueuses . . . .   —   45
  h. Aiguière de chêne. . . . .   —   22 1/2
  i. Puisoirs pour eau, en bois de peuplier et d'aulne . . . .   —   6
  j. Battoir en bois d'aulne, pour blanchissage du linge. . . . .   —   5
  l. Barrique en bois de chêne. . . . . .   —   22 1/2
  m. Boîte d'écorce de bouleau. . . . . .   —   12 1/2
  n. Chaussure (klumpie) en bois de peuplier et d'aulne . . . . la paire   24
  o. Chaussure (bijaki), avec semelles de bois d'aulne. . . . .   —   20
  p. Chaussure (kurpie) en tille. . . . .   —   25
  r. Semelles en bois d'aulne. . . . . .   —   6
  s. Barrique en bois de tilleul, pour la conservation du miel. . . . . la pièce   6
  t. Natte de tille. . . . .   —   10
  u. Cordon en tille. . . . .   —   10
  v. Boîte d'écorce de tilleul. . . . . .   —   30
  w. Versoir en bois de charme, pour charrue.   —   6
  x. Pelle en bois de tilleul, pour blé . . . .   —   25
  y. Pipe avec tuyau en bois de cerisier. . .   —   1 r. »

561. MIKHAÏLOFF (Basile), à Krestzy, gouv. de Novgorod.

Vaisselle en bois peint et vernis, de différentes dimensions.

<small>La fabrication principale de vaisselle en bois peint a lieu au district de Se-</small>

menovsk, du gouvernement de Nijny-Novgorod ; l'exposant a fondé récemment à Novgorod un établissement pour la fabrication de cette vaisselle. On y emploie le bois de tremble ; pour colorier la vaisselle on la recouvre d'argile, puis de vieille étamure et de couleurs, après quoi on la sèche dans des fours. La collection de graines de la section russe est exposée dans des vases fournis par l'établissement de M. Mikhaïloff.

562. INSTITUT D'AGRICULTURE DE MUSTIALA (Finlande).

Collection de sections de bois, provenant des forêts de l'Institut.

563. ADMINISTRATION DES DOMAINES DE L'ÉTAT DU GOUVERNEMENT DE NIJNY-NOVGOROD.

		c.	r.	c.
1° Tille préparée et non préparée.				
2° Tille amollie dans l'eau.	le poud	» 15 et	»	40
3° Rôts et navette à tisser les nattes		»	1	»
4° Tille employée à la confection de chaussures	le faisceau, de	» 5 à	»	10
5° Battoir à tisser les nattes.				
6° Corbeilles d'écorce.				
7° Tabatières en écorce de bouleau.		c.		c.
8° Peignes en bouleau.	la pièce	»		15
9° Petites barriques en chêne.	— de	15 à		25
10° Cuillères en bouleau.	— -	1 1/2 -		2
11° Écuelles en tremble et autres ustensiles en bois.				

564. PAVLOFF (Gabriel), à Iakoutsk (Sibérie).

		r.	r.	c.
1° Raquettes.		1 et 2		»
2° Tasses.		1 - 1		25
3° Cuillères, fourchettes et verre.				
4° Chaussure en tille.	la paire	»	»	20
5° Tabatières iakoutes.	la pièce	»	»	60

565. PODVINTSOFF (Philippe), à Nevliansk, gouv. de Perm, distr. d'Ékatérinbourg.

		r.	r.	c.
1° Coffre sibérien, grand.	la pièce	14	»	
2° — grandeur moyenne.	—	4	»	
3° — petit.	— de 2 à	2	50	

566. PKHAVAKATTCHEFF, province de Tersk (Caucase).

		r.	c.
1° Nattes en jonc.		1	»
2° Balai en jonc.		»	20

567. SEMENNIKOFF (Simon), à Nijny-Novgorod.

Coffres en bois d'aulne, dits de Makariev.

568. SEREBRIANIKOFF (André), à Nijny-Novgorod.

Vaisselle et ustensiles divers en bois.

569. SIDOROFF (Michel), à Krasnoïarsk (Sibérie).

1° Essences forestières des bords de la Petchora, de l'Enissey et de la Toungouska inférieure.

2° Cuillères en bois avec incrustation en nacre (ouvrage des moines du monastère Solovetzkoï, près d'Arkhangel).

570. SOULKHANOFF (Jean), à Gori, gouv. de Tiflis.

1° Nattes en jonc.
2° Corbeille tressée.
3° Éventails tressés.
4° Ustensiles de ménage en bois.

571. SUNDMAN (C. J. W.), à Helsingfors (Finlande).

Planches de bois de pin.

<small>Scierie à eau de Miantala, gouvernement de Wasa, fondée en 1861; production annuelle : 20.500 roubles. 21 ouvriers. Exportation en Angleterre, en France et en Italie.</small>

572. TIKHOMIROFF (Matrone), à Nijny-Novgorod.

		c.	r.	c.
1° Nattes de tille de différentes espèces.	la pièce, de	30	à 1	»
2° Sacs en nattes de tille.	—	3	»	40
3° Tille amollie dans l'eau.	le poud	»	»	50
4° Avaloires de tille.	la pièce —	9	»	15
5° Chaussures tartares en tille.	la paire	»	»	4
6° Cordes de tille.	la pièce	»		4
7° Écorce de tilleul.	—	»	»	25
8° Ficelles de tille, pour chaussure.	la paire	»	»	3
9° Têtières de tille.	la pièce	»	»	2 ½
10° Licous de tille.	—	»	»	10

573. FEDOROFF (Gabriel), à Kaschélevo, gouv. de Mohilev, dist. de Rogatchev.

Nattes de tille . . . . la pièce 1 r. 50 c.

574. TSCHETSCHOULINE (Frédéric), à Helsingfors (Finlande).

Bardeaux de sapin, rabotés à la mécanique. . . . . le mille 50 c.

575. STURTS (Jules), ci-devant Kriegsmann, à Riga.

		r.	c.	r.
1° Bouchons en liége.	le mille, de	»	37	à 10
2° Poudre de liége.	le poud -	2	50	- 3

3° Porte-cigares en liége.

>Établissement fondé en 1843 ; production annuelle : 150 millions de bouchons, pour une somme de 200.000 roubles. 285 ouvriers. Débouché en partie à l'étranger.

576. INSTITUT FORESTIER D'ÉVOIS (Finlande).

Collection de coupures en biais d'arbres.

>Cette collection, représentant surtout des pins et des sapins de haute futaie, a été recueillie par les soins de l'administration forestière dans les forêts domaniales de la Finlande centrale et septentrionale.

577. JACOBS (Percy), à Riga.

		r.	r.
1° Bouchons en liége.	le mille, de	2 à	50
2° Ronds en liége pour les pots à fleurs.	—		200

>Fabrique fondée en 1858 ; production annuelle : 60 millions de bouchons en liége, pour 150.000 roubles. 185 ouvriers.

CLASSE 42. — PRODUITS DE LA CHASSE, DE LA PÊCHE ET DES CUEILLETTES.

578. BARAMIGUINE (Michel), arrond. de Kalym (Sibérie).

1° Fourrures diverses de Sibérie. . . . . . la pièce, de 40 c. à 3 r.
2° Djouk (racine d'une liliacée de Sibérie, employée comme aliment par les Yakoutes).
3° Sardana (farine de djouk).

579. BOBARIKINE (Jean), à Kholm, gouv. de Pskov.

Soies de porc, de différentes espèces et qualités. . . . . la livre, de 47 c. à 2 r. 15 c.

>Fabrique fondée en 1840; production annuelle : 12.000 pouds, pour 85.000 roubles. 50 ouvriers.

580. VOKOUEFF (A.), à Siziab, gouv. d'Arkhangel, distr. de Mezen.

		r.	c.
1° Peaux de renard.	la pièce	4	»
2° — de renard polaire blanc.	—	»	80
3° Dents de morse.	la livre	»	45

581. COMITÉ AUXILIAIRE DE HELSINGFORS POUR L'EXPOSITION UNIVERSELLE DE PARIS.

		r.	c.
1º Lynx (Felis Lynx)		6	»
2º Loup (Canis lupus)		6	»
3º Renard commun (Canis vulpes)		3	50
4º Renard croisé (Canis vulpes, variatio crucifera)		10	»
5º Isatis (Canis lagopus)		3	50
6º Ours (Ursus arctus)		25	»
7º Glouton (Gulo borealis)		10	»
8º Martre (Mustela Martis)		10	»
9º Hermine (Mustela erminea)		»	50
10º Petite loutre (Fœtorius lutreola)		»	37 1/2
11º Loutre (Lutra vulgaris)		5	»
12º Écureuil (Sciurus vulgaris)		»	6 1/4
13º Lièvre blanc (Lepus variabilis)		»	37 1/2
14º Élan (Cervus alces)		12	50
15º Renne (Cervus tarandus)		5	»

582. GNILOSSAROFF (Pierre), à Bakou (Caucase).

Lamproies séchées, employées par les indigènes du Caucase pour l'éclairage.

583. JILINE (Paul), à Veliky-Oustioug, gouv. de Vologda.

ÉCHANTILLONS DE SOIES DE PORC DE SIBÉRIE.

		r.	c.
1º Okatka	la livre	2	40
2º Première qualité	—	1	75
3º Séchées	—	1	20
4º Seconde qualité	—	»	75

L'établissement date de l'année 1840. Procédé manuel. 50 ouvriers. La matière première est tirée des gouvernements de Perm et de Tobolsk, et la marchandise ouvrée, de la valeur de 50.000 roubles par an, est exportée à l'étranger par le port de Saint-Pétersbourg.

584. COMITÉ AUXILIAIRE DU CAUCASE POUR L'EXPOSITION UNIVERSELLE DE PARIS, à Tiflis.

Plantes tinctoriales, médicinales et spécimens employés dans les tanneries.

585. KARSTEN (P. A.), à Moustiala (Finlande).

Collection de champignons finlandais . . . . 10 r.

586. KOJEVNIKOFF (Michel), à Astrakhan.

		r.	c.
1º Colle d'esturgeon	le poud	120	»

GROUPE 5. — CLASSE 42.

		r.	c.
2° Colle de sterlet . . . . le poud		100	»
3° — de bielorybitza (Coregonus leucichtys, Pall.)	—	60	»
4° — de silure	—	25	»
5° Graisse de sandat, d'esturgeon et de hareng. .	—	2	50
6° Viaziga (tendons séchés d'esturgeon).	—	14	»

587. COSAQUES DU KOUBAN (Administration des), à Ekatérinodar.

		r.	c.
1° Colle d'esturgeon stellifère . . . . le poud		80	»
2° Viaziga (tendons d'esturgeon séchés).	—	8	»
3° Graisse de sandat, blanche et cuite.	—	2	50

588. LEPTCHIKOFF (Philippe), pays d'Oudsk (Sibérie orientale).

Peaux de zibelines. . . . . la pièce 60 r.

589. LINDER (Fridolphe), à Svarto (Finlande).

		r.	c.
1° Écorce de bouleau. . . . . par 100 kilogr.		2	»
2° Lichen d'Islande.	—	6	75
3° Mousse (Parmelia saxatilis, Lin.). . . .	—	7	»
4° Perles fines, pêchées dans la rivière de Svarto (100 pièces)			375

L'écorce de bouleau fournit d'excellent tanin, et on s'en sert en Russie pour la préparation des cuirs fins.
Le lichen d'Islande (Lichen Islandicus) est un remède contre les maladies de poitrine, pulmonies, etc.
La mousse *Parmelia saxatilis* fournit une belle couleur aux teinturiers.

590. MAMONTOFF, frères, à Moscou.

		r.	r.
1° Crins . . . . le poud, de		40 à	100
2° Soies de porc de différentes espèces et qualités.	—	- 30 -	100

Débouché à Londres.

591. MEMET-IBRAHIM-OGLOU, à Dérékoy, en Crimée, distr. de Yalta.

		r.	c.
1° Noix . . . . le poud		7	15
2° Noisettes.	—	6	50
3° Marrons.	—	5	»

592. SOCIÉTÉ DES PÊCHERIES D'ELIZAVETINSKAIA-STANITZA, pays des Cosaques du Don.

Colle d'esturgeon . . . . la livre 4 r.

Production annuelle : 50 pouds.

GROUPE 5. — CLASSE 42.

593. REVIAKINE (Alexandre), à Béjetsk, gouv. de Tver.

			r.	c.
1° Soies de porc (okatka) . . . . la livre	2	37 ½
2° — séchées et première qualité . . . —	1	65
3° — seconde qualité . . . . —	»	82 ½

Production annuelle : 25.000 roubles. 35 à 40 ouvriers.

594. SAID-HALILEM, à Oulou-Ouzen, en Crimée, distr. de Yalta.

Noix. . . . . le poud 6 r.

595. SIDOROFF (Michel), à Krasnïoarsk (Sibérie).

1° Peaux d'ours blancs de la Nouvelle-Zemble.
2° Peaux d'ours noirs, de loups, de gloutons, de renards blancs et d'hermines, de l'embouchure de la Petchora.
3° Poil de rennes, de l'île Kalgouev.
4° Édredon, duvet d'oies, peaux de cygnes et d'oies de la Nouvelle-Zemble.
5° Dent de morse.
6° Graisse de requin et de morue, de la côte Mourmane.
7° Colle d'esturgeon, du golfe de l'Obi.
8° Coquilles d'huîtres perlières et perles, du golfe de Kandalajsk de la mer Blanche.
9° Peaux tannées et non tannées de rennes, abattus à différentes époques de la saison, pour démontrer l'état fâcheux dans lequel se trouve l'animal au moment de la mue, époque à laquelle il est accablé par les piqûres de l'insecte nommé œstre.
10° Écorces de mélèze contenant 2,60 % de tanin.
11° Mousses et herbes tinctoriales, ainsi que les échantillons de produits teints avec ces substances.
12° Rhubarbe croissant en abondance à l'état sauvage sur les bords de la Toungousska inférieure.
13° Fungus Laricis, dont l'exportation s'élève à plusieurs centaines de pouds expédiés annuellement par le port d'Arkhangel.
14° Bâtons à entailles, servant de calendrier aux Toungouss.

596. SOLINE, frères, à Astrakhan.

	r.	c.
1° Huile de phoque, rouge . . . . le poud	4	»
2° — blanche. . . . . —	4	50

597. SOROKINE (Dmitry), à Kapal, province de Sémipalatinsk.

Peaux de lynx, de panthère et de tigre . . . . la pièce 6, 8 et 25 r.

GROUPE 5. — CLASSE 42.

598. SOTNIKOFF, à Touroukhansk, gouv. d'Enisseï (Sibérie).

		r.
1° Fourrure du loup blanc.		10
2° — du renard polaire.		1
3° — — bleu.		12

599. TÉZEK (Sultan kirghiz du district d'Alatov), à Omsk (Sibérie).

1° Peaux de tigre et de panthère.
2° Bois de cerf de Sibérie.

600. TIETZNER (D.), à Saint-Pétersbourg.

Soies de porc . . . . la livre, de 45 c. à 2 r. 5 c.

601. COSAQUES DE L'OURAL (Administration des).

	r.	c.
1° Peaux de cygne. . . . . la pièce	1	»
2° Duvet de chèvre. . . . . le poud	9	»
3° Poils de chameau . . . . —	4	70
4° Djebaga (laine de mouton kirghiz). . . . . —	2	50

Production annuelle : 500 peaux de cygne, 300 pouds de duvet de chèvre, 500 pouds de poils de chameau et 20.000 pouds de laine; le tout pour 600.000 roubles.

602. FEIST (Alexandre), à Varsovie.

Soies de porc, écrues et assorties.

L'établissement expédie à l'étranger pour 15.000 roubles de soies de porc par an.

603. KHAMINOFF (J.), à Irkoutsk (Sibérie).

	r.	c.
1° Zibelines de Iakoutsk. . . . . la pièce	87	50
2° — américaines . . . . — de 15 à 20		»
3° Renard du Kamtchatka . . . . —	6	»
4° — de Kalymsk. . . . . —	5	»

CLASSE 43. PRODUITS AGRICOLES (NON ALIMENTAIRES) DE FACILE CONSERVATION.

604. ADAMTCHIK (Nicéphore), à Kisselevka, gouv. de Tchernigov, distr. de Soṣnitsa.

Tabac Bacoun. le poud 1 r.

605. AÏVAZA (J.), à Kharkov.

		r.
1° Tabac à fumer . . . . la livre, de	2 à	3
2° Cigarettes. . . . . la centaine	»	1

    Fabrique fondée en 1858; production annuelle: 3500 pouds, pour la somme de 90.000 roubles. 40 ouvriers.

606. ALLAR (Jules), à Kherson.

Laine du Don, lavée. . . . . le poud 13 r.

607. AMET-MOUSTAFA-OGLOU, à Soulitasch, près Bakhtchisaraï (Crimée).

Tabac . . . . le poud, de 10 à 15 r.

608. ANANOFF, frères, gouv. et distr. de Koutaïss (Caucase).

Coton brut (graines d'Amérique et d'Égypte).

609. ANOEFF (Théodore), à Lovarischki, gouv. de Vilna.

Lin roui . . . . le poud 6 r.

610. ARDAMATSKY (Théodore), à Soltsi, gouv. de Pskov.

1° Lin teillé de Melenki.
2° — roui de Pskov.
3° — de Soltsi.
4° — de Rjev.

611. ARDJEVANIDZÉ (Jean), gouv. et distr. de Tiflis.

Graines de tournesol.

612. ARISTOFF (Pierre), à Tchardyn, gouv. de Saratov, distr. de Petrovsk.

			livres.
1° Toisons non lavées de béliers de la race Negretti	pesant	17 et 20
2° — de brebis.	—	14
3° — de brebis, âgée de 6 ans. . .	—	13
4° — lavée.	—	5
5° — lavée, d'un bélier de 3 ans . .	—	6 1/8
6° Toison d'un bélier de la race Tzigaï.	—	5
7° — d'un bélier de la race Kourduque.	—	4
8° Toisons non lavées d'un bélier métis des races de Leicester, de mérinos et de Kourduque . . .	—	10
9° — des races de Leicester, de mérinos et de Tzigaï, âgé de 2 ans 1/2	—	12 1/2

10° Toisons des races Southdown, mérinos et russe. . . . . pesant 13 liv.
11° — d'un bélier de la race russo-voloschskaya.

                                                                              c.
12° Graines de tournesol. . . . . le poud 60
13° Graines de lin. — 70
14° Chènevis. . . . . — 80

    La bergerie compte 2000 moutons, à toison fine, de la race Negretti. Le produit annuel est de 500 à 550 pouds de laine.

613. ASMALOFF (Basile), à Rostov-sur-le-Don, gouv. de Ekatérinoslav.

                                                                       r. c.   r. c.
1° Tabac à fumer turc . . . . la livre, de 1 » à 2 50
2° — russe . . . . — - » 40 - » 80

    Fabrique fondée en 1857, produisant par an 5000 pouds de tabac turc et indigène, de Crimée et de Bessarabie, pour la somme de 150.000 roubles. 45 ouvriers.

614. BABANINE (Étienne), à Tcherniakovki, gouv. et distr. de Poltava.

                                                                     r.   r. c.
1° Tabac d'Amersfort . . . . le poud de 2 à 2 50
2° — de Bafra, du Brésil et Latakié. . . — - 4 - 5 »

615. BARIATINSKY (Prince Victor), à Anatolievka, gouv. de Kherson, distr. d'Odessa.

Toisons d'agneaux de race espagnole. . . . . le poud 10 r.

616. BERNSTEIN (Simon), à Odessa.

1° Semence de lin, pesant 9 pouds le tchetvert.
2° — colza, pesant 9 pouds 5 livres le tchetvert.
3° — moutarde, pesant 9 pouds 8 livres le tchetvert.

617. ÉCOLE D'HORTICULTURE DE BESSARABIE, près Kischinev.

                                                                      r. c.
1° Graines de tournesol . . . . le poud 4 50
2° — de moutarde. . . . . — 10 »

618. BOBARIKINE (Jean), à Kholm, gouv. de Pskov.

Lin. . . . . le poud, de 5 r. à 8 r. 55 c.

    L'établissement pour macquer le lin, fondé en 1828, livre annuellement 100.000 pouds de lin, pour la somme de 600.000 roubles.

619. BOBRINSKY (Comte Alexis), à Sméla, gouv. de Kiev, distr. de Tcherkask.

                                                                      r.
1° Semence de luzerne . . . . le poud, de 8 à 10
2° — sainfoin . . . . — » 2

3° Semence de betteraves. . . .. le poud   4 r.

    La betterave est cultivée dans 18 biens, appartenant à l'exposant, sur un espace de 2800 dessiatines. En moyenne, une dessiatine donne 100 berkovetz de betteraves, qui contiennent de 8 à 10° (Baumé) de sucre. Le prix du berkovetz est de 1 r. 15 c. Le berkovetz de betteraves fournit de 2 à 3 pouds de semences.

    Un terrain de 1000 dessiatines est réservé à la culture de la luzerne et du sainfoin, qui sont ensemencés chaque année et donnent par dessiatine jusqu'à 300 pouds de foin.

620. BOGOLIOUBSKY (Siméon), à Nertchinsk (Sibérie).

1° Chènevis.
2° Houblon de Sibérie.
3° Moutarde de Sibérie.
                                                                                                                                           c.
4° Raifort sauvage, trituré .. .. le pot   10
5°   —   purifié .. ..   —   8

621. BORGSTROEME (H.) **et Cie**, à Helsingfors (Finlande).

                                                                                                                 r. c.   r. c.
1° Tabac à fumer.. .. .. la livre, de » 20 à » 63
2° Cigares. .. .. le mille - 5 50 - 37 50
3° Cigarettes.. .. ..   —   - 2 25 - 6 »
4° Tabac à priser.. .. .. la livre » » - » 40

    Fabrique fondée en 1834, produisant par an pour 80.000 roubles. 60 ouvriers.

622. BOSTANDJOGLO (Michel et fils), à Moscou.

                                                                                                        r. c.   r.
1° Tabac à fumer. .. .. la livre, de » 22 à 5
2° Cigares .. .. le cent - 1 » - 3
Cigarettes . .. .   — - » 30 - 2

    Fabrique fondée en 1820 ; production annuelle: 20.000 pouds de tabac à fumer, 3.000.000 de cigares et 120.000.000 de cigarettes, le tout pour plus de 1.000.000 de roubles. 400 ouvriers. Plus de 4.000.000 de cigarettes sont exportées à l'étranger.

623. BOTCHAROFF (Michel), à Iamsk, gouv. et distr. de Koursk.

Chanvre mâle . .. . le poud   **2 r.**

624. VASSAL (René), à Sofievka, gouv. de Tauride, distr. de Dnieprovsk.

1° Toisons de moutons, de brebis et d'agneaux.
2° Laine lavée de moutons mérinos.

625. WEGNER (Jacques), à Suzannenthal, gouv. de Samara, distr. de Nicolaevsk.

Tabac pour cigares. .. .. le poud   3 r.

626. VELIKDAN (Étienne), à Paltchiki, gouv. de Tchernigov.

                                                                                                          r. c.
1° Miel. .. .. le poud 5 »
2° Cire. .. ..   —   15 60

627. WIEBE (Philippe). Colonie Orlov, gouv. de Tauride, distr. de Berdiansk.

1° Toisons de moutons mérinos.
2° Échantillons de laine . . . . le poud   10 r. 50 c.

628. WILD (Ernest), à Sarepta, gouv. de Saratov.

Tabac kalmouck (Nicotiana rustica). . . . . le poud   2 r.

629. VERIGUINE (Basile), à Slavianka, gouv. de Tiflis, distr. d'Elisavetpol (Caucase).

Laine de moutons mérinos.

630. ADMINISTRATION DES DOMAINES DE L'ÉTAT DU GOUVERNEMENT DE VOLOGDA.

		r. c.	r. r.
1° Lin teillé de Broussensk et de Vilegodsk	le poud, de	5 »	à 8 »
2° — d'Oustioug	—	- 6 »	- 8 »
3° Graines de lin de Totma, pour fabrication d'huile.	—	- 1 20	- 1 50
4° Graines de lin d'Oustioug.	—	- 1 50	- 2 »
5° Graines de lin pour semis : d'Oustioug, de Broussensk et de Vilegodsk.	—	- 2 »	- 3 »
9° Huile de lin.	—	- 5 »	- 6 »

631. VOLOKHINE (Alexandre), à Kherson.

Graines de lin, pour semence . . . . le tchetvert   13 r.

632. KARLOVKA (propriété de S. A. I. la grande-duchesse Hélène Pavlovna), gouv. de Poltava.

Graines de lin. . . . . le poud, de 1 r. à 1 r. 10 c.

Le lin, dans le bien de Karlovka, est cultivé sur un espace de 1500 dessiatines. Exportation par les ports de la mer d'Azov et de la mer Noire.

633. GABAI (Samuel), et **MITCHRY** (Abraham), à Saint-Pétersbourg.

		c.	r. c.
1° Tabac à fumer.	la livre, de	40 à 3	»
2° Cigarettes.	le cent	- 46	- 3 50

Fabrique fondée en 1861, produisant pour 100.000 roubles par an. 40 ouvriers.

634. GAVRILOFF (Dmitry), à Kouviazevo, gouv. de Iaroslav.

		zolot.
1° Toison d'une brebis mère de la race Romanoffskaya	pesant	87
2° — d'une jeune brebis de la même race. .	—	65
3° — de bélier.	—	2 l. 18

La bergerie a pour but la vente de bêtes de race; le prix des béliers est de

6 à 7 r., et des brebis mères de 5 r. la pièce; les brebis portent par an jusqu'à sept petits. Chaque tête donne de 2 à 3 livres de laine.

635. HAGEN (Charles), à Kischinev, en Bessarabie.

Tabac turc. le poud   8 r.

636. HAMMERSCHMIDT (Henri), à Luzern, gouv. de Samara, distr. de Nicolaevsk.

Tabac turc. le poud   3 r.

637. GARMONOFF, gouv. de Vologda, distr. d'Oustioug.

		r.	r.	c.
1° Huile de lin . . . . le poud, de	5 à 6	»
2° Tourteaux de lin . . . . —	» » 40

638. HARTMANN (Guillaume), à Riga.

		c.
1° Tourteaux de lin. . . . . la pièce	16
2° — colza . . . . —	12

Établissement fondé en 1841. Production annuelle : 13.000 pouds d'huile de lin, 7.000 pouds d'huile de colza, 45.000 pouds de tourteaux de lin et 10.000 pouds de tourteaux de colza, pour un total de 138.000 roubles. 28 ouvriers. Une grande partie des tourteaux est exportée.

639. GUÉORGUY, à Boltatchokrak, près Bakhtchisaraï, en Crimée.

Tabac en feuilles. . . . . le poud, de   10 à 15 r.

640. GUERSON et BROMBERG, à Berditchev, gouv. de Kiev.

Tabac à fumer indigène. . . . . la livre, de   40 c. à 2 r.

Fabrique fondée en 1830, produisant par an 8000 pouds de tabac à fumer, indigène et turc. 60 ouvriers.

641. GLINKA (Nicolas), à Sczawin, gouv. de Plock (Pologne).

Laine de brebis de race saxonne. . . . . le poud   18 r.

642. GLITCH (J. K.), à Sarepta, gouv. de Saratov.

	r.	c.
1° Graines de moutarde. . . . . le poud	2	50
2° Écales de graines de moutarde. . . . . —	»	40
3° Gruau de moutarde. . . . . —	6	»
4° Farine de moutarde n° 1. . . . . —	11	»
5° — — n° 2. . . . . —	7	80
6° — — n° 3. . . . . —	2	10
7° Huile de moutarde. . . . . —	8	»
8° Tourteaux de moutarde. . . . . —	2	»

9° Assortiment de produits de la fabrication de la moutarde (24 boîtes).

Le produit annuel de la fabrique à vapeur, desservie par 60 hommes, est d'environ 16.000 pouds de moutarde et 8000 pouds d'huile, le tout pour la valeur de 175.000 roubles environ.

643. GNILOSSAROFF (Pierre), à Ouldouz, gouv. de Bakou, distr. de Schemakha (Caucase).

Graines de lin, de chènevis, de tournesol et de pavot.

644. FERME MODÈLE DE GORKI, gouv. de Mohilev.

1° Toisons de moutons mérinos de 3 ans, non lavées. . . . . pesant 13 livres 24 loths et 14 livres.
2° Toisons de moutons mérinos de 3 ans, lavées à dos. . . . . — 10 $^1/_2$ livres.

La bergerie compte de 1000 à 1500 têtes; la laine est vendue au prix de 24 à 26 r. le poud.

645. GROUSCHEVKA (propriété de S. A. I. le grand-duc Michel Nicolaevitch), gouv. et distr. de Kherson.

		r.	c.
1° Quatre toisons de moutons, âgés de 2 et 3 ans, race espagnole.	le poud	12	30
2° Laine lavée de moutons, race espagnole	—	32	»

La bergerie de moutons mérinos a été établie à Grouschevka en 1816. La production annuelle de laine y est de 8000 pouds, pour la somme de 98.500 r. environ; plus de 3000 pouds de laine lavée sont exportés à l'étranger.

646. GOUBAREF (Cosme), à Bolkhov, gouv. d'Orel.

Chanvre.

647. GOUPMANN (Joseph), — Maison La Ferme — à Saint-Pétersbourg.

		r.	c.	r.	c.
1° Tabac à fumer	la livre, de	»	80	à 7	»
2° Cigarettes	le cent	-	1	» - 5	»

Fabrique fondée en 1852, produisant annuellement plus de 100.000.000 de cigarettes et 3500 pouds environ de tabac à fumer, le tout pour la somme de 1.000.000 de roubles. 420 ouvriers.

648. DATCHIANI (Prince), en Mingrélie (Caucase).

Cigares . . . . le cent 2 r.

649. DJAFAROFF (Abdoul-Ibrahim), à Astrakhan.

		r.
1° Racines de garance.	le poud	6
2° Graines de garance.	—	8

650. DMITRIEFF (Basile), près de Kischinev (Bessarabie).

1° Tabac indigène, en feuilles. . le poud, de 11 r. à 12 r. 50 c.
2° Tabac haché.

651. DOMBROWICZ (Charles), à Dobrowola, gouv. d'Augustow, distr. de Mariampol (Pologne).

1° Tiges de lin de différentes espèces.
2° Échantillons de lins apprêtés.

652. DROUJININE, à Bolkhov, gouv. d'Orel.

Chanvre.

653. DOUDNIKHINE (Grégoire), à Prischib, gouv. de Bakou, distr. de Schemakha (Caucase).

		r.
1° Lin	le poud	2
2° Graines de lin.	—	1

654. DOURANTCHA (Sadouk), à Krementchoug, gouv. de Poltava.

		r.	c.	r.
1° Tabac à fumer.	la livre	2	50	et 3
2° Cigarettes	la centaine	»	»	2

Fabrique fondée en 1842, produisant par an 500 pouds de tabacs de différentes qualités, pour 20.000 r.

655. DOUROUNTCH (Isaac), à Vilna.

TABACS A FUMER.

		r.	r.	c.
1° Latakie.	la livre	»	3	»
2° Aross.	— de	2 à	2	40
3° Dubeck.	—	»	1	60
4° Sultan.	—	»	1	20

656. EFRÉMOFF (Commune d'), gouv. de Tauride, distr. de Mélitopol.

Laine de moutons mérinos. . . . . le poud, de 9 à 12 r.

657. ELIAZAROFF, gouv. et distr. d'Erivan (Caucase).

		r.	c.
1° Graines de lin	le poud	1	»
2° — de chènevis.	—	»	80
3° — de sésame et de ricin	—	1	20
4° Cocons de race japonaise.			

658. ÉMIR-ASSAN, à Gourzouf, gouv. de Tauride, distr. de Yalta.

Tabacs, fort, moyen et doux.

GROUPE 5. — CLASSE 43. 155

659. JOURAVLEFF, frères, à Rybinsk, gouv. de Iaroslav.

Chanvre peigné. .. .. le poud, de 6 r. à 10 r. 50 c.

660. ZADONSKY (Woldemar), à Véliky-Bourlouk, gouv. de Kharkov, distr. de Voltchansk.

Toison (pesant 3 livres et demie) de mouton de 4 ans . 4 r. 75 c.

661. SALZMANN, à Tiflis.

Graines de moutarde.

662. ZVERKOFF (André), à Saint-Pétersbourg.

Écorce de saule. . . .. le poud, de 40 à 50 c.

663. SEEBACH (Comtesse de), à Birsalovka, gouv. de Kherson.

Laines en suint et graine de lin.

664. UXKULL (Baron Bernard d'), à Fikeln, gouv. de Livonie.

		r.
1° Lin peigné.. . . .. le poud		12
2° — battu...	—	7

665. COMITÉ AUXILIAIRE DU CAUCASE POUR L'EXPOSITION UNIVERSELLE DE PARIS, à Tiflis.

		r.	r.	c.
1° Toisons et laine..	le poud, de	8 à	11	»
2° Duvet de chèvre..	—	»	8	»
3° Poil de chameau..	—	»	2	»
4° Coton.	—	- 8 -	18	»
5° Graines de cotonnier.				
6° Graine de lin..	—	1 et	1	20
7° — de sésame..	—	»	»	80
8° — de ricin.	—	»	1	20
9° — de pavot.	—	»	1	20

10° Cocons.
11° Tabac en feuilles.
12° Cire.
13° Garance, safran et opium.

666. ADMINISTRATION DES DOMAINES DE L'ÉTAT DU GOUVERNEMENT DE KAZAN.

		r.
1° Cire. . . .. le poud		12
2° Miel.	—	10

GROUPE 5. — CLASSE 43.

667. KALOUJENKOFF (André), à Rostov-sur-le-Don, gouv. d'Ekatérinoslav.

			c.	r.	c.
1°	Tabac à fumer, russe	la livre, de	80	à 1	20
2°	— turc.	—	»	3	»

La fabrique produit par an 1500 pouds de tabac russe et 1000 pouds de tabac turc, pour la somme de 100.000 roubles. 20 ouvriers.

668. KALFOGLO (Paul), à Koursk.

			c.	r.	c.
1°	Cigarettes	la centaine, de	40	à 2	»
2°	Tabac à fumer	la livre -	40	- 2	20
3°	— à priser	—	»	- »	24

La production de la fabrique est de 80.000 r. par an. 36 ouvriers.

669. KINDIAKOFF (Constantin), à Taroumovka, gouv. de Tambov, distr. de Petrovsk.

Toisons de moutons et brebis mérinos, le poud de laine, de 9 à 10 r. 50 c.

670. KIRPITCHEFF (Théodore), à Saint-Pétersbourg.

			r.	c.
1°	Huile de tournesol de Voronèje	le poud	5	»
2°	— de Saratov	—	4	50
3°	— de lin	—	4	»
4°	— de chènevis d'Orel	—	4	70
5°	— — de Penza	—	3	90
6°	— de colza	—	5	»
7°	— d'œillette, vieille	—	8	»
8°	— — fraîche	—	7	»
9°	— de moutarde	—	10	»

Production annuelle de la fabrique : 40.000 pouds d'huile. Les vieilles huiles de lin et d'œillette ont dans le commerce un prix plus élevé et s'emploient particulièrement pour les encres d'imprimeries et pour la préparation des couleurs.

671. KLIKOVSKY (Joachim), près de Kazan.

			r.
1°	Miel blanc de tilleul	le poud	8
2°	Cire	—	20

L'établissement d'apiculture de l'exposant a été fondé en 1850 dans un but d'enseignement ; le nombre des élèves varie de 50 à 150 par an. Le produit annuel est de 1200 à 2850 roubles.

672. KLIMOFF (Jean), à Tchernitchenki, gouv. de Vladimir, distr. de Melenki.

			r.
1°	Graines de lin, pour semence	le tchetvert	3
2°	Graines de lin, pour la fabrication de l'huile	—	2

673. KNOBLOCH (Alexandre), à Sarepta, gouvernement de Saratov.

Graines de tournesol . . . . le poud 50 c.

La fabrication de l'huile de tournesol, concentrée d'abord dans le gouvernement de Voronèje, a commencé, récemment, à se développer dans le gouvernement de Saratov, où l'on compte dans la seule ville de Saratov jusqu'à 30 fabriques qui s'en occupent. La fabrique de M. Knobloch marche à la vapeur. Les graines sont fournies par les paysans des environs.

674. KOZITSKY (Maurice), gouv. de Bakou, distr. de Lenkoran.

Garance.

675. KORENTCHENKO, gouv. de Samara, distr. de Nicolaevsk.

Graines de tournesol. . . . . le poud   1 r. 60 c.

676. KORNISS (Jean), colonie Orlov, gouv. de Tauride, distr. de Berdiansk.

		r.	c.
1° Toisons de moutons mérinos . . . . le poud de laine	10	50
2° Semences de luzerne . . . . —	6	»
3° Semences de sainfoin . . . . —	12	»

677. KORSAKOFF, gouv. de Pskov.

Graines de lin.

678. KRAFFT (H.), à Saint-Pétersbourg.

	c.	r.	c.
1° Cigares. . . . . la centaine, de	70 à 14	»
2° Cigarettes. . . . . — -	70 - 2	»
3° Tabac à fumer. . . . . la livre -	28 - 3	64

Fabrique fondée en 1830, produisant par an 14 000.000 de cigares, 1.000.000 de cigarettes et 150 pouds de tabac à fumer, le tout pour 400.000 roubles. Elle emploie par an 3000 pouds de tabac indigène et plus de 4000 pouds de tabac étranger. 200 ouvriers.

679. KRIONA (Nicolas), à Odessa.

	c.	r.
1° Tabac à fumer . . . . la livre, de	40 à 3
2° Cigarettes. . . . . la centaine -	46 - 2

Fabrique fondée en 1848, livrant par an 25.000 pouds de tabacs, pour la somme de 1.000.000 de roubles. 100 ouvriers.

680. KRONENBERG (Léopold), à Varsovie.

Échantillons de tabacs à fumer et à priser, de cigares et de cigarettes.

Fabrique de tabac fondée en 1816; production annuelle : 10.000 pouds de tabac à priser, 31.000 pouds de tabac à fumer, 15.000.000 de cigares et 12.000.000 de cigarettes, pour une somme de 700.000 roubles. 600 ouvriers, dont les trois quarts femmes et enfants.

681. KOUZNETZOFF (Simon), à Slavianka, gouv. de Tiflis, distr. d'Elisavetpol (Caucase).

Chènevis et chanvre peigné.

682. ADMINISTRATION DES DOMAINES DE L'ÉTAT DU GOUVERNEMENT DE KOURSK.

Gaillet . . . . le poud   12 r.

683. KOUSSOFF (Baron Alexis), à Saint-Pétersbourg.

Écorce de saule . . . . le poud, de   40 à 50 c.

684. KOUSCHNAROFF (Simon), à Rostov-sur-le-Don, gouv. d'Ekaterinoslav.

Tabac à fumer . . . . la livre, de   80 c. à 3 r.

Fabrique fondée en 1853, produisant par an 2000 pouds de tabac à fumer, pour la somme de 80.000 roubles. 28 ouvriers.

685. LABENDZKI (Ladislas), à Okence, gouv. de Varsovie.

1° Semence de trèfle blanc.
2° Laines de moutons, âgés de 2 ans, de la race mérinos Negretti.

686. LAZOURINE (André), à Mostoviki, gouv. de Iaroslav.

Lin roui à la rosée.

687. LAPINE (Alexis), à Saint-Pétersbourg.

Graines de colza . . . . le poud   2 r. 20 c.

688. LEIBINE (Pierre), à Bérézototch, gouv. de Poltava, distr. de Loubny.

Tabac d'Amersfort . . . . le poud, de   2 r. à 2 r. 50 c.

689. LÉONOFF (Léon), à Nagoltchik, pays des Cosaques du Don, distr. de Miouss.

1° Graines de lin . . . . le tchetvert, pesant 9 pouds 8 livres,   12 r.
2° Graines de colza, croissant à l'état sauvage, . . le tchetvert   7

690. LISITSINE, à Saint-Pétersbourg.

Semences de vesce cultivée, de trèfle, de spergule, de lupuline, de ray-grass d'Italie et d'Angleterre et de dactyle.

691. MAHSS (Ernest) et Cie, à Odessa.

Laine de moutons mérinos des bergeries de
M. Fein . . . . le poud, de   32 à 35 r.

Les bergeries de M. Fein, dans les gouvernements de Tauride et de Kherson, produisent par an 30.000 pouds de laine lavée, pour la somme de 900.000 roubles. Le nombre des moutons monte à 400.000 têtes.

692. **MALOKROSCHETCHNY** (Jean), à Poudoje, gouv. d'Oloneiz.

Échantillons de lin ouvré. . . . . le poud   8 r.

L'établissement date de l'année 1845 ; la production annuelle arrive à la valeur de 60 à 70.000 roubles.

693. **MALYSCHEFF** (Élie), à Znamenskoë, gouv. et distr. de Koursk.

Chènevis. . . . . le poud   90 c.

694. **MARR** (François), à Koutaïss (Caucase).

Lin, coton et tabac.

695. **MATVÉEFF** (Michel), à Moscou.

		r.	c.	c.
1° Tabac à fumer. . . . . la livre, de	»	22	à 40
2° — à priser. . . . . —	-	»	24	- 48
3° Cigares. . . . . le cent	1	»	»
4° Cigarettes. . . . . —	-	»	30	- 46

Fabrique de tabac fondée en 1858 ; produit annuel : 65.000 livres de tabacs à fumer et à priser et 33.500.000 de cigares et de cigarettes, pour une somme totale de 117.000 roubles. 90 ouvriers.

696. **MATCHIKHINE** (Jean), à Saint-Pétersbourg.

	r.	r.
1° Cire blanche. . . . . le poud	33	et 35
2° — jaune. . . . . —	27	- 30

697. **MEHMET-IBRAHIM**, à Derekoï, près Yalta (Crimée).

Tabacs fort et moyen.

La récolte de tabac de la plantation de l'exposant est de 1000 pouds par an ; le prix varie de 20 à 30 r. le poud.

698. **MEZENTSOFF**, à Krasnoï-Gorodok, gouv. de Samara.

Toisons de brebis de la race Russo-Wo-
  loschskaya. . . . . le poud de laine   6 r. 50 c.

La bergerie a pour but l'amélioration de la race locale russe par le croisement avec les races : russe à longue queue, Woloschskaya et Kourduque. La bergerie compte 500 têtes environ ; la majeure partie des brebis mères portent de deux à trois petits par an. Les béliers donnent de 9 à 15 livres de laine et les brebis de 11 à 12 livres. Un bélier pèse de 5 à 6 pouds.

699. **MESSNIKOFF** (Lazare), à Tiflis.

1° Tabac en feuilles, américain, de Trébisonde et Samson.
2° Tabacs à fumer et à priser.
3° Cigares et cigarettes.

700. **MILLER** (Alexandre), à Saint-Pétersbourg.

	c.	r.	c.
1° Tabac à fumer. . . . . la livre, de	40	à 2	20

2° Cigares . . . . la centaine de 2 à 8 » r. r. c.
3° Cigarettes. . . . .   — - 1 - 2 40

 Fabrique fondée en 1849. Production annuelle: 100.000.000 de cigarettes, 40.000.000 de cigares et 40.000.000 de livres de tabac, le tout pour 2.000.000 de roubles. La fabrique emploie par an 40.000.000 pouds de tabac indigène et 30.000 pouds de tabac étranger. 1000 ouvriers. Une partie des produits, pour 150.000 r., est exportée à l'étranger.

701. MILORADOVITCH (André), à Nékhaévka, gouv. de Tchernigov, distr. de Sosnitza.

 Tabac *makhorka* (Amersfort). . . . . le poud 1 r. 40 c

702. MINÉEFF, à Sélenguinsk (Sibérie).

 Échantillons de laine et de poil de chameau.

703. MIKHAÏLOFF (Antoine), à Voronèje.

                           r. c.
1° Graines de lin . . . . le poud 2 40
2° Huile de tournesol. . . . . —   6 »

 Production annuelle d'huile de tournesol : de 6 à 8000 pouds, pour 40.000 r.

704. MOLLÉRIUS (Woldemar), près de Kharkov.

 Chanvre peigné.

705. MORDVINOFF (Comtesse Nadine), gouv. d'Oufa, distr. de Birsk.

                           r. c.
1° Lin peigné . . . . le poud 6 »
2° Laine de chèvres d'Angora . . . . —   6 »
3° Laine de provenance mixte. . . . . —   8 »
4° Graines de chanvre. . . . . —   » 65
5° Graines de lin. . . . . —   » 70
6° Cire jaune . . . . — 20 »

706. MOURADOFF, à Tiflis.

                            r.
1° Tabac de Bargalinsk. . . . . le poud 4 et 6
2° — trituré. . . . . —   » 8
3° Cigares et cigarettes.

707. MOUSSATOFF (Les fils d'Alexandre), à Moscou.

                     c. r. c.
1° Tabac Samson et Dubeck . . . . la livre, de 32 à 1 68
2° — Wakstaff . . . . — - 8 - » 68
3° — Maryland, pour cigarettes. — - 32 - » 93
4° Cigares . . . . la centaine, - 76 ³/₄ - 6 4
5° Cigarettes . . . . — - 23 ¹/₄ - 1 54 ¹/₄

 Fabrique fondée en 1825, livrant par an 1.000.000 de livres de tabac à fumer pour 300.000 r., et 37.000.000 de cigares et de cigarettes pour 120.000 roubles.

GROUPE 5. — CLASSE 43.

708. MOUSSINE-POUSCHKINE (Jean), à Ivanovka, gouv. d'Ekaterinoslav.

Semences de sainfoin. . . . . le poud   3 r. 60 c.

    L'exposant récolte plus de 700 pouds de semences de sainfoin par an, pour la somme de 3000 roubles.

709. MYLNIKOFF-GLOUSCHKOFF (Michel), à Rjev, gouv. de Tver.

Chanvre.

    L'établissement de l'exposant livre annuellement pour 200.000 roubles de chanvre peigné. 40 ouvriers. Les trois quarts de la production sont exportés à l'étranger.

710. NEUFELDT (Jacques), Col. Halbstadt, gouv. de Tauride.

Cocons . . . . la livre   1 r. 50 c.

711. NÉMILOFF (Antoine), à Rjev, gouv. de Tver.

1° Échantillons de chanvre d'Orel, des années 1864 et 1865 :   r.   c.
    a. Première qualité . . . . le poud   4   »
    b. Seconde   — . . . .   —   3   75
    c. Troisième   — . . . .   —   3   60

2° Échantillons de chanvre de Rjev, des mêmes années :
    a. Première qualité . . . . le poud   4   30
    b. Seconde   — . . . .   —   4   15
    c. Troisième   — . . . .   —   4   »

    Les deux établissements de l'exposant, situés dans les villes d'Orel et de Rjev, livrent par an 40.000 pouds de chanvre pour 150.000 roubles. 50 ouvriers.

712. NEPLUEFF (Basile), à Tchernobaï, gouv. de Poltava, distr. de Zolotonoscha.

    1° Lin en gerbes.
    2°   —   teillé.   r.
    3° Lin teillé d'après la méthode belge. . . . . le poud 8
    4° Graines de lin. . . . .   —   1

713. NESSELRODE (Comte Dmitry), à Ekaterinenskoïe, gouv. de Saratov distr. de Petrovsk.

    1° Toisons de moutons mérinos.
    2° Échantillons de laine.

    Les bergeries de l'exposant comptent 12.000 brebis mérinos ; la production annuelle arrive à 13.000 pouds de laine qui se vend sur place au prix de 9 à 12 roubles le poud.

714. PANKOFF, gouv. de Tauride.

Laine de moutons mérinos. . . . . le poud, de 9 à 12 r.

715. PAULI (Chrétien), colonie Podstepnaïa, distr. de Novoouzensk, gouv. de Samara.

Tabac russe . . . . le poud 1 r.

716. PASCHKO (Alexandre), à Koniatino, gouv. de Tchernigov, distr. de Krolevetz.

			r.	c.
1° Semences de pavot blanc	le poud, de 4 à	5	»
2° — noir	—	3	20

717. PEREVALOFF, à Ougly, gouv. de Vologda, distr. d'Oustioug.

Lin teillé . . . . le poud, de 6 à 8 r.

718. PÉTROFF (P.), à Saint-Pétersbourg.

		c.	r.
1° Tabac à fumer	la livre, de	40 à	8
2° Cigarettes	le cent -	45 -	5

La fabrique produit par an 500 pouds de tabac à fumer et 25.000.000 de cigarettes. 120 ouvriers.

719. PETZKI (Émile), à Prejni-Pete, gouv. et distr. de Pskov.

		r.
1° Lin roui, teillé	le poud	6
2° — préparé	—	8
3° Graines de lin pour semence	le tchetvert	4
4° — pour la fabrication d'huile	—	1

720. PLATA et Cie, gouv. et distr. de Koutaïss (Caucase).

Coton égrené . . . . le poud 15 r.

721. POLAKIEWICZ (Frères Maurice et Félix), à Varsovie.

		r.	r.
1° Cigares	la centaine, de	4 à	10
2° Cigarettes	—		1
3° Tabac à fumer	la livre		2

Fabrique fondée en 1862; production annuelle: 15.000 pouds de tabacs à fumer, 4.000.000 de cigares, 7.000.000 de cigarettes et 1500 pouds de tabac à priser; le tout pour 350.000 roubles. 300 ouvriers.

722. POPOFF (Basile), à Réschétilovka, gouv. et distr. de Poltava.

			liv.	lot.
1° Toison de bélier de la race de Réschétilovka, non lavée	pesant	7	16
2° *Idem* lavée à dos	—	5	»
3° *Idem* lavée	—	4	12
4° Toison de brebis mère de la race de Réschétilovka, non lavée . . .	—	6	»
5° *Idem* lavée à dos	—	4	12

		liv.	lot.
6° Toison lavée .. .. pesant		2	24
7° *Idem* de jeune brebis de la race de Réschétilovka, non lavée. ..	—	4	8
8° *Idem* lavée à dos.	—	3	16
9° *Idem* lavée	—	2	24

La bergerie compte 500 moutons; le prix d'une toison varie de 45 à 60 c. Le but principal de l'élève de moutons à Réschétilovka consiste dans la production de peaux d'agneaux connues dans le commerce sous le nom de peaux d'agneaux de Réschétilovka. La vente annuelle de ces peaux dans les environs de Réschétilovka est de 400 à 500.000 pièces, au prix de 2 à 4 r. la pièce.

723. PRIBYTKOFF (Paul), à Kazan.

MATIÈRES POUR TANNER.

1° Écorces de chêne et de saule, moulues et non moulues.
2° Bousserole hachée et pilée.

724. PROVATOROFF (X.), à Staraïa-Taïda, gouv. de Voronèje, distr. de Bobrovsk.

Graines de tournesol. . . .. le poud 40 c.

725. PROKHOROFF, à Bolkhov, gouv. d'Orel.

Chanvre.

726. POUZANOFF (Michel), à Nikitskoë, gouv. de Koursk, distr. de Stchigri.

		r.
1° Chanvre à filer. . . .. le poud		10
2° Filasses.	—	10
3° — qualité supérieure.	—	12
4° Étoupes.	—	12

727. REPPHAN (Basile), à Petriki, gouv. de Varsovie, distr. de Kalisz.

Toisons.

728. COMITÉ DE LA BOURSE DE RIGA.

		r.	r.
1° Échantillons de lin, selon les dénominations usitées dans le commerce.. .. .. le berkovetz, de		35 à	75
2° Étoupes de lin, deux sortes.	—	- 10 -	15
3° Graines de lin.	—	- 10 -	12
4° Chanvre livonien, à moitié apprêté, rebut.	—	»	20
5° — de Riga, fin, nettoyé.	—	»	45
6° — assorti.	—	»	44
7° Étoupes de chanvre.	—	»	43
8° Chanvre pur.	—	- 30 -	40
9° — assorti	—	»	39

		r.	c.

10° Graines de chènevis . . . . le tchetvert 7 50
11° Tabac indigène en feuilles . . . . le poud 2 »

    L'exportation du port de Riga donne les chiffres suivants : 3.500.000 pouds de lin et d'étoupes de lin ; 200.000 tonnes de graines de lin ; 1.300.000 pouds de chanvre ; 40.000 pouds de tabac en feuilles, provenant principalement du gouvernement de Tchernigov.

729. ROGOVITCHEFF (Dmitry), gouv. de Tchernigov, distr. de Starodoub.

Chanvre non teillé.. . . . . le poud, de 2 r. à 2 r. 25 c.

730. ROSENBAUM (Martin), à Kischinev (Bessarabie).

Tabac en feuilles. . . . . le poud, de 12 à 15 r.

731. ROUJENSK (Commune de), gouv. d'Orel, distr. de Karatchev.

	r.	c.

1° Filasse de chanvre, séché à l'air . . . . le poud 2 »
2° Chanvre teillé. . . . . — 2 50

732. RESCHKO (Claude), gouv. et distr. d'Orenbourg.

Réglisse.

733. RYJOFF (Anastasie), à Kharkov.

Laines de moutons mérinos, lavées. . . . le poud, de 30 à 36 r.

    Établissement pour le lavage de laine fondé en 1830 ; production annuelle de 6 à 7000 pouds ; 400 à 500 ouvriers. Procédés manuels.

734. SADYRINE (Philippe), à Gvosdev, gouv. de Viatka, distr. de Kotelniki.

1° Graines de lin.
2° Semences de fléole, de vesce cultivée, de chiendent et de sénevé.

735. ADMINISTRATION DES DOMAINES DE L'ÉTAT DU GOUVERNEMENT DE SAMARA.

	r.	r.	c.

1° Tabac pour cigares . . . . le poud, de 3 à 5 »
2° — turc . . . . — 3 »
3° — russe . . . . — 1 50

    Le tabac, dans le gouvernement de Samara, est cultivé par des colons allemands, et principalement par ceux du district de Krasnoïarsk, où l'on en récolte 8000 pouds environ par an.

736. SIEVERS (Georges von), à Raudenhoff, gouv. de Livonie.

Lin et chanvre.

737. SKOPETZ (Constantin), à Loski, gouv. de Vilna, distr. d'Oschmiany.

Lin roui.. . . . . le poud, de 5 à 7 r.

GROUPE 5. — CLASSE 43.

738. SOROKINE, à Bielev, gouv. de Toula.

Chanvre.

739. STARODOUBOFF (Philippe), à Verkhnïe-Ikartsi, gouv. de Voronèje, distr. de Bobrovsk.

		r.	c.
1° Graines de tournesol . . . . le poud		»	40
2° Huile de tournesol. . . . . —		4	»

740. STASSENKOFF (Nicolas), à Stavropol.

Tabacs en feuilles : Cuba, Ohio, Abajo, Hundi et Salonique.

741. STATZ (Basile), à Kharkov.

Graines de madia (Madia sativa). . . . la livre, de 30 à 50 c.

742. SOUKOFF (Simon), à Ivakhniki, gouv. de Poltava, distr. de Lokhvitsa

Échantillons de tabacs en feuilles, de trois différentes qualités . . . . le poud, de 3 à 5 r.

La plantation donne annuellement de 3 à 5000 pouds de tabac, qui, vendu sur place, est ensuite expédié en Sibérie et sur la frontière de la Chine.

743. SYROMIATNIKOFF, à Koursk.

Chanvre.

744. ADMINISTRATION DES DOMAINES DE L'ÉTAT DU GOUVERNEMENT DE TAURIDE.

TOISONS ET PEAUX DE MOUTONS.

1° Race malitch, gris des steppes d'Eupatoria.
2° — — blanc des montagnes.
3° — — noir des steppes.
4° — tchoundouk de Kertch.
5° — wolochskaya des steppes.
6° Graines de lin.

Le prix d'une brebis malitch est de 3 r. 50 à 4 r. ; le poud de laine malitch blanc et tchoundouk, non lavée, de 3 r. 50 à 4 r. ; lavée à dos, de 6 r. 50 c. à 7 r. ; malitch noir, 4 r.

Les moutons malitch rendent en Crimée 60.000 pouds de laine par an, et les moutons tchoundouk, 10.000 pouds. Les peaux d'agneaux se vendent en masse au prix de 1 r. à 1 r. 80 c. la pièce. Les pièces choisies atteignent le prix de 6 r.

745. TISTCHENKOFF (Théodore), à Verkhmarki, gouv. de Voronèje, distr. d'Ostrog.

		r.	c.
1° Graines de tournesol . . . . le tchevert		2	50
2° Huile de tournesol . . . . le poud		3	40

746. ADMINISTRATION DES DOMAINES DE L'ÉTAT DU GOUVERNEMENT DE TOULA.

Huile de noisettes. . . . . le poud 20 r.

747. COSAQUES DE L'OURAL (Administration des).

Réglisse. le poud 1 r.
    Production annuelle : 18.000 pouds.

748. FELD (Chrétien), colonie Podstepnaïa, gouv. de Samara, distr. de Novoouzensk.

		r.
1° Tabac russe	le poud	1
2° — turc	—	4

749. VIEWEG (Gustave), à Tchetchensk (Caucase).

1° Coton brut.
2° Cocons de race japonaise.

750. FILIBERT (Amédée), à Atmanaï, gouv. de Tauride, distr. de Melitopol.

Toisons de moutons mérinos. . . . . le poud 10 r. 25 c.

    Bergerie de 70.000 têtes, donnant, en moyenne, par an 9 livres et demie de laine chaque. Exportation par le port d'Odessa.

751. FERME MODÈLE DE KHARKOV.

			livres.
1° Toison d'un bélier de 3 ans, de la race Tzigaï, non lavée.	pesant	10 1/8
2° *Idem* de 4 ans, lavée à dos.	—	6 3/5
3° *Idem* de 2 1/2 ans, lavée.	—	4 7/8
4° Toison d'une brebis mère, de 3 ans, non lavée.	—	11 1/2
5° *Idem* de 4 ans, lavée à dos.	—	6 3/4
6° *Idem* de 3 ans, lavée.	—	4 7/8
7° Toison de jeune brebis âgée d'un an, non lavée.	—	8 1/2
8° *Idem* lavée à dos	—	4
9° *Idem* lavée	—	4 3/4

    La bergerie compte 120 têtes; chaque pièce de bétail donne, en moyenne, 9 livres et demie de laine qui est vendue principalement dans le district de Bielgorod et sert à la confection de bas et de ceintures.

752. KHOUDOTOPLY (Paul), à Bogdanovka, gouv. de Koursk, distr. de Novo-Oskol.

Graines de tournesol. . . . . le poud, de 70 c. à 1 r.

753. ZVIBELBERG (Jacques), à Volmarhof, gouv. de Livonie.

		r.	c.	r.
1° Lin roui	le poud	»	»	6
2° Graines de lin	le tchetvert, de	1	50 à	2

754. CZARNOWSKI (Jules), à Chilice, gouv. et distr. de Varsovie.

Houblon. . . . . le poud   12 r.

755. ADMINISTRATION DES DOMAINES DE L'ÉTAT DU GOUVERNEMENT DE TCHERNIGOV.

		r.	c.	r.	c.
1° Chanvre fin, mou.	le poud, de	2	50	à 2	70
2° — fort, mûr.	—	- 2	50	- 2	70
3° — mâle, teillé, blanc, arraché avant le chanvre femelle.	—	»	»	1	60
4° — mâle, bleu, arraché en même temps que le chanvre femelle.	—	»	»	1	20
5° Chènevis	—	- »	70	- 1	10
6° Huile de chènevis.	—	- 4	»	- 5	»
7° Tourteaux de chènevis.	—	»	»	»	30

756. ÉTABLISSEMENT DE SÉRICICULTURE DE SIEDLCE, près Varsovie, et **SOCIÉTÉ SÉRICICOLE DE VARSOVIE** (Directeur M. E. Hignet).

1° Cocons de vers à soie de mûrier.
2°   —   —   de l'ailante.

L'établissement de sériciculture, à Siedlce, a été fondé en 1863 par S. A. I. le grand-duc Constantin Nicolaevitch, afin de faire des expériences avec des vers à soie récemment apportés en Europe et nourris par des feuilles de chêne, d'ailante et de ricin. Les essais avec les feuilles de ricin n'ont pas réussi. Quant à l'ailante, ses résultats ont été plus que satisfaisants, ayant démontré la possibilité de la sériciculture en Pologne par cette plante. Les résultats obtenus par le mûrier ont été des plus favorables, aucune maladie ne s'étant manifestée.

757. SCHESTÉRIKOFF (Basile), à Simféropol, gouv. de Tauride.

		r.	c.
1° Cire jaune	le poud	24	»
2° Tabac en feuilles.	—	20	»
3° Tabac haché.	la livre	1	20

758. SCHIVILEFF (Jean), à Pristenny, gouv. de Voronèje, distr. de Valouïki.

Graines de tournesol. . . . . le poud   56 c.

759. SCHMIDT (Pierre), colonies ménonites, gouv. de Tauride, arrond. de Molotchansk, distr. de Berdiansk.

Cocons de vers à soie du Japon et de la Chine.

760. SCHMIDT (Charles), à Riga.

		r.	c.
1° Huile de navets, purifiée. . . . . le poud		7	»
2° — de lin, purifiée . . . . —		6	50
3° — — brute. . . . . —		4	80
4° Tourteaux de colza et de lin. . . . . — de 55 c. à		»	80

    Fabrique d'huiles fondée en 1863, produisant par an 8000 pouds d'huile pour 39.000 roubles et 38.000 pouds de tourteaux pour 26.000 roubles. 29 ouvriers. 15.000 pouds de tourteaux par an sont exportés en Angleterre.

761. SCHMIDT, à Tiflis.

Poudre persane (*pyretrum roseum*), employée pour détruire les insectes.

762. SCHOUVALOFF (Comtesse Sophie), à Miskhor, gouv. de Tauride, distr. de Yalta.

Huile d'olives. . . . . le poud 14 r.

763. SCHOUT, à Réschétilovka, gouv. et distr. de Poltava.

Toisons non lavées de brebis et de béliers de la race de Réschétilovka. . . . . la pièce 50 c.

764. SCHTCHERBININE (Alexandre), à Babaï, gouv. et distr. de Kharkov.

Toison de mouton, race saxonne, non lavée.

765. ERISTOFF (Prince Raphaël), en Mingrélie, arrond. de Senak (Caucase).

1° Laine. . . . . le poud 8 r.
2° Coton.
3° Cigares.

766. JAWITZ et KOLINSKI, à Varsovie.

1° Cigares.
2° Cigarettes.
3° Tabac à fumer.
4° Tabac à priser.
5° Pachitos.

    Fabrique fondée en 1861, produisant par an 3.500.000 cigares, 7.000.000 de cigarettes, 12.500 pouds de tabac à fumer et 2500 pouds de tabac à priser, pour un total de 300.000 roubles. 200 ouvriers.

CLASSE 44. PRODUITS CHIMIQUES ET PHARMACEUTIQUES.

767. ALFÉROFF (Jacques), à Borissovo, gouv. de Vladimir, distr. de Melenki.

Brai. . . . . le poud 70 c.

768. ANANINE (Alexandre), à Perkatchevka, gouv. et distr. d'Arkhangel.

			r.	c.
1° Goudron.	le poud	1	60
2° Essence de térébenthine verte	—	3	»
3° — de térébenthine pure.	—	3	»
4° — de térébenthine.	—	4	»
5° Térébenthine de pin	—	»	80
6° — de sapin.	—	1	20

769. BARIATINSKY (Prince Victor), à Touzly, gouv. de Kherson, distr. d'Odessa.

Sel marin des lacs près d'Odessa. . . . . le poud 50 c.

770. BAKHMETIEVSKY (Ignace), à Lipovki, gouv. de Saratov, distr. de Petrovsk.

Carbonate de potasse d'herbes.

771. BERNSTEIN (Simon), à Odessa.

Sel des lacs près d'Odessa.

772. BOGOMOLOFF (Basile), à Kharkov.

		c.	r.	c.
1° Vernis à l'esprit-de-vin.	la livre, de	33 à	»	50
2° — à l'huile, pour métaux. . . .	—	»	»	45
3° Blanc de céruse.	le poud.	»	3	»

Production annuelle : 5000 pouds, pour 2000 roubles

773. BONI (Antoine), à Moscou.

1° Gomme artificielle. . . . . la livre 15 c.
2° Léocome, dextrine et fécule calcinée. . . . . . — 10

Fabrique chimique fondée en 1849 ; production annuelle : 12.000 pouds, pour une somme de 55.000 roubles. 20 ouvriers.

774. BOUTKEVITCH (François), à Moscou.

Aphidésine (liquide pour la destruction des pucerons). la livre 50 c.

GROUPE 5. — CLASSE 44.

775. SOCIÉTÉ D'ACTIONNAIRES DE LA FABRIQUE D'ALLUMETTES, à Bjoerneborg (Finlande).

		r. c.	r. c.
1° Allumettes avec phosphore. . . . . . le mille, de	3 » à	3 75
2° — sans phosphore. . . . . . —	- 4 50 -	4 75

La fabrique, fondée en 1848, produit annuellement pour 150.000 roubles d'allumettes. 100 ouvriers.

776. WITTE et Cie, à l'île Sviatoy, gouv. de Bakou (Caucase).

Paraphine, huile et bougies de paraphine.

777. SOCIÉTÉ D'ACTIONNAIRES DE HAVIS, à Wiborg (Finlande).

		r.
1° Suif . . . . le poud	6
2° Chandelles. . . . . —	7
3° Bougies économiques. . . . . —	8
4° — stéariques, n° 0 . . . . —	12
5° — — n° 1 . . . . —	10

Fabrique fondée en 1849; production annuelle : 15.000 pouds de bougies stéariques, 20.000 pouds de bougies économiques et 6000 pouds de chandelles, pour un total de 400.000 roubles. 80 ouvriers. 3 chaudières de la force de 65 chevaux.

778. GERKE (Alexandre), à Saint-Pétersbourg.

		r. c.
1° Encre rouge pour marquer le linge. . . la livre ou la boîte	1 »
2° Encre rouge — . . —	» 75
3° Mordant à l'usage des encres à marquer le linge. . . . . la livre	» 75
4° Échantillons de marques sur linge.	

779. HIRSCHMANN, KIEWSKI et SCHOLTZE, à Varsovie.

		r. c.
1° Fragment de créolithe groenlandais . . . . . le poud	1 »
2° Soude cristallisée. . . . . —	1 20
3° — calcinée . . . . —	1 80
4° Hydrate d'alumine . . . . —	1 »
5° Alun concentré ou sulfate d'alumine. . . . —	2 40
6° — commun . . . . —	1 50
7° — purifié. . . . . —	2 »
8° Blanc de plomb, manières hollandaise et française. . . . . — r. c.	4 »
9° Émail pour les carreaux à poêle. . . . — 5 80 et	6 »
10° Carreaux à poêle émaillés.	

(Produits de créolithe)

Fabrique fondée en 1820; production annuelle : 200.000 roubles. Machine à vapeur et 70 ouvriers.

GROUPE 5. — CLASSE 44.

780. HOCH (Jean), à Grochow, près Varsovie.

Bougies stéariques. . . . . le poud 11 r. 20 c.

    Fabrique fondée en 1852 ; elle produit annuellement 13.750 pouds de bougies stéariques et 22.000 pouds de savon d'oléine; valeur totale : 240.000 roubles. 55 ouvriers.

781. GUTTMANN, à Saint-Pétersbourg.

Différentes compositions pour la destruction des souris, rats et insectes de tout genre. . . . . le flacon 75 c.

782. DOLGONOSSOFF (Alexandrine), à Moscou.

Laques de différentes qualités . . . . . la livre, de 7 $^1/_2$ à 55 c.

    Fabrique, fondée en 1852, produit annuellement 700 pouds des laques de différentes espèces, pour un total de 10.000 roubles. Matières premières qui entrent dans la fabrication : bois de santal, étain, acide nitrique et craie.

783. JOURAVLEFF (Nicolas), à Dolotzk, gouv. de Novgorod, distr. d'Oustioug.

Brai et goudron.

784. COMPAGNIE TRANSCASPIENNE, près Bakou (Caucase).

Photonaphtile (huile de pétrole) . . . le poud, de 3 r. à 4 r. 50 c.

    Établissement fondé en 1859; produit annuellement 200.000 pouds de photonaphtile, pour une somme de 900.000 roubles. 170 ouvriers.

785. FABRIQUE D'ILMÈS, à Wiborg (Finlande).

Résine jaune (harpius). . . . . le poud 3 r. 50 c.

    Fabrique fondée en 1862; production annuelle : 500 pouds, pour la somme de 1750 roubles. La résine qu'on récolte tous les ans le long des entailles faites aux sapins, fournit la matière brute qui est épurée par la rectification. Les brasseries finlandaises en consomment la plus grande partie; le reste est exporté en Allemagne.

786. QVIST (C.) et Cie, à Tourengi (Finlande).

                                                                                                                                 c.

1° Graisse pour machines . . . . la livre, de 4 $^1/_2$ à 7 $^1/_2$
2°   —   équipages. . . . . —   2
3°   —   wagons. . . . . —   4
4°   —   cuirs. . . . . —   6

    Établissement fondé en 1858; production annuelle : 12.500 roubles. 10 ouvriers.

787. KYBER (Théodore), à Moscou.

                                                                                                                           r. c.

1° Savon d'oléine. . . . . le poud 3 80
2°   —   d'huile végétale . . . . —   3 60
3°   —   de résine . . . . —   3 60
4°   —   marbré de suif . . . . —   3 40

    Établissement fondé en 1855; livre annuellement 200.000 pouds de savon, pour une somme de 700.000 roubles. La fabrique emploie par an : 10.000 pouds d'huile de coco et de palmier, 20.000 pouds de soude, 50.000 pouds de suif, 10.000 pouds d'oléine, 20.000 pouds d'huile végétale, 5000 pouds de résine, 5000 pouds de potasse et 1000 pouds de sel marin. 50 ouvriers.

788. KIEVO-PÉTCHERSK (Monastère de), à Kiev.

			r.
1° Cire blanche.	le poud		28
2° Cierges	—		30
3° — avec ornements en or.	—		32 et 36

Cet établissement, appartenant au monastère, a été fondé en 1830 ; il confectionne par an de 900 à 1400 pouds de bougies en cire, pour une somme de 33 à 56.000 roubles.

789. KISIWETTER, à Sarepta, gouv. de Saratov.

Carbonate de potasse de tournesol.

790. KIRTZEFF (Simon), gouv. de Tiflis, distr. de Gori.

Cierges et bougies.

791. KNOBLOCH (Alexandre), à Sarepta, gouv. de Saratov.

Essence de menthe . . . . la livre   5 r.

Produit annuel : 100 livres.

792. KOROTKOFF (Paul), à Moscou.

			c.
1° Vernis de succin pour peinture.	la livre		60
2° — pour parquets	—	de 40 à	50
3° — de Venise.	—	- 40 -	50
4° — pour équipages.	—	- 20 -	30
5° — à l'huile.	—	- 14 -	18

Établissement, fondé en 1810, livre annuellement 4000 pouds de vernis, pour une somme de 30.000 roubles.

793. KRAUSE (Jean), à Varsovie.

			c.
1° Vernis pour équipages.	la bouteille		90
2° — à l'esprit-de-vin, clair et foncé	—		75
3° Vernis et laques de différentes espèces	—	de 50 à (c.)	1 50 (r.)
4° Bleu pour linge	la boîte.	»	» 75

Établissement fondé en 1840 ; production annuelle : 3500 pouds de vernis et laques de différentes espèces, pour une somme de 40.000 roubles. 20 ouvriers.

794. KRESTOVNIKOFF, frères et Cie, à Kazan.

Bougies stéariques.. . . . . le poud   11 r.

Établissement fondé en 1854 ; production annuelle : 50.000 pouds de bougies stéariques, 8000 de bougies de marguerine, 10.000 pouds d'oléine, 145.000 pouds de savon marbré, 70.000 pouds d'acide sulfurique; valeur totale, plus de 1.000.000 de roubles par an. La fabrique emploie annuellement : 120.000 pouds de suif, 24.000 pouds de soude et 20.000 pouds de soufre. 500 ouvriers.

795. LAGOUNOFF (Paul), à Schenkoursk, gouv. d'Arkhangel.

			c.	r.	c.
1° Goudron...	le védro, de	20 à	»	40
2° Essence de térébenthine rouge...	le poud	—	35 -	»	40
3° — — verte...	—	—	40 -	»	80
4° — — blanche...	—	—	80 -	1	20
5° Brai sec...	—	—	15 -	»	25

La fabrique livre de 15.000 à 20.000 védros de brai par an. Les térébenthines s'obtiennent (en quantité de 2000 à 3000 pouds par an), comme produit secondaire de la préparation de brai et se vendent en majeure partie à l'étranger.

796. LANGERFELD (F.), à Sarepta, gouv. de Saratov.

		r.	c.
1° Essence de moutarde...	le flacon	1	»
2° — de menthe et de mélisse...	—	»	80

Production annuelle : 250 à 300 livres d'huile de moutarde, à 15 roubles la livre; 100 à 150 livres d'huile de menthe, à 12 roubles, et 20 à 25 livres d'huile de mélisse, à 12 roubles la livre. Fabrication à la vapeur. 6 ouvriers.

797. LEMKULL et Cie, à Derbent (Caucase).

		r.
1° Garance...	le poud	8
2° — lavée...	—	13
3° Garancine...	—	18

798. LEPESCHKINE (Nicolas et Alexandre), à Moscou.

		r.	c.
1° Sel d'étain...	le poud	14	»
2° Sel de plomb et arséniate de potasse...	—	8	»
3° Sublimé corrosif...	—	34	»
4° Salpêtre...	—	5	50
5° Vitriol de cuivre...	—	5	»
6° Alun...	—	2	»
7° Sel de Saturne jaune...	—	3	50
8° Garance russe...	—	8	75
9° Fleur de garance...	—	12	50
10° Garancine...	—	20	»

Fabriques établies : 1° à Moscou en 1824; 2° à Ivanovo, gouv. de Vladimir, en 1838, et 3° à Khomoutovo, gouv. de Vladimir en 1845; production totale pour une valeur de 450.000 roubles. 250 ouvriers.

799. LINDE (Théodore), à Saint-Pétersbourg.

Cirage... la tablette 10 et 40 c.

800. LINDER (Fridolphe), à Svarto (Finlande).

		r.	c.
1° Goudron	les 100 kilog.	3	»
2° Résine jaune (harpius)	—	10	»
3° Colophane	—	7	50
4° Essence de térébenthine brute	—	20	»

Fabrique, fondée en 1860, produisant annuellement 35.000 kilogr. de résine jaune d'une valeur de 3500 roubles.

801. ÉCOLE FORESTIÈRE DE LISSINO, gouv. et distr. de Saint-Pétersbourg.

		r.	c.
1° Goudron de tremble	le poud	1	20
2° — de bouleau	—	1	20
3° Eau de goudron	—	1	20
4° Essence de goudron	—	1	20
5° Térébenthine rouge et purifiée	—	1	20
6° Acide pyroligneux	—	»	80

La production fait partie du cours d'enseignement des élèves.

802. LITIAGUINE (Jean), à Berdiansk, gouv. de Tauride.

Suif de mouton. . . . . le poud 5 r.

Fonderie de suif établie en 1848; production annuelle : 35.000 pouds de suif de bœuf et de mouton, pour une somme de 175.000 roubles.

803. ADMINISTRATION FORESTIÈRE DU GOUVERNEMENT D'ARKHANGEL.

		r.	c.	r.
1° Brai de souches de pin	le vedro	»	25	»
2° Brai de jeunes arbres	—	»	30	»
3° Tiges, souches et racines résineuses, le sagène cube, de		3	50 à 5	

Le brai est préparé par des paysans dans de simples fourneaux et se vend à Arkhangel pour l'exportation.

804. ADMINISTRATION FORESTIÈRE DU GOUVERNEMENT DE VOLOGDA.

		r.	c.	r.
1° Brai préparé de souches de pins et de jeunes arbres	le poud	»	40	»
2° Goudron non purifié	—	»	60	»
3° Goudron pur	—	1	20	»
4° Pollen de pin	—	»	75	»
5° Souches et tiges résineuses	le sagène cube	1	50 et 4	

Le brai est préparé dans de simples fourneaux; on en obtient par an jusqu'à 150.000 pouds que l'on exporte à l'étranger par le port d'Arkhangel.

805. ADMINISTRATION FORESTIÈRE DU GOUVERNEMENT DE VLADIMIR.

			c.
1° Brai.	le poud		70
2° Pollen de pin.	—		75

806. MATCHIKHINE (Jean), à Saint-Pétersbourg.

		r.	c.
1° Bougies de cire blanche	la livre	»	90
2° — de cire jaune.	—	»	80
3° — d'église, dorées.	—	1	»
4° — pour cérémonie nuptiale, dorées . . .	la paire	1	»
5° — — — à ornements. . .	—	2	»

807. MIKHAÏLOFF (Antoine), à Voronèje.

		r.	c.
1° Suif.	le poud	6	»
2° Savon de potasse	—	4	80

Établissement, fonctionnant à vapeur, fondé en 1836. Production annuelle : 12.000 pouds de suifs et 10 à 15.000 pouds de savon, pour une valeur totale de 60.000 roubles environ.

808. MITCHINSON (Guillaume) et HESENE (Auguste), à Moscou.

		r.	r.	c.
1° Allumettes	la caisse à 200 boîtes, de	7	à 14	»
2° Séchoir pour allumettes, à 5 étages.		»	2	75
3° Paille pour la confection des allumettes. . le paquet		»	»	2 ½

Fabrique fondée en 1854; produit annuellement pour 60.000 roubles d'allumettes. 80 ouvriers.

809. MOSCHNINE (N.), à Pokrov, gouv. de Moscou, distr. de Serpoukhov.

		r.	c.	r.	c.
1° Oléine de suif de bœuf.	le poud	»	»	4	»
2° Acide oléique.	—	»	»	4	»
3° — stéarique	—	»	»	8	»
4° Bougies stéariques.	—	»	»	10	»
5° — avec ornements.	—	»	»	24	»
6° Bougies économiques.	—	»	»	8	»
7° Savon de soude	— de	3	60 à	3	80
8° Savon de potasse à l'oléine	—	»	»	2	30
9° Glycérine	—	4	» -	5	»
10° Blanc de céruse.	—			5	»
11° Acide sulfurique.	—			1	20
12° — nitrique.	—			4	40
13° — chlorhydrique.	—			1	20
14° Sel d'étain	—			12	»
15° — oxygéné				14	»

GROUPE 5. — CLASSE 44.

		r.	c.
16° Nitrate de cuivre. . . . . le poud		5	»
17° Sulfate de cuivre. . . . . —		10	»
18° — de fer. . . . . —		»	60
19° Huile d'anis . . . . —		200	»

Fabrique chimique fondée en 1848; production annuelle pour plus de 500.000 roubles. 200 ouvriers.

810. MOUSSATOFF (Les fils d'ALEXANDRE), à Moscou.

	r.	c.
1° Savons jaune et blanc. . . . . le poud	6	48
2° — marbré. . . . . —	4	»

811. NOUROFF (MICHEL), près d'Ékaterinbourg, gouv. de Perm.

Suif de Sibérie. . . . . le poud 5 r.

Fonderie de suif, établie en 1833, produit annuellement 100.000 pouds de suif, pour une somme de 500.000 roubles. 40 à 50 ouvriers.

812. OLOVIANISCHNIKOFF (P.), à Iaroslav.

Blanc de céruse . . . . le poud 5 r. 50 c.

Cet établissement, fondé en 1808, produit 10.000 pouds de céruse par an, pour 55.000 roubles. 40 ouvriers.

813. PETROVSKY (ÉTABLISSEMENT D'EAUX GAZEUSES DE), à Saint-Pétersbourg.

	c.
1° Eau de soude . . . . le flacon	4
2° Limonade gazeuse . . . . —	6
3° — de poires . . . . —	6
4° — cognac . . . . —	12
5° — champagne . . . . —	20

L'établissement produit annuellement 600.000 flacons.

814. PÉTROFF (ALEXANDRE), à Életz, gouv. d'Orel.

	r.	c.
1° Bougies stéariques. . . . . le poud	10	»
2° Savon de potasse. . . . . —	4	»
3° Savon marbré de suif et de l'huile de cocotier. . —	3	60
4° Savon d'oléine, moitié suif et acide oléique. . . —	3	60

L'établissement date de l'année 1825; production annuelle : 5000 pouds de bougies stéariques, 20.000 pouds de savon blanc à la potasse, 20.000 pouds de savon d'oléine, 10.000 pouds de savon marbré, en tout pour 235.000 roubles. Matières premières employées annuellement : suif de bœuf 11.500 pouds, suif de porc et de mouton 23.000 pouds, acide oléique 6500 pouds, cendres de paille de blé de sarrasin et de tournesol 4000 pouds, sel marin 6000 pouds, soude 4000 pouds, acide sulfurique 4000 pouds. 40 ouvriers.

815. PILIKINE, frères, à Koungour, gouv. de Perm.

Colle forte. . . . . le poud, de 7 r. à 8 r. 50 c.

Établissement fondé en 1830, produit par an 800 pouds de colle pour une valeur de 6000 roubles.

GROUPE 5. — CLASSE 44.

816. PLESCHANOFF (Les fils de Maxime), à Ekatérinbourg, gouv. de Perm.

		r.	c.	r.	c.
1° Bougies stéariques	le poud	»	»	11	»
2° Carbonate de potasse, de cendres de bois.	—	»	»	2	50
3° — de cendres d'herbes.	—			2 10 et 2 30	

Savonnerie et atelier pour la fabrication de bougies fondés en 1844; ils produisent par an 15.000 pouds de bougies stéariques et 40.000 pouds de savon, pour 400.000 roubles. L'établissement emploie annuellement : 45.000 pouds de suif, 15.000 pouds de chaux et de soude, et 8000 pouds de soufre pour la fabrication de l'acide sulfurique.

817. POPOFF (Pierre), à Moscou.

Vernis de différentes espèces . . . . le poud, de 8 à 10 r.

L'établissement livre par an pour 80.000 roubles de vernis.

818. PROKHOROFF (Ambroise), à Belev, gouv. de Toula.

Suif jaune, pour chandelles, 1re qualité . . . . . . le poud 5 r.

819. RASTERIAEFF (Agrippine), à Saint-Pétersbourg.

		r.	c.
1° Acide sulfurique	le poud	1	20
2° — muriatique, à 22°	—	1	60
3° — nitrique, à 40°	—	6	»
4° — acétique, à 10°	—	11	»
5° Esprit d'ammoniaque	—	4	»
6° Hydrate de potasse, solution à 24°	—	1	75
7° Nitrate de zinc et de fer	—	6	»
8° — de cuivre et de plomb	—	13	»
9° Bichlorure d'étain	—	10	»
10° Chlorures de zinc et de cuivre	—	5	»
11° Sel d'étain	—	11	50
12° Prussiate de potasse	—	21	»
13° Sulfate de cuivre	—	4	75
14° — de zinc	—	2	50
15° — de fer	—	»	55
16° Soufre rectifié	—	1	50
17° Salpêtre	—	5	20
18° Carbonate de soude, cristallisé	—	»	80
19° — anhydre	—	1	»
20° Pink-sel	—	19	»

Fabrique fondée en 1847; production annuelle monte à 200.000 roubles. 70 ouvriers.

820. RASCHKE (Joseph), à Kharkov.

1° Huile cuite . . . . le poud, de 7 à 8 r.

2° Couleurs à l'huile : blanche, rouge, noire,
jaune, verte et bleue . . . . le poud, de 7 à 35 r.

821. REICHEL (Alexis), gouv. de Novgorod, distr. de Borovitchi.

		r.	c.
1° Résine de pin. . . . . le poud		»	80
2° Goudron de bouleau. . . . . —		»	90
3° — pur . . . . —		1	40
4° Eau de goudron. . . . . —		»	30
5° — saturée de chaux. . . . . . . —		»	33
6° Eau de goudron purifiée . . . . —		»	35
7° Acétate de chaux, première qualité. . . . . —		1	60
8° — deuxième qualité . . . . . —		1	45

Fabrique fondée en 1860; 5 fourneaux pour la distillation sèche de bois, 4 alambics pour la distillation du goudron et de l'eau de goudron, 2 poêles pour l'évaporation de la solution de l'acétate de chaux et 2 chambres pour le séchement de l'acétate obtenu. 20 à 30 ouvriers et machine à vapeur de la force de 6 chevaux.

822. ROTCHEFF (Pierre), à Mokhtchensk, gouv. d'Arkhangel, dist. de Mezen.

Colle forte, extraite des cornes de rennes . . . . la livre 20 c.

823. RYJOFF (Anastasie), à Kharkov.

Blanc de céruse . . . . le poud 4 r.

Établissement fondé en 1860; la production arrive à 4000 pouds par an, pour 16.000 roubles.

824. SAMODELKINE (Jean), à Koukarka, gouv. de Viatka, distr. de Iaransk.

Chandelles. . . . . le poud 5 r. 25 c.

Établissement fondé en 1853; production annuelle : 3000 pouds, pour plus de 14.000 roubles.

825. SANINE (Basile), à Litaschevka, gouv. de Kalouga, distr. de Borovsk.

	r.	c.		r.	c.
1° Vert de gris et verdet. . . . . . le poud	10	50	et	13	»
2° Acétate de plomb . . . . . . —	7	»	-	7	50
3° — de chaux. . . . . . . —	»	»		1	20
4° — de soude. . . . . . —	»	»		6	»
5° Sulfate de cuivre. . . . . . . —	»	»		4	70
6° Sel de plomb. . . . . —	»	r		5	50
7° — d'étain. . . . . —	»	»		11	50
8° Bleu de Prusse et de France. . —	17	50	-	22	»
9° Alun. . . . . —	»	»		2	»
10° Prussiate de potasse. . . . . —	»	»		11	»
11° Sublimé corrosif . . . . . —	x	»		28	»

Fabrique de produits chimiques, fondée en 1847, produit par an pour 150.000 roubles. 200 ouvriers.

GROUPE 5. — CLASSE 44.

826. SOROKINE, frères, à Jaroslav.

Blanc de céruse.. .. .. le poud 5 r.

    Établissement fondé en 1820; fabrication annuelle : 15.000 pouds de céruse, pour une somme de 75.000 roubles. 40 ouvriers.

827. STIGZELIUS (I. E.), à Abo (Finlande).

Antipetrine (substance végétale empêchant l'incrustation des chaudières à vapeur).

828. THODEN (C. J.), à Jacobstadt (Finlande).

Résine jaune, dite Gambrinus.. .. .. le poud 3 r. 25 c.

    Fabrique fondée en 1865; produit annuel : 5000 pouds de résine, pour 16.000 roubles. Exportation.

829. COMPAGNIE RUSSE POUR LA FABRICATION DE PARFUMERIES, à Saint-Pétersbourg et à Kazan.

			r.
1° Huile d'œufs..	le poud	20
2° Albumine..	—	44
3° Savon d'huile d'œufs..	—	7

    L'établissement à Kazan livre annuellement 700 pouds d'huile d'œufs et 900 pouds d'albumine, pour une somme de 53.000 roubles. 60 ouvriers. 350 pouds environ d'albumine par an sont exportés à l'étranger.

830. COMPAGNIE RUSSO-AMÉRICAINE DE LA MANUFACTURE DE CAOUTCHOUC, à Saint-Pétersbourg.

OBJETS EN GOMME ET EN GUTTA-PERCHA.

		r.	c.	r.	c.
1° Courroies..	la livre, de	»	22	à 5	»
2° Tuyaux pour divers usages.	—	»	29	– 6	40
3° Cordes..	—	1	35	– 2	50
4° Soupapes..	—	1	85	– 3	»
5° Toile en caoutchouc..	—	1	35	– 2	25
6° Couverts pour cylindres.	—	2	25	– 3	»
7° Bandes pour billards..	—	»	»	2	75
8° Sacs pour gaz.	—	»	»	9	»
9° Tampons pour wagons.	—	»	95	– 1	25

    Fabrique fondée en 1860. 2 machines à vapeur de la force de 160 chevaux; 400 ouvriers. Débouchés : en Russie, en Allemagne, en Suède et en Norvége.

831. COSAQUES DE L'OURAL (Administration des).

		r.	c.
1° Suif de mouton..	le poud	4	»
2° — de bœuf..	—	4	20
3° Ichthyocolle	la livre	3	»

    Fonderies de suif, établies dans les villes d'Ouralsk et de Samara, produisant annuellement 200.000 pouds de suif de mouton et 50.000 pouds de suif de bœuf, pour une somme de plus de 1.000 000 de roubles. Débouché principal à l'étranger. En sus on y prépare 600 pouds d'ichthyocolle par an, pour 72.000 roubles.

832. OUSCHKOFF (Capiton), près Élaboug, gouv. de Viatka.

			r.	c
1° Bichromate de potasse.	le poud	8	»
2° Vitriol de cuivre.	—	4	50
3° Alun purifié.	—	1	75

Fabrique de produits chimiques, fondée en 1850, livre par an : 12.000 pouds de chromate, 10.000 pouds de vitriol de cuivre, 30.000 pouds d'alun purifié, pour un total de 200.000 roubles. En sus, elle produit 3000 pouds d'acide nitrique, 20.000 pouds d'acide sulfurique et 1000 pouds d'acide hydrochlorique. En fait de matières premières, la fabrique consomme : 50.000 pouds de chromate de fer, 100.000 pouds de pirite sulfureux, 70.000 pouds d'argile et 3000 pouds de nitrate de potasse.

833. FEDOROFF (Jacques), à Borisova, gouv. de Vladimir, distr. de Melenki.

Essence de térébenthine. . . . . le vedro. 1 r. 40 c.

834. TCHETVERTAKOFF, à Moscou.

			r.	c.
1° Fards rouges.	la livre	2	50
2° Blancs d'Espagne.	—	5	»

Établissement, fondé en 1857, livre annuellement 150 pouds de fards et 40 pouds de céruse, pour une somme de 14.000 roubles. 15 ouvriers.

835. TSCHOUDINOFF (Serge), près Velsk, gouv. de Vologda.

			r.	c.
1° Essence de résine, rouge	le poud	»	20
2° — . verte	—	»	55
3° — blanche.	—	1	50
4° Essence de térébenthine.	—	1	75
5° Brai.	—	»	80
6° Colophane.	—	1	50
7° Suie.	—	1	75

836. TCHOUMITCHOFF (Nicolas), gouv. de Koursk, distr. de Belgorod.

			r.
1° Cire blanche.	le poud	30
2° Bougies en cire.	—	32

Établissement pour le blanchissement de la cire et la fabrication de bougies date de 1825 ; production annuelle : 5000 pouds de cire blanchie et 15.000 pouds de bougies.

837. SCHERNER (Théodore), à Sosnovice (Pologne).

			r.	c.	r.	c.
1° Noir animal d'os.	le poud, de	1	10	à 1	67
2° Superphosphate.	—	»	»	1	3

La production annuelle de l'établissement monte à 60.000 pouds, pour 75.000 roubles. 30 ouvriers et une machine à vapeur de 12 chevaux.

GROUPE 5. — CLASSE 44.

838. SCHLIPPÉ (Charles), à Plessenskoïe, gouv. de Moscou, distr. de Vereïa.

			r.	c.
1°	Alun.	le poud	2	15
2°	Sulfate d'alumine	—	2	50
3°	Acétate de plomb	—	7	50
4°	— de soude.	—	10	»
5°	— de chaux	—	12	»
6°	Acide saccharique	—	15	»
7°	Nitrate de plomb	—	9	»
8°	— de cuivre	—	15	»
9°	Chlorure d'étain	—	15	»
10°	— de cuivre	—	16	»
11°	Sel d'étain	—	8	»
12°	Carbonate de soude	—	1	40
13°	Arséniate de soude	—	6	50

Fabrique de produits chimiques fondée en 1826. 150 ouvriers.

839. SCHOLTZE (Charles), à Niemiecka-Szopa, gouv. et distr. de Varsovie.

			c.
1°	Bougies stéariques	la livre	32
2°	Savon glycérin.	la pièce, de	7 à 43
3°	Glycérine jaune.	la livre	7 1/2
4°	— incolore . . . . :	—	20
5°	— de toilette.	le flacon	60

Cet établissement a plus de cent ans d'existence; il livre annuellement 13.000 pouds de bougies stéariques ou en cire et de chandelles, et 1000 pouds de glycérine, pour une somme de 240.000 roubles. Moteur à vapeur de 10 chevaux, 3 chaudières de 40 chevaux et 80 ouvriers.

840. SPIESS (Louis), à Tarchomin, gouv. et distr. de Varsovie.

			c.	r.	c.
1°	Vinaigre de différentes espèces. . .	la bouteille, de	10 à	1	»
2°	Acide et éther acétiques.	le flacon	»	»	40
3°	Acétone	—	»	»	90
4°	Acide acétique.	—	»	»	35
5°	Acide pyroligneux	—	»	5	10
6°	Acétate de plomb.	—	»	»	10
7°	— de cuivre	—	»	»	90
8°	— de soude	—	»	»	15
9°	— de potasse et de zinc. . .	—	»	»	60
10°	Vernis de copal.	—	10 -	1	20
11°	Vernis à l'esprit-de-vin	—	30 -		75
12°	Acide phosphorique.	—	»	»	30
13°	Ammoniaque.	—	»	»	5
14°	— de distillation sèche.	—	»	»	2
15°	Sulfate d'ammoniaque.	—	»	»	20

GROUPE 5. — CLASSE 44.

			c.
16° Huile animale.	le flacon		5
17° Suif.	—		10
18° Huile cuite.	—		15
19° — de lin.	—		15
20° — d'œillette	—	de 10 à	30
21° Essence de térébenthine.	—		6

La fabrique livre par an pour 45.000 roubles de vernis et autres produits chimiques et pour 30.000 roubles des produits de la décomposition des os. 30 ouvriers.

841. EPSTEIN et LÉVY, à Varsovie.

1° Stéarine.
2° Bougies stéariques. . . . . la livre 28 c.
3° Sulfate de fer et de cuivre, sulfate de soude calciné, céruse, acétate de plomb, émail pour les carreaux de faïence.

Fabrique fondée en 1842, produit annuellement pour 300.000 roubles.

842. IAGOUNOFF (Mme), à Oziablikovo, gouv. de Vladimir, distr. de Mourome.

Chandelles . . . . le poud 6 r.

Établissement fondé en 1850, produit par an 12.000 pouds de chandelles, pour 70.000 roubles. 20 ouvriers.

CLASSE 46. — CUIRS ET PEAUX.

843 ALAFOUZOFF (Jean) et ALEXANDROFF (Serge), à Kazan.

		r.	c.	r.	c.
1° Cuirs de bouc pour bottes	de	1	20	à 2	»
2° — souliers.	-		91	- 1	2
3° — pour la Chine.	-	1	»	- 2	»

Tannerie fondée en 1860; production annuelle : 450.000 roubles. 500 ouvriers. Plus de 50.000 pièces se vendent en Chine.

844. BAJÉNOFF (Grégoire), et VOROBIEFF (Paul), à Katounki, gouv. de Nijny-Novgorod, distr. de Balakhna.

		r.	c.
1° Cuir blanc de veau, pour cirage	la pièce		»
2° — — lisse	—	4	»
3° Cuir vernis	—	15	»
4° — pour carrosserie	—	5	25
5° — pour pardessus	—	3	25

Tannerie fondée en 1795, prépare par an 20.000 pièces de peaux, pour 78.000 roubles. 40 ouvriers.

GROUPE 5. — CLASSE 46.

845. BAKHROUSCHINE, frères, à Moscou.

		r.	c.	r.	c.
1° Cuirs pour semelles.	la pièce	18	»	et 21	60
2° — de bœuf.	—	17	50	- 18	»
3° — de veau.	—	»	»	10	50
4° — de mouton	—	de 1	»	à 1	60
5° — de bouc et de bouvillon	—	- 1	60	- 2	10
6° Youftes (cuir de Russie).	—	- 3	»	- 6	»
7° Cuirs noirs, pour pardessus de cocher	—	»	»	5	»
8° Cuirs de veau, préparés.	—	- 1	10	- 1	50
9° Tiges de bottes.	la paire	»	»	1	70
10° Empeignes.	—	»	»	»	85

La fabrique, fondée en 1833, prépare annuellement : 250.000 cuirs de mouton et de bouc, 10.000 cuirs de veau, 15.000 cuirs de bœuf et de vache, pour un total de 600.000 roubles. Elle emploie par an : 85.000 pouds de tan de saule, 300 pouds de potasse, 8000 pouds de chaux, 5000 pouds de sel et 1500 pouds de son. Machine à vapeur ; 370 ouvriers, hommes et femmes.

846. BÉBÉSCHINE (Agrippine), à Arzamass, gouv. de Nijny-Novgorod.

Youfte rouge. . . . . la pièce 4 r.

L'établissement, fondé en 1816, produit annuellement 3000 pouds de cuirs, de la valeur de 50.000 roubles. 60 ouvriers.

847. BÉNÉ (Jean), à Saint-Pétersbourg.

		r.	c.	r.	c.
1° Tiges de bottes.	la paire	1	40	et 1	90
2° Empeignes.	—	»	»	1	10
3° Derrières de bottes.	—	»	»	»	80
4° Cuirs de bœuf.	la pièce, de	14	»	à 18	»

Tannerie produisant annuellement 25.000 paires de cuirs pour bottes, pour 40.000 roubles, et 1500 peaux de bœuf, pour 23.000 roubles. Elle emploie de préférence des matières premières d'extraction indigène, savoir : 1200 pouds de tan, 300 pouds de chaux, 300 pouds de farine, 100 pouds de suif et 70 pouds d'huile de baleine. 14 ouvriers.

848. BRIEGER (Édouard), à Riga.

		r.	c.
1° Cuir pour équipages.	la pièce	8	»
2° — pour harnais.	—	5	75
3° Youfte, travaillée à l'huile de baleine.	—	6	»
4° Cuirs de veau.	— de	1 62 à 1	75
5° — de bouc.	—	- 70 - 1	87
6° — pour semelles.	—	- 2 10 - 3	30
7° Peau d'élan.	—	» » 6	60
8° Tiges de bottes.	—	3 » et 5	»
9° Devants de bottes	—	» » »	70

Tannerie fondée en 1804 ; production annuelle : 5000 cuirs de vache et de bœuf, 4000 cuirs de veau, 10.000 cuirs d'élan et autres, pour une valeur totale de 100.000 roubles. En fait de matières tannantes, elle consomme par an plus de 40.000 pouds de tan de saule et de pin. 40 ouvriers.

849. BRINKENHOFF (Jean), à Saint-Pétersbourg.

		r.	
1° Tiges de bottes. . . . . la paire		1	»
2° Empeignes . . . . —		1	»
3° Derrières de bottes . . . . —		»	75
4° Devants de galoches. . . . . —		»	50

Production annuelle : 15.000 roubles.

850. BROUSSNITZINE (Nicolas), à Saint-Pétersbourg.

		c.	r.	c.
1° Cuir pour semelles. . . . . la pièce			»	19 20
2° — de veau, blanc . . . . —			»	1 50
3° Tiges de bottes . . . . la paire, de	95 à	4	»
4° Devants de bottes, en cuir de veau . . . —	-	45	-	» 90

Tannerie fondée en 1847; production annuelle : 70.000 pièces de cuirs, pour une somme de 660.000 roubles. En fait de matières tannantes, elle consomme par an : 100.000 pouds de tan de saule, 500 pouds de chaux et de potasse et 5000 pouds de sel. Débouchés en Russie et en partie à l'étranger.

851. VALOUISKY (Dmitry et Platon), à Életz, gouv. d'Orel.

	r.	c.
1° Semelles de peaux de taureau et de bœuf. . . . la pièce	1	20
2° Cuir de bœuf, blanc, pour matelas. . . . . . . —	5	50
3° — — pour bottes. . . . . . —	4	»
4° — noir, pour équipages.	5	50
5° — — pour paletots de voyage	3	60
6° — — pour chaussures ordinaires	3	50
7° — de cheval, noir, pour chaussures et équipages.	5	»
8° Cuir de cheval, blanc, pour matelas.	5	»
9° Cuirs de bouc et de chèvre, pour bottes.	2	50
10° — — pour chaussures de dames. . .	1	60
11° Cuir de veau, blanc, grand format.	4	»
12° — ordinaire	1	60
13° Cuirs de veau, noirs, pour chaussures de dames. . . . . la pièce 1 r. 10 c., 1 r. 40 c. et	1	50
14° Tiges pour bottes de chasse.	5	»
15° — noires et blanches, pour chaussure ordinaire. 3 r. et	3	50

L'établissement date de l'année 1780 et produit annuellement 20.000 pièces de cuirs, d'une valeur de 85.000 roubles. 120 à 200 ouvriers.

852. VARYKHANOFF, frères, à Moscou.

1° Cuirs mégis . . . . la pièce,	13 r.
2° Courroies en cuir mégis. . . — de 12 ½ c. à 45 c.	

3° Courroies à coudre. .. .. les 100 pièces de 2 r. à 3 r. 50 c.
4° — pour machines .. l'archine - 45 c. à 85
  Établissement fondé en 1840, préparant 13.000 peaux par an. 100 ouvriers.

853. HAASE (Charles), à Saint-Pétersbourg.

Peaux chamoisées .. .. la pièce   r.
                        4

854. GAVRILOFF (Dmitry), à Kouviazevo, gouv. de Iaroslav.

		r.	c.
1° Peaux de moutons de la race romanoffskaya, tannées en jaune. .. .. la pièce		2	50
2° — tannées en noir	—	3	50
3° — d'agneaux de la race romanoffskaya.	—	1	»
4° — de mouton, tannée en laine.	—	»	50

855. GUERASSIMOFF (Titus), à Moscou.

Cuirs de bouvillon . .. . la pièce 1 r. 75 c.

856. HUBNER (Nicolas), à Saint-Pétersbourg.

		r. c.	r. c.
1° Canepins de veaux.. .. .. la pièce, de		1 35	à 1 75
2° Cuirs de veau	—	» »	1 25
3° — à poil.	—	» »	1 50
4° Tiges de bottes.. .. .. la paire	-	1 50	- 2 50
5° Devants de bottes	—	- » 80	- 1 50
6° Devants de galoches.	—	» »	» 50

  Tannerie fondée en 1857; production annuelle : 18.000 cuirs, pour 50.000 roubles. 15 ouvriers. Une partie de la marchandise se vend à l'étranger

857. GREBENNIKOFF (Procope), à Réschétilovka, gouv. de Poltava.

Peaux d'agneaux de la race de Réschétilovka. . la pièce 1 r. 50 c.

858. DOLGOROUKOFF (Prince Nicolas), à Viroubov, gouv. de Smolensk.

		r. c.
1° Cuirs pour semelles . .. . la livre		» 70
2° — lisses et luisants.. .. .. la pièce, de 17 r. 60 c. à		19 50
3° Semelles découpées. .. .. la paire 65 c. et		» 75

  La tannerie, fondée en 1834, livre annuellement jusqu'à 9000 pièces de cuirs, d'une valeur de 80.000 roubles. Pour la fabrication on emploie par an : 30.000 pouds d'écorce de saule, 2000 pouds de chaux, 350 pouds d'huile de baleine, 700 pouds de suif, 250 tchétverts de son, 130 pouds de fiente de poule, 260 pouds de farine et 130 pouds d'acide sulfurique. 62 ouvriers.

859. ÉGOROFF (Théodore), à Saint-Pétersbourg.

		r. c.
1° Cuir pour semelles. .. .. la pièce		23 »
2° — à demi tanné.	—	8 80

  Tannerie fondée en 1848; production annuelle : 13.000 cuirs, pour 170.000 roubles. 40 ouvriers.

860. ÉMÉLIANOFF (Alexandre), à Saint-Pétersbourg.

		r.	c.
1° Tiges de bottes. . . . . la paire		2	»
2° Empeignes. . . . . —		1	»
3° Derrières de bottes . . . . —		»	80

861. EREMÉIEF (Théodore), à Perm.

		r.	c.
1° Youfte (cuir de Russie) blanche . . . . la pièce		5	»
2° — noire, lisse. . . . . —		3	50
3° — noire, façonnée, pour exportation en Chine. . . . . . . —		3	25
4° — noire, façonnée, pour exportation en Boukharie. . . . . . —		4	»
5° — rouge . . . . —		5	»
6° Cuirs d'agneaux, noirs et blancs. . . . —		75 c. et 1	»
7° — de bouc . . . . —		1	»

Tannerie fondée en 1820; production annuelle : 40.500 pièces de youftes, 4500 cuirs de cheval, 13.000 cuirs de veau, en tout pour 200.000 roubles. La tannerie emploie par an : 45.000 pouds de tan de saule, 10.000 pouds de chaux, 12.000 pouds de cendres, 2000 pouds de farine, 300 pouds d'huile de baleine et 1200 pouds de goudron de bouleau. 75 ouvriers. Machine à vapeur de 4 chevaux. Débouchés en Boukharie et en Chine.

862. JEMOTCHKINE (Michel), à Moscou.

		r.	c.	r.
1° Cuir pour semelles . . . . la pièce		17	55 et	18
2° — verni pour équipages. . . . . —		7	»	
3° Youfte ordinaire, pour chaussure . . . . —		4	50	
4° Cuirs de veau . . . . —		2	16	

Tannerie fondée en 1860; production annuelle : 20.000 pièces de cuirs de différentes espèces, pour 70.000 roubles. 100 ouvriers.

863. COMITÉ AUXILIAIRE DU CAUCASE POUR L'EXPOSITION UNIVERSELLE DE PARIS.

		r.	c.	r.	c.
1° Cuirs de bouc, de différentes couleurs . . . . la pièce, de		1	» à	1	50
2° — de mouton. . . . . —		»	40 et	»	50
3° Peau de mouton (Astrakhan).		1	» -	1	50
4° Maroquin.					
5° Courroies . . . . —		»	50 à	5	»
6° Peau de martre. . . . . —		»	»	4	»
7° — de renard noir. . . . . —		»	»	12	»
8° — de bouquetin et d'ours. . . . . . —		»	»	8	»
9° — de lynx. . . . . —		»	»	6	»
10° — de loutre . . . . —		4	» -	5	»
11° Peaux de pélicans, des bords de la mer Noire.					

GROUPE 5. — CLASSE 46.

864. SOCIÉTÉ AGRICOLE DU CAUCASE, à Tiflis.

		r.
1° Peau de panthère.		25
2° — de tigre		40

865. KANEFF (Ignace), à Siziab, gouv. d'Arkhangel, distr. de Mezen.

Peau de renne, apprêtée. . . . . 50 c.

866. KARADJEFF (Jean), à Tiflis (Caucase).

		r.	c.
1° Cuir de mouton, rouge et noir. . . . . . la pièce		1	40
2° — de veau. . . . . —		1	40
3° — de bouc . . . . —		1	50

867. KARTAVTSEFF et Cie, à Skoubievka, gouv. de Kherson.

		r.	c.	r.	c.
1° Cuirs pour semelles . . . . le poud		»	»	19	»
2° — noirs, pour bourrellerie. . . . —		»	»	20	»
3° — pour courroies de machines. . —		»	»	21	»
4° — blancs . . . . la pièce		»	»	7	15
5° Youfte rouge, pour équipages. . . . —		»	»	10	»
6° — noire, pour chaussures. . . . — de	6 75 à	8	50
7° — blanche. . . . . —		»	»	7	»
8° Demi-cuir, blanc et noir . . . . . . —		»	»	5	»
9° Cuirs de bouvillon . . . . — -	3	»	-	4	»
10° Chagrin de bouc. . . . . —		»	»	2	»
11° Cuir de veau, blanc. . . . . . . —		»	»	2	25
12° Courroie pour machines. . . . . l'archine		»	»	1	35

Tannerie fondée en 1861; production annuelle : 7000 cuirs, pour une somme de 60.000 roubles. 25 ouvriers. En fait de matières tannantes, on y consomme : 30.000 pouds de tan de chêne et de saule, 200 pouds d'huile de baleine et 100 pouds de suif.

868. KOKSCHAROFF (Jean) et **SILVESTROFF** (Jean), à Tomsk (Sibérie).

		r.	c.
1° Cuir blanc, pour chaussure. . . . . la pièce		4	30
2° — noir. . . . . —		5	25
3° — pour pardessus . . . . —		5	25
4° Youfte de Kiakhta. . . . . —		4	20
5° Cuir pour semelles. . . . . la paire		»	40

La tannerie prépare annuellement 20.000 peaux environ, pour une somme de 105.000 roubles. 35 ouvriers. Pour la fabrication on emploie par an : 2000 p. de chaux, 400 pouds de cendres de tremble et 25.000 pouds d'écorce de saule. Débouché en Chine, par la douane de Kiakhta.

869. KOMAROFF, à Moscou.

		r.	c.
1° Peaux de moutons de la race romanoffskaya, tannées en jaune . . . . la pièce		3	50

2° Peaux de moutons de la race romanoffskaya, tannées en noir. . . . . la pièce 2 r. 50 c.
3° — de moutons de la race de Tcherkasse, tannées. . . . . — 2 »
4° Peau de mouton russe, tannée, ordinaire. . . . . — 1 50
5° — de mouton de la race de l'Ukraïne, tannée — 2 50
6° Peaux de moutons, de la race de Réschétilovka, tannées en blanc. . . . . — 2 50
7° — d'agneau de la race de Sokolniki. . . . . — 2 50
8° Fourrure pour paletot, en peaux d'agneaux de la race de Réschétilovka. . . . . — 45 »

870. KUHN (Dmitry), à Moscou.

Fourrures de loup de Sibérie . . . . 50 et 70 r.

871. KOUSSOFF (Baron Alexis), à Saint-Pétersbourg.

		r. c.	r. c.
1° Cuir pour semelles.	le poud, de	16 »	à 18 »
2° — noir.	—	» »	19 »
3° — blanc	—	» »	20 »
4° Maroquin : rouge, bleu, vert et chagriné	—	- 1 50	- 1 80
5° Cuir de mouton, blanc et rouge. .	—	» »	1 20

Tannerie fondée en 1831; production annuelle : 250.000 roubles; 100 ouvriers.

872. LANG (Frédéric) et **BACKMANN** (Alexandre), à Saint-Pétersbourg.

		r. c.	r. c.
1° Tiges avec derrières de bottes.	la paire	» »	2 60
2° Avant-pieds de bottes	—	» »	1 »
3° Cuirs pour les devants de bottines et de galoches.	la livre, de	1 30	à 1 50
4° Cuirs pour souliers.	—	» »	1 20
5° Cuirs pour relieurs et cartonniers. .	la pièce	» »	1 »
6° Peaux pour divers usages.	le poud	» »	18 »

Tannerie fondée en 1857, prépare annuellement 15.000 peaux de veau pour 28.000 roubles et 1500 peaux de bœuf et de vache pour 12.000 roubles.

873. LIEDKE (F. H.), à Varsovie.

		r. c.
1° Cuirs vernis et chagrinés	la douzaine	120 »
2° — de mouton	—	60 »
3° — de veau.	—	de 54 à 144 »
4° Devants de bottes, blancs et noirs. .	—	- 34 - 72 »
5° Derrières de bottes	—	30 »
6° Cuir de buffle, pour presses hydrauliques,	la livre	2 50
7° Cuirs pour équipages	la pièce	- 68 - 86 »

Tannerie fondée en 1838, livre annuellement : 10.000 cuirs de bœuf, 3000 cuirs de cheval, 45.000 cuirs de bouc, de mouton et de veau, en tout pour 125.000 roubles. 100 ouvriers. Machine à vapeur de 12 chevaux.

874. LIKHATCHEFF (Titus), près Klotchkoff, gouv. et distr. de Saint-Pétersbourg.

		r.	c.
1° Cuirs de veau. la pièce	2	75
2° Tiges de bottes. . . . . la paire	2	»
3° Empeignes . . . . —	1	»
4° Derrières de bottes. . . . . —	»	80

Tannerie fondée en 1851, produit pour 26.000 roubles par an. 30 ouvriers.

875. LVOFF (Jean), à Mouraschkino, gouv. Nijny-Novgorod.

	r.	c.	r.	c.
1° Peaux d'agneaux noirs, de la race de Khiva . . . . la pièce	»	»	5	»
2° — de moutons, tannées . . . . —	de 1 50 à 2 50
3° — d'agneaux persans ou de Crimée . . . . —	»	»	2	50

876. MARKOFF (Jean), à Bogorodsk, gouv. de Nijny-Novgorod.

Peaux de bœuf, tannées.

877. MILLER (Adam), à Saint-Pétersbourg.

	r.	c.
1° Tiges de bottes, en cuir de veau. . . . . la paire	2	20
2° Empeignes . . . . —	1	10

Tannerie fondée en 1824, livrant annuellement pour 40.000 roubles de cuirs pour chaussure.

878. MILLER (Erdmann), à Saint-Pétersbourg.

| 1° Tiges de bottes, en cuir de veau . . . . la paire | 2 r. |
| 2° Devants de bottes — . — | 1 » |

Production annuelle : 60.000 roubles. 12 ouvriers. Débouchés en partie à l'étranger.

879. MILLER (Charles), à Saint-Pétersbourg.

	r.	c.
1° Tiges de bottes. . . . . la paire	2	»
2° Devants de bottes. . . . . —	1	»

Tannerie établie en 1849; production annuelle : 40.000 roubles.

880. MILLER (Louis), à Saint-Pétersbourg.

	r.	c.
1° Tiges de bottes, en cuir de veau. . . . . la paire	2	25
2° Empeignes. —	1	25

Tannerie fondée en 1827, produisant par an 12.000 pièces de cuirs, pour une somme de 30.000 roubles.

GROUPE 5. — CLASSE 46.

881. MIKHAÏLOFF (Athanase), à Saint-Pétersbourg.

Tapis en fourrures de zibeline, renard, castor, rat musqué et mouton .. .. 400 r.

<small>Établissement de pelleteries, fondé en 1850; production annuelle : 200.000 roubles.</small>

882. PILIKINE, frères, à Koungour, gouv. de Perm.

		r. c.	r. c.
1° Cuir de Russie, blanc. . . . . la pièce		5 50 et	6 »
2° — noir, pour chaussures ordinaires	—	5 15	
3° Cuir teint à moitié, pour le commerce asiatique.	—	5 25	
4° Cuir de Russie pour équipages.	—	5 25	
5° — pour sarraux	—	3 25	

<small>Tannerie fondée en 1795; produit annuellement jusqu'à 20.000 pièces de cuirs de différentes qualités, pour une valeur de 78.000 roubles. 40 ouvriers.</small>

883. ADMINISTRATION DES DOMAINES DE L'ÉTAT DU GOUVERNEMENT DE POLTAVA.

Peaux d'agneaux gris, de la race de Sokolniki. . . . la pièce 2 r.

<small>Les paysans du village de Sokolniki et des environs préparent et vendent annuellement plusieurs milliers de peaux d'agneaux au prix de 1 rouble 50 cop. à 5 roubles la pièce.</small>

884. POPOFF (Basile), à Réschétilovka, gouv. de Poltava.

Peaux d'agneaux de la race de Réschétilovka.

885. POPOFF (Jean), près d'Arzamass, gouv. de Nijny-Novgorod.

Youfte (cuir de Russie) rouge. . la pièce, de 4 r. 5 c. à 5 r. 40 c.

<small>Tannerie fondée en 1810; production annuelle : 10.000 pièces pour 45.000 roubles. 50 ouvriers. Débouché à l'étranger.</small>

886. PRIBYTKOFF (Catherine), à Kazan.

Cuirs de bouc, noirs et de couleur.

<small>La tannerie, fondée en 1815, prépare par an 150.000 cuirs de bouc, pour une somme de 200.000 roubles. 100 ouvriers.</small>

887. PFEIFER (Stanislas), à Varsovie.

		r. c.	r. c.
1° Peaux de veau, pour chaussure. . . . . la douzaine, de		18 » à 32 »	
2° — de vache.	—	6 » et 6 75	
3° — de cheval, pour chaussure. . . . . la paire	—	» 55 à 1 35	
4° Semelles . . .. la douzaine	—	4 35 - 6 50	

<small>Tannerie fondée en 1854; production annuelle : 135.000 roubles; 60 ouvriers.</small>

GROUPE 5. — CLASSE 46.

888. RESCHETNIKOFF (Agrippine), à Tumen, gouv. de Tobolsk.

			r.	c.	r.	c.
1° Cuir noir, pour habits et équipages. . . la pièce	»	»	5	»
2° — pour bottes . . . . —	4	65 et 4	75
3° — pour bottes . . . . la livre	»	»	»	35
4° — chagriné, pour chaussure. . . la pièce	»	»	4	50
5° — carrelé, de Boukhara . . . . —	»	»	4	25
6° Cuir de Kiakhta, teint au sandal. . . —	»	»	4	50
7° — — teint à l'aniline. . . —	4	» - 4	25
8° — blanc. . . . . —	4	25 - 4	50

Production annuelle de la tannerie : 125.0000 roubles; 75 ouvriers. Débouché à la foire de Nijny-Novgorod, à Kiakhta et à Troïzk (gouv. d'Orenbourg).

889. RIAZOVSKY, à Reschétilovka, gouv. de Poltava.

Peaux d'agneaux de Réchétilovka. . . . . la pièce 2 r.

890. SAVINE (Jean), à Ostaschkovo, gouv. de Tver.

Youfte (cuir de Russie) **blanche, rouge** et **paille.**

891. SAFONOFF (Seid), prov. de Tersk (Caucase).

	r.	c.	r.	c.
1° Maroquin noir. . . . . la pièce, de	1	25 à 1	60
2° — jaune. . . . . —	»	»	1	50
3° — rouge. . . . . —	»	»	2	»
4° Peau de cerf . . . . —	»	»	4	»
5° — de mouton, noire (Astrakhan). —	»	»	7	»
6° — — grise et blanche. . —	»	»	3	»
7° — — pour pelisses. . . —	- 1	50 - 2	»

892. SÉRÉBRENNIKOFF (Jean) **et fils**, à Bolschoé-Mouraschkino, gouv. de Nijny-Novgorod, distr. de Kniaguinine.

		r.
1° Cuir de génisse . . . . la pièce	3	50
2° — de cheval. . . . . —	4	»

L'établissement date du commencement de ce siècle; la production annuelle monte à 4000 pièces, de la valeur de 12.000 roubles.

893. SIDOROFF (Michel), à Krassnoïarsk, gouv. d'Enisseïsk (Sibérie).

1° Peaux de rennes, apprêtées.
2° — de cerfs, chamoisées.
3° Fourrure en peaux de rennes.

894. SKVORTSOFF (Jean), à Schevelino, gouv. de Moscou.

	r.
1° Cuir pour semelles. . . . . la pièce	22
2° — poli, blanc . . . . — de 14 à 38

		r.
3° Cuir poli, noir. . . . . la pièce		15
4° — souple, blanc. . . . . —		7
5° — pour tuyaux de pompes. . . . . —		17
6° — de porc. . . . . —		5
7° Cuir de veau, pour chaussures. . . . . . . la paire		5
8° — à poil. . . . . —		7

Tannerie fondée en 1839; production annuelle : 130.000 roubles. 40 ouvriers.

895. SMÉTANINE (Jacques), à Mokhtchensk, gouv. d'Arkhangel, distr. de Mezen.

Peau de renne, apprêtée . . . . 1 r. 20 c.

896. ADMINISTRATION DES DOMAINES DE L'ÉTAT DU GOUVERNEMENT DE TAURIDE.

1° Toisons de moutons malitch, blanc des steppes et blanc des montagnes.

2° Toisons de moutons tchoundouques de Kertch et de Perekop.

3° Toisons de moutons malitch, noir de steppes et noir de montagnes.

897. TEMLER (Charles) et **SZWEDE** (L.), à Varsovie.

	r.	c.	r.	c.
1° Cuir pour semelles. . . . . le poud, de	18	»	à 20	»
2° — du Paraguay, pour courroies . —	»	»	28	»
3° Cuirs de différentes espèces. . . . — -	18	»	- 28	»
4° — — — . . . . la pièce -	5	70	- 19	»
5° — de veau, vernis . . . . . . — -	1	90	- 2	»
6° — — non vernis . . . . le poud -	36	»	- 60	»
7° Cuir de bouc, maroquin. . . . . la pièce -	1	35	- 1	80
8° — chagriné. . . . . — -	1	35	- 1	65
9° — de mouton. . . . . — -	1	»	- 1	20

Tannerie fondée en 1787; production annuelle : 29.000 cuirs de bœuf et de vache, 600 cuirs de cheval, 71 500 cuirs de veau, 18.000 cuirs de mouton et 6000 cuirs de bouc, pour une valeur totale de 594.000 roubles. Matières employées au tannage : tan de chêne, terre du Japon, sumac, noix de Galles, huile de baleine et huile de lin. Deux moteurs à vapeur de 32 chevaux. 250 ouvriers.

898. COMMISSION TECHNIQUE DU MINISTÈRE DE LA GUERRE POUR L'ÉQUIPEMENT DES TROUPES, à Moscou.

Cuirs pour bottes, semelles et courroies, à l'usage de l'armée.

899. OUKOLNITSKY, à Vladikavkaz, gouv. de Stavropol.

	r.	c.	r.	c.
1° Youfte. . . . . la pièce	»	»	8	»
2° Cuir de bouvillon. . . . . —	»	»	1	50
3° — de veau, pour chaussure. . . . — de	1	10	à 1	20

GROUPE 5. — CLASSE 46.

900. FROEHLICH (Charles), à Radom (Pologne).

			c.	r. c.
1º Cuirs de veau, de différentes espèces. .	la pièce, de	87 $\frac{1}{2}$ à	2 25
2º — de cheval	—		6 75
3º Tiges de bottes, en cuir de cheval,	la paire		» 60
4º — de bottes, façonnées.	—		» 80

Tannerie fondée en 1841; production annuelle : 2520 cuirs de bœuf, 1300 cuirs de vache, 500 cuirs de cheval et 15.000 cuirs de veau, pour une valeur totale de 60.000 roubles. Elle consomme par an jusqu'à 18.000 pouds de tan de chêne. 30 ouvriers.

901. SCHAFFER (Hélène), à Moscou.

		r. c.
1º Canepin blanc.	la pièce	» 60
2º — de couleur	—	» 80
3º — noir.	—	1 »
4º Peau chamoisée d'élan	—	15 »
5º — — jaune.	—	» 85
6º — — noire	—	1 50
7º Peau d'agneau, pour ganterie.	—	» 80
8º — — jaune.	—	1 »
9º — — noire	—	1 50
10º Cuir de cerf.	—	3 »
11º Cuirs à poils, pour havresacs	—	» 85

Tannerie, fondée en 1820, produit jusqu'à 50.000 cuirs par an, pour 30.000 roubles. Matériaux employés pour la fabrication : tan de saule et de sapin, chaux, huile de baleine, alun, sel marin, lait, œufs et son. 40 ouvriers

902. SCHRAPLAU (Germain), à Moscou.

		r. r.
1º Fourrures en renard	la pièce	25 et 100
2º — en zibeline	—	100 - 150
3º — en martre	—	75
4º — en skons	—	100
5º — en écureuil (petit-gris)	—	35 - 50
6º — de renne.	—	35
7º — de lièvre.	—	3 - 6
8º Tapis en fourrure.	—	de 20 à 250
9º Fourrures pour manchons	—	1 - 150
10º 12 peaux de renard de différentes espèces.		150

Établissement pour confection de pelleteries fondé en 1855; production annuelle : 30 000 roubles. 18 ouvriers.

903. SCHOUVALOFF (Jean), à Moscou.

		c. r. c.
1º Maroquins de peau de mérinos : vermeils, massaka, verts et noirs.	la pièce, de	75 à » 90

2° Maroquins de peaux de boucs, couleur
      vermeille et brune. . . . la pièce, de 2 r. à 2 r. 75 c.
3° Cuir de veau pour bottes. . . . . .   —   1 r. 50 c.

    Fabrique de maroquins fondée en 1830, livre annuellement jusqu'à 300.000 peaux de différentes couleurs pour 300.000 roubles. 260 ouvriers. Une partie de la marchandise est exportée en Chine.

904. SCHOUVALOFF (Pierre), à Moscou.

1° Cuir pour semelles. . . . . le poud   18 r. »
2° Partie supérieure du cuir de taureau. . . . . . la pièce   3 r. 50 c.
3° Cuirs découpés pour semelles . . . . . .   —   3 r. 60 c.
4° Peaux de chagrin. . . . .   11 r. »
5° Youfte blanche . . . .   10 r. »

    Tannerie fondée en 1831; production annuelle : 17.000 cuirs de taureau et 20.000 cuirs de veau, pour 250.000 roubles. L'établissement emploie par an plus de 50.000 pouds de tan de saule. 70 ouvriers.

905. SCHOUT, à Réschétilovka, gouv. de Poltava.

Peaux d'agneaux de la race de Réschétilovka. . la pièce   1 r. 25 c.

906. IOUNOUSSOFF, frères (Ibrahim et Isaac), à Kazan.

1° Cuir de bouc, lisse . . . . la pièce   2 r. 50 c.
2°   —   enduit (de suif), pour bottes. . . .   —   2 r. 20 c.
3°   —   —   pour souliers. . .   —   1 r. 70 c.

    Tannerie, fondée en 1850, livre annuellement 50.000 pièces de cuirs de bouc de différentes espèces, pour une somme de 45.000 roubles. 95 ouvriers et 30 enfants.

SIXIÈME GROUPE.

INSTRUMENTS ET PROCÉDÉS DES ARTS USUELS.

CLASSE 47. MATÉRIEL ET PROCÉDÉS DE L'EXPLOITATION DES MINES ET DE LA MÉTALLURGIE.

907. RACHETTE (Woldémar), à Saint-Pétersbourg.

Modèle de fourneau pour la métallurgie du cuivre et du plomb argentifères.

CLASSE 48. MATÉRIEL ET PROCÉDÉS DES EXPLOITATIONS RURALES ET FORESTIÈRES.

908. ÉCOLE D'HORTICULTURE DE BESSARABIE, à Kischinev.

MODÈLES D'INSTRUMENTS AGRICOLES.

1° Charrue de Denging.
2° Herses de la Nouvelle-Russie et de la Bessarabie.
3° Marqueur pour plantations de tabac.
4° Extirpateur employé en Bessarabie et aux gouv. de Kherson et de Tauride.
5° Charrue double de Denging.
6° Rabot de jardin.

909. BOBRINSKY (Comte Alexis), à Smiela, gouv. de Kiev, distr. de Tcherkask.

Charrue perfectionnée.

GROUPE 6. — CLASSE 48.

910. BOUTENOP, frères, à Moscou.

	r.
1° Machine pour vanner le blé..	60
2° Hache-paille..	65
3° Semoir à la volée, à un cheval..	90

L'établissement, fondé en 1830, fabrique annuellement pour 200.000 roubles de machines et d'appareils agricoles; 250 ouvriers; moteur à vapeur de la force de 10 chevaux.

911. HARDER (Gérard), colonie d'Orlov, gouv. de Tauride.

Charriot (téléga) à ressorts.. . . . . 125 r.

912 HIRSCHMANN, KIEVSKY ET SCHOLTZE, à Varsovie.

		c.
1° Copeaux de cornes..	le poud	80
2° Cornes pulvérisées..	—	80
3° Os pulvérisés..	—	90

913. ÉCOLE AGRICOLE DE GORKI, gouv. de Mohilev.

Modèles d'araire et de herse de la Russie Blanche.

914. ÉSAÜ (Jacques), à Uschanle, gouv. de Tauride, distr. de Berdiansk.

Outils agricoles : marteau, fourche, hache et pelle, la pièce, de 1 à 3 r.

915. COMITÉ AUXILIAIRE DU CAUCASE POUR L'EXPOSITION UNIVERSELLE DE PARIS, à Tiflis.

Modèles d'habitations, d'instruments et ustensiles agricoles usités au Caucase.

916. FERME-MODÈLE DE KAZAN.

Modèles de charrue à croc et de herse du gouv. de Kazan.

917. KALATCHOFF (Woldémar), à Iuriev-Polsky, gouv. de Vladimir.

Tranche-motte.. . . . . 15 r.

L'établissement mécanique de l'exposant produit par an pour une somme de 4 à 7000 roubles de machines et d'instruments agricoles.

918. KRIPNER (Paul), à Moscou.

Appareil mécanique pour planter les pommes de terre, fonctionnant à un cheval et à l'aide d'un ouvrier avec son aide-garçon. Avec cet appareil on peut planter trois déssiatines par jours.

L'établissement mécanique de l'exposant fournit par an pour plus de 10.000 roubles de machines et appareils agricoles. 35 ouvriers.

GROUPE 6. — CLASSE 48.

919. LEWIS OF MÉNAR (WOLDÉMAR), à Panten, près de Riga.

		r.
1°	Machine pour draguer le lin.	75
2°	— pour teiller.	275
3°	— pour le battage.	100

Les trois machines sus-nommées sont d'une construction perfectionnée par l'exposant.

920. LILPOP ET RAU, à Varsovie.

		r.
1°	Semoir.	160
2°	Moissonneuse.	310

Établissement fondé en 1818; production annuelle : 360.000 roubles; 450 ouvriers.

921. SOCIÉTÉ AGRICOLE DE LIVONIE, à Dorpat.

Modèles d'araire et de herse de Livonie.

922 LOUCKS (CHARLES), colonie Lindenau, gouv. de Tauride, distr. de Berdiansk.

Articles et accessoires d'attelage rural. . . . de 30 c. à 1 r. 10 c.

923. MAC-LÉOD (ALEXANDRE), à Lublin (Pologne).

Machine à battre le blé (mobile), avec manége . . . . . . 330 r

Établissement fondé en 1858; production annuelle : 15.000 roubles. 29 ouvriers.

924. FERME-MODÈLE MARIINSKAÏA, près de Saratov.

MODÈLES D'INSTRUMENTS AGRICOLES.

1° Araire, charrue et herse de la ferme Mariinskaïa.
2° Charrue de la Petite-Russie.

925 SOCIÉTÉ AGRICOLE DE MOSCOU.

MODÈLES D'INSTRUMENTS AGRICOLES.

1° Araires des gouv. de Vladimir, Kostroma et Toula.
2° Charrues à croc des gouv. de Vladimir, Kostroma et Iaroslav.
3° Charrue du gouv. de Vladimir.
4° Herses des gouv. de Kostroma et de Toula.
5° Charrue à trois socs, de Meyer.
6° Scarificateur de Meyer.
7° Herse de Schischkoff.
8° Rouleau de Kostroma.
9° Faux.

926. ACADÉMIE AGRICOLE ET FORESTIÈRE DE PETROVSKOË, près Moscou.

Collection de sols.

927. ÉCOLE DES MÉTIERS DE MOSCOU, appartenant à l'hospice impérial des enfants trouvés.

	r.
1° Batteuse............	175
2° Manége à trois chevaux pour ladite machine........	150

928. SOCIÉTÉ AGRICOLE DE LA RUSSIE MÉRIDIONALE, à Odessa.

Modèle de charrue des colons de la Russie méridionale.

929. MUSÉE AGRICOLE DU MINISTÈRE DES DOMAINES DE L'ÉTAT, à St-Pétersbourg.

MODÈLES DE MACHINES AGRICOLES.

1° Coupe-racine d'Esthonie.
2° Araires (socha) : d'Esthonie, de Samogitie, de Perm et de Courlande.
3° Charrue araire de Perm.
4° Charrues à croc : des Tcheremisses et de Kholmogory, avec un ou deux coutres.
5° Charrues de Lithuanie, d'Ingrie et des colons allemands de Saratov.
6° Herse d'Esthonie.

930. INSTITUT AGRICOLE DE SAINT-PÉTERSBOURG.

ENGRAIS ARTIFICIELS.

1° Engrais provenant d'os décomposés par différents réactifs.
2° — d'excréments humains.
3° — de tourteaux de tournesol.

931. FRISEN (JEAN), col. Altona, gouv. de Tauride, distr. de Berdiansk.

Charrue à quatre versoirs............ 70 r.

932. FRISEN (JACQUES), col. Orlov, gouv. de Tauride, distr. de Berdiansk.

Vanneuse............ 49 r.

933. FERME-MODÈLE DE KHARKOV.

MODÈLES D'INSTRUMENTS AGRICOLES.

1° Araire du gouv. de Koursk.
2° — perfectionné du gouv. d'Orel.
3° Charrue petite-russienne, à trois paires de bœufs.

4° Charrue petite-russienne, à deux chevaux.
5°   —   perfectionnée par Betholtz, à deux paires de bœufs ou à trois chevaux.
6° Charrue petite-russienne, perfectionnée à la ferme de Kharkov, à deux paires de bœufs ou à trois chevaux.
7° Charrue de la ferme, à deux paires de bœufs ou à trois chevaux.
8° Herse du gouv. de Koursk.
9° Herse petite-russienne avec attelage de chevaux.

934. CICHOWSKI (Robert), à Linow, gouv. de Radom, distr. de Sandomirz (Pologne).

		r.
1°	Charrue pour labour profond..............	70
2°	— pour labour léger................	50
3°	— à socs pour couvrir le semis..........	60
4°	Plantoir pour les pommes de terre...........	120

935. TSCHETSCHOULINE (Frédéric), à Helsingfors (Finlande).

Tuyaux de drainage, diamètre intérieur de $\frac{1}{4}$ à 5 pouces; prix de fabrique sur place............ par mille, de 5 à 30 r.

936. SCHATILOFF (Joseph), à Mokhovoë, gouv. de Toula, distr. de Novossil.

MODÈLES D'INSTRUMENTS AGRICOLES.

1° Charrue de Hohenheim.
2° Herse, système Valcourt.
3° Charrue à trois socs, de Meyer.
4° Scarificateur de Meyer.
5° Semoir de Meyer.
6° Séchoir de grains, de Meyer.

937. SZYMANSKY (Stanislas), à Petropavlovskoïe, gouv. de Toula.

1° Modèle d'une machine pour battre les graines de trèfle.   100 r.
2° Échantillons d'os pulvérisés......... le poud, de 30 à 50 c.
   Production annuelle d'os pulvérisés : de 6 à 8000 pouds.

938. SCHMIDT (Charles), à Riga.

			r.
1°	Os pulvérisés....... le tonneau de 7 $\frac{1}{2}$ pouds, de 8 à	15
2°	Cornes pulvérisées..... — 6 $\frac{1}{2}$ —	12

Établissement, marchant à la vapeur, fondé en 1863; production annuelle : 20.000 pouds, pour une somme de 25.000 roubles.

939. SPIESS (Louis), à Tarchomin, gouv. de Varsovie.

1° Os bruts et calcinés.

2° Os. pulvérisés
3° — traités à l'acide sulfurique.
4° Noir animal.
5° Guano artificiel.

940. INSTITUT FORESTIER D'ÉVOÏSS (Finlande).

1° Charrue employée en Finlande à l'essartage et pour l'ensemencement des bois.
2° Instruments pour le résinage.
3° Spécimen d'une tige résineuse de pin sylvestre.
4° Modèle d'une fosse à goudron.

941. IANZEN (Germain), colonie d'Orlov, gouv. de Tauride, distr. de Berdiansk.

1° Deux plans de fermes menonites.
2° Vue de la ferme Iouschanlé (près la colonie Orlov).

CLASSE 49. ENGINS ET INSTRUMENTS DE LA CHASSE, DE LA PÊCHE ET DES CUEILLETTES.

942. BARAMYGUINE (Michel), Sibérie.

Filet en courroies de phoque, employé par les Tchoukts pour la pêche des phoques. . . . . 5 r.

943. IVANOFF, à Nikolaevsk (Sibérie).

		r.	c.
1° Engins de pêche.		1 et 2	»
2° Ceinture en cuir de phoque, avec accessoires, pour la chasse à l'ours.		3	»
3° Couteau de Giliak.		2	»
4° Lance, avec ornements en argent, pour la chasse à l'ours		5	»
5° Couteau pour dépecer le poisson.		»	50
6° Arc pour la chasse aux zibelines.		»	50

944. KOJEVNIKOFF (Michel), à Astrakhan.

Engins de pêche.

945. KOZOULINE (Basile), Sibérie.

Cors de chasse pour leurrer le chevreuil. . . . . 1 r.

GROUPE 6. — CLASSE 49.

946. PAVLOFF (Gabriel), à Iakoutsk (Sibérie).

	r.	c.	r.	c.
1° Carabine.	»	»	30	»
2° Arc avec flèches.	»	»	5	»
3° Couteaux iakoutes.	»	»	1	»
4° Briquet à l'amadou.	»	»	»	50
5° Armes de chasse de Iakoutes. . . . . . de	1	50 à	2	50
6° Lance tchoukote.			»	50
7° Piéges pour animaux et poissons. . -	»	½ -	»	25
8° Filets pour poisson. . . -	»	70 -	1	»
9° Hache.			»	50

947. RUKHINE (Pierre), à Soumsky possade, gouv. d'Arkhangel.

ENGINS DE PÊCHE.

	r.	c.
1° Filets pour la pêche de mer et de rivière.	2	»
2° Engins pour la pêche des harengs.	1	»
3° — du saumon.	1	»
4° — de la morue et du turbot.	1	»
5° — de la gade (navagua) et des éperlans.	»	50
6° Modèle d'un hangar pour le fumage des harengs.	2	»

948. SIDOROFF, frères. à Rostov-sur-le-Don.

Fils pour la confection des filets; différents engins et accessoires de pêche.

949. SCHIKONINE (Michel), Sibérie.

Piége pour zibeline. . . . . 50 c.

CLASSE 51. MATÉRIEL DES ARTS CHIMIQUES, DE LA PHARMACIE ET DE LA TANNERIE.

950. GUEDVILLO (Adam), à Moscou.

	r.	r.
1° Balances de précision pour laboratoires chimiques.	115 et	250
2° Laboratoire portatif, avec 80 réactifs.		200
3° Appareil pour l analyse des gaz, méthode Bunsen, modifié par l'exposant.		250

4° Appareil pour l'analyse des minéraux par
la voix sèche, méthode Plattner. .. .. 90 r.
5° Appareil pour l'analyse à titrage. 40
6° Assortiment de poids chimiques. . .. . 12, 15 et 30
7° — de poids russes. 30
8° Cathétomètre. 150

951. PIK (Jacques), à Varsovie.

Appareil pour indiquer la qualité et la quantité des liquides

952. HOTEL DES MONNAIES DE SAINT-PÉTERSBOURG.

USTENSILES DE LABORATOIRE EN PLATINE.

		r. c.	r. c.
1° Coupes de différentes grandeurs. .	la pièce, de	3 60 à	21 28
2° Creusets.	— -	2 80 -	6 16
3° Spatules.	— -	» 42 -	1 12
4° Cornues.	— -	67 20 -	252 »
5° Cuillers à manches en os de mammouth	—		3 40
6° Fils de platine	le zolotnik		66

CLASSE 53. MACHINES ET APPAREILS DE LA MÉCANIQUE GÉNÉRALE.

953. ANDRÉE (Louis), à Riga.

Pompe à incendie .. .. 400 r.

954. BOHTE (Robert), à Varsovie.

1° Pompes à incendie. . .. . 600 r.
2° — à eau 75

Établissement fondé en 1840; production annuelle : 100.000 roubles. 100 ouvriers.

955. BUTENOP, frères, à Moscou.

1° Balance centésimale d'une construction perfectionnée, sans
poids, indiquant jusqu'à 500 kilos .. .. 150 r.
2° Pompe à feu, système américain, sur quatre roues. 325

GROUPE 6. — CLASSE 53.

956. DMITRIEFF (Nicolas), à Moscou.

		c.	r.	c.
1° Courroies de transmission, de 2 à 7 pouces de largeur, ... l'archine, de		40	à 4	80
2° Tuyaux en cuir pour pompe à incendie. —			2	»

Production annuelle : 80.000 roubles.

957 ZAROUBINE (P.), à Saint-Pétersbourg.

Modèle de pompe inventée par l'exposant.

958. MENZINGER (Charles), à Moscou.

COURROIES DE TRANSMISSION.

		r.	c.
1° Doubles. . . . . l'archine		2	90
2° Simples . . . . —	de 30 c. à	1	10
3° Tordues. . . . . —		»	35

L'établissement, fondé en 1832, produit annuellement pour 35.000 roubles de courroies de différentes espèces.

959. NOVIKOFF (V.), à Saint-Pétersbourg.

Machine pour le tirage des loteries, perfectionnée par l'exposant, 500 r.

960. ÉCOLE DES MÉTIERS DE MOSCOU, de l'Hospice Impérial des enfants trouvés.

	r.
1° Machine à vapeur, horizontale, de 15 chevaux	1500
2° Dynamomètre de Batschelder.	160

L'école a été fondée en 1830, dans le but de former les élèves de l'Hospice à divers métiers. Actuellement, les ateliers de l'école comptent 40 ouvriers et leur production est de 25 à 30.000 roubles par an.

961. INSTITUT TECHNOLOGIQUE DE SAINT-PÉTERSBOURG.

	r.
1° Pompe à eau, à vapeur.	637
2° Tour vertical à forer, à plate-forme mobile	315
3° Appareil pour séparer le minerai de fer magnétique d'avec les sables aurifères	69
4° Appareil pour mesurer les grains.	366
5° Machine pour la confection des burins en acier à bretteler. .	231
6° Pompe centrifuge de Guynne.	62
7° Modèles de différentes machines.	

962. ÉCOLE TECHNIQUE D'ARTILLERIE, à Saint-Pétersbourg.

MODÈLES DE MACHINES.

	r.
1° Tour mécanique.	200
2° Machine à fraiser	200

963. ÉTABLISSEMENT GALVANOTECHNIQUE DU CORPS DES INGÉNIEURS DE L'ARMÉE, à Saint-Pétersbourg.

Moteur électrique . . . . 250 r.

CLASSE 54. MACHINES-OUTILS.

964. USINES D'IJORA, du ministère de la marine, à Kolpino, près Saint-Pétersbourg.

1° Tour mécanique.
2° Machine à bretteler et affiler.

965. BOTCHKAREFF (Jean), à Semenov, gouv. de Nijny-Novgorod.

OUTILS EMPLOYÉS POUR LA CONFECTION MANUELLE DE CUILLERS EN BOIS.

                                                                                      c.

1° Hache. 35
2° Essette 25
3° Ciseau 15
4° Couteau 5

966. VLASSOFF, frères, à Belev, gouv. de Toula.

Haches pour divers métiers. . . . . la pièce 75 c.

CLASSE 55. MATÉRIEL ET PROCÉDÉS DU FILAGE ET DE LA CORDERIE.

967. JOURAVLEFF, frères, à Rybinsk, gouv. de Iaroslav.

CORDAGES EN CHANVRE.

1° Câbles goudronnés :   r. c.
    a. D'un diamètre de 15 $^{3}/_{4}$ de pouces. . le poud   6 50
    b.   —   de 6 $^{1}/_{2}$ à 2 pouces . .   —   7 et 7 25
2° Câbles blanc, d'un diamètre de 3 à 4 pouces   —   7 55
3° Cordages et ficelles . . . .   —   de 20 à ?0 »

    Corderie établie en 1858. La production annuelle arrive à 150.000 pouds, d'une valeur de plus de 700.000 roubles. La matière première (chanvre) est tirée des gouvernements d'Orel et de Tchernigov. 450 à 500 ouvriers. Une partie de la production, 10.000 pouds environ par an, est exportée à Brême.

968. COMITÉ AUXILIAIRE DU CAUCASE POUR L'EXPOSITION UNIVERSELLE DE PARIS, à Tiflis.

		c.
1° Corde de chanvre sauvage.		50
2° — de tille.		40
3° — de laine.		50

969. CAZALET (Alexandre) et fils, à Saint-Pétersbourg.

		r. c.	r. c
1° Câbles goudronnés	le poud, de	4 50 à	5 »
2° — blancs.	—	4 75 -	5 25
3° Cordes.	—	6 » -	10 »
4° — en chanvre de Manille	—	7 » -	8 »

Corderie fondée en 1797; production annuelle : 100.000 pouds, d'une valeur 400.000 roubles environ; 100 ouvriers; exportation.

970. CORDERIE DE CRONSTADT, du ministère de la marine.

		r. c.
1° Câbles blancs, à quatre brins.	le poud	4 82
2° — goudronnés.	—	4 10

La corderie de Cronstadt fournit à la marine impériale plus de 45.000 pouds de câbles et de cordages par an, d'une valeur de 195.000 roubles.

971. MOLLERIUS (Woldémar), près de Kharkov.

		r. c.
1° Câble.	le poud	6 »
2° Cordes	—	5 75
3° Licous	la pièce	1 60

972. NOVIKOFF (A. et J.), à Odessa.

		r.
1° Câble goudronné	le poud	6
2° Cordes.	— de	7 à 10
3° Ficelles	—	12

Corderie fondée en 1814; production annuelle : 50.000 pouds de câbles et de cordages, pour une somme de 260.000 roubles. 160 ouvriers.

CLASSE 56. MATÉRIEL ET PROCÉDÉS DU TISSAGE.

973. COMMISSION TECHNIQUE DU MINISTÈRE DE LA GUERRE POUR L'ÉQUIPEMENT DES TROUPES, à Moscou.

1° Machine pour mesurer et plier la toile (invention de MM. Kittary et Kologrivoff). . . . . . . 85 r.

2º Machine pour mesurer et rouler les bandages des hôpitaux et les rubans de toile (invention du mécanicien M. Gabritchevsky) . . . . 50 r.

CLASSE 61. CARROSSERIE ET CHARRONNAGE.

974. ARBATSKY (Nicolas), à Moscou.

r.
1º Droschky de course, pesant 1 poud 20 livres. 300
2º Cabriolet américain, à deux roues, pesant 1 poud 37 livres. . 400

    Établissement de carrosserie, fondé en 1800, produisant annuellement pour 50.000 roubles d'équipages de toute sorte.

975. BRÆUTIGAM (Charles), à Saint-Pétersbourg.

r.
1º Cabriolet Victoria, à deux siéges mobiles 900
2º Une garniture de roues, à bandes en caoutchouc. 250
3º Avant-train d'équipage, avec ressorts, à rond breveté . . . 250
4º Ressorts plats. . . . . l'assortiment 55
5º Essieux patentés. . . . . — 65
6º Lanternes. . . . . la paire, de 18 à 22
7º Poignées pour portes. . . . . — - 4 - 6

    Production annuelle : 180.000 roubles. 200 ouvriers.

976. HESSE (Antoine), à Varsovie.

r.
1º Coupé. 750
2º Landau 1000

    Carrosserie fondée en 1838. Production annuelle : 50.000 roubles. 80 ouvriers.

977. KOTKOWSKI, frères, à Bodziechowo, gouv. de Radom, distr. d'Opatow (Pologne).

Roues, essieux et boîtes de roues.

978. NELLIS (Charles), à Saint-Pétersbourg.

Calèche de voyage, avec accessoires. . . . . 1900 r.

    Carrosserie établie en 1827; production annuelle : 100.000 roubles; 200 ouvriers.

979. RENTEL (Joseph), à Varsovie.

1º Voiture-coupé, à deux places. . . . . 700 r.

2° Américaine . . . . 350 r.
    Carrosserie établie en 1850, confectionnant 60 équipages par an, pour une somme de 40.000 roubles, 106 ouvriers.

980. **ROMANOVSKY** (Ladislas), à Varsovie.

Voiture à quatre places. . . . . 1000 r.
    Carrosserie établie en 1857.

981. **SOBOLEFF** (Maxime), à Moscou.

Droschky à deux places, sur ressorts plats. . . . . 350 r.
    L'établissement, fondé en 1824, fournit annuellement des équipages de tout genre pour plus de 100.000 roubles. 180 ouvriers.

982. **SCHMIDT** (Édouard), à Saint-Pétersbourg.

1° Assortiment d'essieux . . . . 53 r.
2° Boîte de roue, coupée, servant de calibre pour les essieux.
    Établissement spécial, livrant annuellement jusqu'à 500 assortiments d'essieux pour une somme de 27.000 roubles.

983. **IAKOVLEFF** (Pierre) et fils, à Saint-Pétersbourg.

                                                                                         r.
1° Droschky de ville, à une place, sur ressorts courbés, avec accessoires 350
2° Traîneau de course, en jonc 150
    Carrosserie fondée en 1790; production annuelle: 185 équipages de différentes espèces, pour une somme de 105.000 roubles ; 140 ouvriers.

CLASSE 62. BOURRELLERIE ET SELLERIE.

984. **ARAN-BEY-TASTCHI-OGLOU**, à Eupatorie, Crimée.

Selle tartare avec accessoires. . . . . 40 r.

985. **BRÆUTIGAM** (Charles), à Saint-Pétersbourg.

                                                                                        r.
1° Harnais russes pour un cheval. 50
2°   —   deux chevaux 100
3°   —   trois chevaux, avec ornement en argent. 200

986. **VARYKHANOFF** (Serge, Pierre et Simon), à Moscou.

        ARTICLES D'ATTELAGE.

                                                                                       r. c.
1° Courroie-cordelette, double. . . . . l'archine 9 40

		r.	c.
2° Guides	la paire	6	»
3° Sangles	—	1	50
4° Étrivières pour selles	—	1	50

987. COMITÉ AUXILIAIRE DE HELSINGFORS POUR L'EXPOSITION UNIVERSELLE DE PARIS.

Harnais laponais.

988. HESSE (Antoine), à Varsovie.

	r.	c.
1° Harnais anglais et russes, l'attelage pour deux chevaux.	200	»
2° Harnais hongrois, avec ornements dorés.	125	»
3° Selles pour hommes.	37	50

989. GROUDININE (Théodore), à Saint-Pétersbourg.

Archet de brancard pour attelage russe . . . . 40 r.

990. JEMOTCHKINE (Michel), à Moscou.

Courroies d'attelage . . . . la pièce de 8 à 30 c.

991. COMITÉ AUXILIAIRE DU CAUCASE POUR L'EXPOSITION UNIVERSELLE DE PARIS, à Tiflis.

		r.	c.
1° Housse ossétienne.		30	»
2° Caparaçon.		4	»
3° Arçon		12	»
4° Coussin en cuir de veau.		7	»
5° Brides . . . . la pièce		2	»
6° Licous . . . . —	r. c.	1	»
7° Fouets . . . . —	de 1 20 à	15	»
8° Étriers. . . . . la paire		2	»
9° Entraves. . . . . —		1	50

992. KOZOULINE (Basile), Sibérie.

	r.
1° Selles pour rennes.	2
2° Tapis pour mettre sous la selle	1

993. MEDVEDEFF (Jean), à Nijny-Novgorod.

1° Attelles du pays, de différentes espèces, la paire de 30 c. à 1 r.
2° Archets de brancard. . . . . la pièce - 1 r. 50 - 10

994. PAVLOFF (Gabriel), à Iakoutsk (Sibérie).

	r.
1° Bride pour rennes, en cheveux.	1
2° Selle de Iakoutes, ornée d'argent, avec accessoires . . .	75

995. POTCHIKAEFF (Michel), à Aksaïskaïa stanitsa, pays des Cosaques du Don.

1° Articles et accessoires de bourrellerie et de sellerie, de 3 r. à 8 r.	16 c.
2° Attelage de iamstchik, pour trois chevaux, harnais ornés d'argent plaqué..............	r. 200
3° Attelage de fourgon, pour un cheval............	40

996. SOROKINE (Dmitry), à Kapal, province de Semipalatinsk.

Selle de Kirghiz, ornée de plaques argentées, avec accessoires. . 100 r.

997. SCHISCHKINE (Étienne), à Moscou.

1° Harnais pour deux chevaux, attelage à timon, avec accessoires...............	r. 125
2° Harnais pour un cheval, avec accessoires..........	50

998. STOLZMANN (Auguste), à Varsovie.

	r.
1° Mannequin de cheval sellé, en cuir de Varsovie......	45
2° Selle cosaque de cuir noir, avec accessoires.........	75

999. IOURTCHENKO (Pierre), province de Tersk (Caucase).

Selle, ornée d'argent, avec coussin, bride et autres accessoires.

CLASSE 63. MATÉRIEL DES CHEMINS DE FER.

1000. OBOUKHOFF (Aciérie d'), à Saint-Pétersbourg.

	r.
1° Essieux pour wagons.............	75
2° — pour locomotives............	150

1001. SCHOUBERSKY, ingénieur, à Saint-Pétersbourg.

Modèle du *Makhovoz*, nouveau locomoteur pour chemins de fer accidentés.

CLASSE 64. MATÉRIELS ET PROCÉDÉS DE LA TÉLÉGRAPHIE.

1002. PIK (Jacques), à Varsovie.

Télégraphe, système Morse.

1003. ÉTABLISSEMENT GALVANOTECHNIQUE DU CORPS DES INGÉ-NIEURS DE L'ARMÉE, à Saint-Pétersbourg.

ACCESSOIRES DE TÉLÉGRAPHIE.

		r.	c.
1°	Appareil pour signaux.	35	»
2°	Sonnette électrique.	15	»
3°	Échantillons de conduits électriques pour l'intérieur des maisons.		
4°	Batteries de Daniel et de Bunsen, à 6 éléments.		
5°	Galvanoscope.	18	50
6°	Régulateur électrique.	50	»
7°	Boussole sinus.	30	»

Établissement fondé en 1859, confectionnant pour 15.000 roubles par an d'instruments et appareils divers.

1004. COMPAGNIE RUSSO-AMÉRICAINE DE LA MANUFACTURE DE CAOUTCHOUC, à Saint-Pétersbourg.

1° Fils télégraphiques . . . . la livre, de 4 $^1/_2$ c. à 1 r.
2° Isolateurs. la pièce   25 c.

CLASSE 65. MATÉRIEL ET PROCÉDÉS DU GÉNIE CIVIL DES TRAVAUX PUBLICS ET DE L'ARCHITECTURE.

1005. KAPOUSTINE (Paul), à Pavlovo, gouv. de Nijny-Novgorod.

Cadenas à secret. . . . . 3 r.

1006. LESSER et Cie, à Dreilingsbusch, près Riga.

			r.	c.
1°	Carton bitumé, pour toiture, . . le rouleau de 11 archines		5	»
2°	— double, pour collage des murs, . . l'arch ne		»	32
3°	Bloc d'asphalte pour toiture.			

La fabrique produit annuellement 4000 rouleaux, pour une somme de 20.000 roubles. 15 ouvriers.

GROUPE 6. — CLASSE 65.

1007. RASTERIAIEFF (Agrippine), à Saint-Pétersbourg.

		r.	c.
1° Briques rouges	le mille	11	55
2° — vermeilles	—	8	50

Briqueterie livrant annuellement 8.500.000 briques, pour une somme de 85.000 roubles.

1008. OUVAROFF (Simon), à Toula.

OBJETS DE SERRURERIE POUR PORTES.

		r. c.	r. c.
1° Serrures	la pièce	2 75	et 3 50
2° Gonds	la paire	» 80	- 3 75
3° Verrous et crampons	la pièce	3 »	- 3 50
4° Loquet	—	» »	1 10

1009. CIECHANOWSKI (Jean), à Grodziec, gouv. de Radom, distr. d'Olkusz.

		r. c.
1° Ciment de Portland	par barrique de 12 pouds	4 50
2° Ciment romain	— de 10 —	3 50

3° Pierres cimentées avec les ciments n°s 1 et 2 (préparation faite pour essayer leurs propriétés).

La fabrique de ciment romain, fondée en 1853, est située près de la ville de Stawkow, gouvernement de Radom, district d'Olkusz. Ce ciment est fait avec de la chaux hydraulique brune, tirée de l'endroit même; la production annuelle est de 4000 barriques de 10 pouds chacune.

La fabrique de ciment de Portland se trouve à Grodziec; elle a été fondée en 1857; elle livre 10.000 barriques de 12 pouds par an. Les matériaux proviennent de l'endroit même; c'est de la chaux blanche, de la formation du calcaire coquillier, du groupe du trias; on ajoute à la chaux une certaine proportion d'argile siliceuse et d'un schiste siliceux brun, tiré des couches supérieures de la formation houillère.

Pour les deux fabriques on emploie 5 machines à vapeur de la force de 90 chevaux; on occupe pour ces deux établissements 250 hommes.

Le produit s'écoule en Russie et à l'étranger, dans la Silésie prussienne et en Gallicie.

1010. TSCHETCHOULINE (Frédéric), à Helsingfors (Finlande).

		r.
1° Briques faites à la mécanique	le mille	13
2° — à la main	—	12

La briqueterie de Stensvik, située dans la paroisse d'Esbo, gouvernement de Nyland, fondée en 1861, produit annuellement 300.000 briques et 1.000.000 de tuyaux de drainage, pour une somme de 48.000 roubles. Fabrication mécanique et à bras. 200 ouvriers.

1011. EPSTEIN (Jean), à Soczewka, gouv. de Varsovie, distr. de Gostynin.

Cartons bitumés . . . . la rame, de 2 r. 50 c. à 4 r. 60 c.

CLASSE 66. MATÉRIEL DE LA NAVIGATION ET DU SAUVETAGE.

1012. IVANOFF, à Nicolaevsk (Sibérie-Orientale).

Modèle de canot employé par les indigènes des contrées de l'Amour.

1013. USINES DE CONSTRUCTIONS NAVALES DU MINISTÈRE DE LA MARINE, à Cronstadt.

	r.
1° Appareil pour la coction de l'eau de mer, système Ton.	800
2° Bouilloire pour marins, en cuivre rouge.	120

Usines fondées en 1858; produisent annuellement pour 2.500.000 roubles. 1000 ouvriers.

1014. ATELIER D'INSTRUMENTS DE NAVIGATION DU MINISTÈRE DE LA MARINE, à Saint-Pétersbourg.

	r.	c.
1° Compas avec appareil d'éclairage	310	»
2° — de voyage avec support.	200	»
3° — pour canot.	25	80
4° Baromètre marin.	34	64
5° Sonde pour marins	10	»
6° Indicateur pour la concentration des coups de feu	68	28
7° Disque.	35	5

1015. ATELIER DE MODÈLES DU MINISTÈRE DE LA MARINE, à Saint-Pétersbourg.

MODÈLES DE NAVIRES.

	r.
1° Frégate cuirassée.	800
2° Clipper à hélice.	570
3° Batterie cuirassée	250
4° Canonnière à tourelle.	250
5° Monitor.	250
6° Frégate en bois, à hélice.	250

L'atelier, fondé en 1855, confectionne par an 100 modèles environ de navires des constructions différentes. 28 ouvriers.

1016. COMPAGNIE RUSSO-AMÉRICAINE DE LA MANUFACTURE DE CAOUTCHOUC.

		r.	c.
1° Habits de plongeurs.	la pièce	60	»
2° Tuyaux pour appareils de plongeurs.	la livre	1	»
3° Nageoirs.	la pièce, de 3 r. 75 c. à	7	50
4° Life-buoys	—	12	»

SEPTIÈME GROUPE.

ALIMENTS (FRAIS OU CONSERVÉS) A DIVERS DEGRÉS DE PRÉPARATION.

CLASSE 67. CÉRÉALES ET AUTRES PRODUITS FARINEUX COMESTIBLES, AVEC LEURS DÉRIVÉS.

1017. ALFTHAN (CHARLES), à Korpela-Antio, gouv. de Wiborg (Finlande).

		r.	c.
1° Seigle	par 100 kilos	6	25
2° Orge	—	5	»
3° Avoine	—	4	50

1018. ANOEFF (THÉODORE), à Laveryschki, gouv. et distr. de Vilna.

Pois, dit bourtchak . . . . le tchetvert 2 r.

1019. ARDJEVANIDZE (JEAN), gouv. et distr. de Tiflis (Caucase).

Sarrasin, gruau.

1020. ARISTOFF (PIERRE), à Ttchardyme, gouv. de Saratov, distr. de Petrovsk.

		c.	r.	c.
1° Froment	le poud	70 et	»	80
2° Seigle	—		»	» 30
3° Orge	—		»	» 50
4° Avoine	—	35 -	»	40
5° Pois	—		»	» 50
6° Millet	—		»	» 50
7° Sarrasin	—		»	» 60
8° Fléole	—		»	3 »
9° Farine de seigle	—	35 -	»	45

		c.	r.	c.
10° Gruau de sarrasin..	le poud	80	et 3	20
11° Farine..	—			70
12° Gruau d'épeautre et d'avoine				60
13° Orge perlé..				80

1021. BARIATINSKY (Prince Victor), à Anatolievka, gouv. de Kherson.

			r.	c.
1° Seigle d'hiver, millet, orge et blé de Turquie ..	le poud	»	50
2° Froment de différentes espèces..	—	1	»
3° Farine de seigle et de blé de Turquie..	—	1	
4° Farine de froment..	—	2	»
5° Farine d'orge..	—	1	»
6° Gruau de millet	—	»	90
7° Fécule de froment d'hiver	—	6	»

1022. BERNSTEIN (Simon), à Odessa.

		pouds.	liv.
1° Froment d'hiver du gouvernement de Podolie, pesant le tchetvert	10	10
2° — de Bessarabie —	10	20
3° — sandomirka —	10	8
4° — ghirka —	10	32
5° — arnaoutka —	10	22
6° Seigle	9	32
7° Blé de Turquie —	10	20
8° Orge —	8	30
9° Avoine —	6	6
10° Millet —	9	37

1023. ÉCOLE D'HORTICULTURE DE BESSARABIE, à Kischinev.

		r.	r.	c.
1° Froment ghirka	le tchetvert, de	6 à 7	»
2° Orges de l'Himalaya, du Pérou, et dite de riz.	—		3	»
3° Lentilles, dites de perle et de Paris. ..	—		6	»
4° Maïs jaune	—	- 2 - 3	50
4° Semences de pastèques..	la livre		»	50
5° — de melons	—		»	50
7° — de citrouilles..	—		1	»
8° Panic d'Italie..	le poud		1	»

1024. BOGOLIOUBSKY (Simon), à Nertchinsk.

Froment, seigle, orge, avoine, sarrasin, sarrasin sauvage; farines; fécule de pomme de terre.

1025. BOLDYREFF (Trophime) et **BESSONOFF** (Étienne), gouv. de Saratov.

Échantillons de farine de froment et de semoule, le poud . . 1 r. 90 c.

<small>Les moulins des exposants, à Tchardimsk et à Kourdioumsk, datent de 1830; la production est de 500.000 roubles par an ; 80 ouvriers; débouchés à Saint-Pétersbourg et au Caucase.</small>

1026. BOTCHAROFF (Jean), à Iamskaïa Sloboda, gouv. et distr. de Koursk.

Seigle . . . . le tchetvert 2 r. 40 c.

1027. BOUBNOFF (Jean), à Moscou.

		c.
1° Malt de seigle, pour brasseries	le poud	75
2° — pour le travail des cuirs	—	65
3° — blanc, à petits grains, pour distilleries	—	62
4° Malt d'orge, pour ferment sec	—	70
5° — pour brasseries	—	67
6° Malt de froment, pour la fabrication du kisly-stchi (boisson mousseuse)	—	90

<small>Établissement fondé en 1830; production annuelle : 120.000 pouds de malt de différentes espèces, pour une somme de 107.000 roubles. 25 ouvriers.</small>

1028. BOUBNOFF (Pierre), à Moscou.

		r. c.	r. c.
1° Malt de seigle	le poud, de	» 75 à	» 80
2° — d'orge	—	» 85 -	» 90
3° — de froment	—	1 20 -	1 25

<small>L'établissement, fondé en 1822, produit par an 60.000 pouds de malt, pour 66.000 roubles environ. 17 ouvriers.</small>

1029. BIÉLAGO (Nicolas), à Gourievka, gouv. d'Orel, distr. de Livni.

Froment d'hiver . . . . le poud 1 r. 50 c.

1030. VARKENTINE (Bernard), colonie Altona, gouv. de Tauride, distr. de Berdiansk.

1° Froment . . . . le poud 1 r.
2° Farine de froment.

1031. VASSILTCHIKOFF (Prince Basile), à Blagovestchenskoïe, gouv. de Saratov, distr. de Balaschev.

Froment d'été, appelé koubanka . . . . . . le poud 1 r. 30 c.

1032. VASSILTCHIKOFF (Prince Victor), à Troubetchino, gouv. de Tambov, distr. de Lébédiane.

Froment d'hiver . . . . le tchetvert 8 r.

1033. ADMINISTRATION DES DOMAINES DE L'ÉTAT DU GOUVERNEMENT DE VOLOGDA.

		r.	c.
1° Froment koubanka	le tchetvert	8	10
2° Orge ordinaire	le poud, de 50. c à »		85
3° Fléole.	—	3	50

1034. DEUTCHMANN, gouv. de Tiflis, distr. de Telav (Caucase).

Blé de Turquie.

1035. DÉNISSIEFF, à Alexandrovskoë, gouv. et distr. de Toula.

		r.
1° Froment d'été, dit de Samara.	le poud	6
2° — à épis rouges.	—	4

1036. DEHN (ALEXANDRE), à Sippola, gouv. de Wiborg (Finlande).

1° Froment. . . . . le tchetvert 8 r.
2° Seigle d'hiver.
3° Orge ordinaire.
4° Avoine d'Arabie, noire.

1037. DJOLIA (PRINCE), en Mingrélie (Caucase).

Seigle.

1038. DMITRIEFF (ALEXANDRE), à Kazinki, gouv. de Tambov, distr. de Kozlov.

Fleur de farine. . . . . le poud 2 r.

Le moulin à eau, appartenant à l'exposant, produit jusqu'à 200.000 pouds de farine de différentes espèces par an, pour une somme de 200.000 roubles environ. 35 ouvriers.

1039. DOLGOROUKY (PRINCE ALEXANDRE), à Vischenki, gouv. de Tchernigov, distr. de Krolevetz.

		r.	c.	r.	c.
1° Biscuits pour marin, avec gluten.	le poud	1	20	et 1	75
2° — sans gluten.	—			1	20
3° Gluten solide	—			6	»
4° Amidon	—			3	»

L'établissement pour la préparation d'amidon fonctionne à la vapeur; la valeur de la production monte à 100.000 roubles par an; 80 ouvriers.

1040. ÉLIAZAROFF, gouv. et distr. d'Érivan (Caucase).

Froment, orge et riz.

1041. JOURAVLEFF (NICOLAS), à Rybinsk, gouv. de Iaroslav.

		r.	r.	c.
1° Farine.	le poud, de	2 à	2	50
2° Semoule.	—		2	40

Le moulin à eau, situé dans le gouv. d'Olonetz, distr. de Vitegra, produit par an 180.000 pouds de farine, qui est préparée d'après une méthode inventée par l'exposant. Valeur de la production annuelle : 250 000 roubles. 120 ouvriers.

1042. IGOUMNOFF, frères, à Volotovo, gouv. de Tambov, distr. de Lebediane.

1° Fleur de farine. . . . . le poud   2 r. 10 c. et 2 r. 75 c.

Moulin à eau, fondé en 1845, produit par an 100.000 pouds de farine, pour une somme de 135.000 roubles. 40 ouvriers.

1043. ILOVAÏSKY (Nicolas), à Grigorievka, pays des Cosaques du Don.

Froment. . . . . le tchetvert pesant 10 pouds, de 9 r. à 10 r. 25 c.

1044. KABANOFF (Marc), à Mokhovoë, gouv. de Toula, distr. d'Éfrémov.

Semences de trèfle. . . . . le poud   6 r.

1045. COMITÉ AUXILIAIRE DU CAUCASE POUR L'EXPOSITION UNIVERSELLE DE PARIS, à Tiflis.

1° Froment, millet, épeautre, seigle, orge, avoine, riz et blé de Turquie.
2° Farines de froment, de maïs et d'orge.

1046. FERME MODÈLE DE KAZAN.

Avoines russe et française.

1047. KOBASSNIKOFF (Justin), à Ouémsk, gouv. et distr. d'Arkhangel.

Orge. . . . . le tchetvert   4 r.

1048. KARLOVKA (Propriété de S. A. I. la Grande-Duchesse Hélène Pavlovna), gouv. de Poltava.

		r. c.	r. c.
1° Froment d'hiver. . . . . le tchetvert, de		4 50 à	6 50
2° — rouge d'été et froment arnaoutka . . . . —		4 » -	6 »
3° Froment polonais (seigle de Jérusalem). . . . . —		16 »	
4° Seigle d'hiver. . . . . —		2 50 -	4 »
5° Orge. . . . . —		1 70 -	4 »
6° Pois des champs, millet, esparcette. —		4 »	
7° Semences de luzerne. . . . . . . le poud		6 »	
8° Miou-ssoui. . . . . —		12 »	

Dans le bien de Karlovka, on récolte par an de 10 à 15.000 tchetverts de froment, dont une partie est exportée par les ports de la mer d'Azov. La récolte de l'orge, cultivée sur un terrain de 600 dessiatines, y est de 3 à 4000 tchetverts par an.

1049. ADMINISTRATION DES DOMAINES DE L'ÉTAT DU GOUVERNEMENT DE KIEV.

		r.
1° Froment bielotourka	le tchetvert	6
2° Millet jaune	—	4
3° Semences de betterave	—	4

1050. KISIELNICKI (Joseph), à Stawiski, gouv. d'Augustow (Pologne).

		r. c.	r. c.
1° Farine de froment	le poud	1 80 et	2 »
2° — de seigle	—	1 20 -	1 50

Moulin à vapeur fondé en 1862, travaillant par an 12.000 tchetverts. 10 ouvriers.

1051. KORDO-SISSOEFF (Basile), à Moskvitino, gouv. de Smolensk, distr. de Viazma.

		r. c.
1° Seigle d'hiver et d'été	le tchetvert	5 25
2° Semences de fléole	le poud	3 50
3° — de trèfle	—	5 »

1052. KORNISS (Jean), col. Orlov, gouv. de Tauride, distr. de Berdiansk.

		r. c.
1° Froment d'été	le poud	1 »
2° Seigle d'automne	—	» 35

1053. KORFF (Baron Michel), à Seltzo, gouv. de Saint-Pétersbourg, distr. de Peterhoff.

		r. c.
1° Froment, dit sandomirka	le tchetvert	12 »
2° Seigle d'hiver	—	7 50
3° Orge ordinaire	—	7 »
4° — chevalier	—	8 »
5° Avoine ordinaire	—	4 »
6° — d'Écosse	—	4 75

1054. COTRUZ (Carpe), à Kirka, en Bessarabie, distr. de Kischinev.

		r. r. c.
1° Pois d'Italie	le poud, de	2 à 2 75
2° Froment d'hiver	le tchetvert	8 25

1055. KRAVTCHENKO (Jean), à Élani, gouv. de Saratov, dist. d'Atkarsk.

Froment, dit bielotourka . . . . . . le tchetvert 8 r. 30 c.

1056. KOULAKOFF (Pierre), gouv. et distr. de Moscou.

Farine . . . . le poud 2 r.

Moulin à eau, produisant annuellement 100.000 pouds de farine et 20.000 pouds de son, pour une somme de 150.000 roubles. 32 ouvriers.

GROUPE 7. — CLASSE 67.

1057. KOUSCHAKEVITCH (Mme), à Gragedanka, gouv. et distr. de Saint-Pétersbourg.

		r.	c.
1° Seigle d'hiver . . . . le tchetvert		16	»
2° Avoine ordinaire. . . . . — de		6 à 7	50

1058. LEVSCHINE (Alexis), gouv. de Toula, distr. d'Éfrémov.

Pois des champs.

1059. LÉONOFF (Léon), à Nagoltchik, pays des Cosaques du Don, distr. de Mïouss.

Froment arnaoutka. . le tchetvert, pesant 10 pouds 24 livres, 11 r.

1060. LINDER (Fridolphe), à Svarto (Finlande).

		r.	c.
1° Seigle . . . . par 100 kilos		6	25
2° Avoine . . . . —		4	50

1061. LODÉ (Édouard von). Ferme de Glukhoozersk, près Saint-Pétersbourg.

		r.	c
1° Froment rouge d'été, ... le tchetvert		12	»
2° Seigle d'hiver et orge chevalier . . . . . . —		8	»
3° Avoine d'Écosse et ordinaire. . . . . —		7	50
4° Blé sarrasin . . . . —		5	»

Le terrain de la ferme est tourbeux, avec un sous-sol argileux. Il a été desséché à l'aide de canaux de 4 à 15 pieds de profondeur, et recouvert d'une couche d'argile de 1 ½ pouce d'épaisseur. Pour engrais, on se sert d'os décomposés avec de l'acide sulfurique (25 pouds par dessiatine); la récolte par dessiatine donne de 14 à 20 tchetverts.

1062. LVOFF (Princesse Barbe), à Popovka, gouv. de Toula, distr. d'Alexine.

		r.	c.
1° Seigle d'hiver. . . . . le poud		»	32
2° Blé sarrasin . . . . —		»	50
3° Semences de fléole. . . . . —		3	50

1063. MALTZOFF (Michel), à Nicolaevsk, gouv. de Samara.

Froment bielotourka. . . . . le tchetvert 11 r. 20 c.

1064. MARINGE (Victor), à Dachowa, gouv. de Varsovie.

		r.	c.
1° Froment. . . . . le poud		1	40
2° Seigle . . . . —		»	80
3° Farine de froment. . . . . —		3	»
4° Semoule. . . . . —		3	»
5° Farine de seigle . . . . —		1	80

Moulin à turbine, système américain, produit 60.000 pouds de farine et de semoule par an, pour une somme de 250.000 roubles.

1065. MARR, à Koutaïss (Caucase).

1° Blé de Turquie.
2° Riz en gerbes.

1066. MENJINSKY (Alexandre), à Levki, gouv. de Mohilev, distr. de Gorodok.

Gruaux de seigle et d'avoine . . . . le poud 2 r.

1067. MENDT (Édouard), à Possouli, gouv. de Wiborg (Finlande).

Seigle . . . . p. 100 kilos 6 r. 25 c.

1068. ADMINISTRATION DES DOMAINES DE L'ÉTAT DU GOUVERNEMENT DE MINSK.

		c.
1° Blé sarrasin ordinaire. . . . . le poud		30
2° Graines de manne de Prusse. . . . . le garnetz		45
3° Panic d'Italie.		

1069. MIKHAÏLOFF (Antoine), gouv. de Voronèje, distr. de Bobrovsk.

	r.	c.
1° Froment ghirka. . . . . le poud	1	60
2° Millet . . . . —	1	20

1070. MOSLOSTVOFF (Valérien), à Nicolskoë, gouv. de Riazan, distr. de Spask.

Épeautre et avoine russe.

1071. MORDVINOFF (Comtesse).

	c.
1° Froment . . . . le poud	70
2° Seigle. . . . . —	35
3° Orge . . . . —	35
4° Avoine . . . . —	30
5° Sarrasin . . . . —	40
6° Millet. . . . . —	55

Dans les biens de la comtesse Mordvinoff, situés dans les gouvernements d'Orenbourg, d'Oufa et de Samara, la récolte annuelle des céréales monte à 120.000 pouds, d'une valeur de 48.000 roubles.

1072. COLONIES ALLEMANDES DU GOUVERNEMENT DE TIFLIS.

Orge, millet, riz, sarrasin, épeautre, farines.

1073. ORBEK (Nicolas) et **OSTROOUKHOFF** (Simon), à Moscou.

	r.	c.
1° Froment d'été et d'hiver. . . . . le poud	1	»
2° Semoule. . . . . —	2	»
3° Farine. . . . . —	2	5

Moulin produisant annuellement 200.000 pouds de farines de différentes espèces. Le moulin fonctionne à l'aide d'une turbine de la force de 60 chevaux. 30 ouvriers.

1074. ADMINISTRATION DES DOMAINES DE L'ÉTAT DU GOUVERNEMENT DE PERM.

			r.	c.
1° Seigle d'hiver.	le tchetvert		3	20
2° — d'été	—		5	40

1075. PEROVSKY (Comte), gouv. de Samara.

Froment.

1076. PETROFF (Alexandre), à Varsovie.

Farine de seigle. . . . . le poud, de 94 c. à 1 r. 60 c.

Moulin à vapeur établi en 1858, livrant par an jusqu'à 100.000 tchetverts de farine pour le pain de munition et jusqu'à 30.000 tchetverts de farine tamisée, pour un total de 688.000 roubles. Deux machines à vapeur de 80 chevaux. 56 ouvriers.

1077. PETCHKE (Christophe), à Doblen, gouv. de Courlande.

		r.	r.	c.
1° Orge.	la mesure	»	2	30
2° Gruau d'orge.	le berkovetz, de	13 à 38	»	
3° Orge perlé.	—	- 26 - 36	»	
4° Farine.	—	- 10 - 14	»	

1078. PLATOFF (Comte Matthieu), pays des Cosaques du Don, dist. de Miouss.

Froment, dit ghirka. . . . . le tchetvert 10 r.

1079. POZNIAKOFF (Jean), à Ivanovskoïe, gouv. de Tver, distr. de Staritsa.

Fécule de pomme de terre. . . . . le poud 2 r.

Fabrique fondée en 1847, livrant annuellement 6000 pouds de fécule. 30 ouvriers.

1080. POLEJAEFF, frères, gouv. de Novgorod, distr. de Belozersk.

Échantillons de farine de froment.

Les moulins de l'exposant ont produit, en 1866, 126.729 tchetverts de farine, pour une somme de 1.750.000 roubles. 500 ouvriers.

1081. POLOVTSEFF (Alexandre), à Ropti, gouv. de Saint-Pétersbourg, distr. de Louga.

		r.
1° Seigle d'hiver	le tchetvert	8
2° Avoine	—	5
3° Blé sarrasin russe.	—	6

1082. BANQUE DE POLOGNE, à Varsovie.

		r.	c.
1° Farine de froment............ le poud		2	10
2° — de seigle .... —		1	10

    Moulin à vapeur, appartenant à la Banque, produit par an pour 550.000 roubles de farines. Moteur de 110 chevaux. 48 ouvriers.

1083. POTOCKI (Comte Alfred), à Ouladovka, gouv. de Podolie, distr. de Vinnitza.

	r.	c.	r.	c.
1° Froment blanc............ le tchetvert, de	9	12	à 12	75
2° — rouge .... —	- 9	»	- 12	50
3° Fleur de farine.				
4° Farine pour la confection des macaronis.				
5° Macaronis et vermicelle ...... le poud -	3	50	- 4	50
6° Petites pâtes .... —	»	»	6	»
7° Fécules de froment et de pommes de terre.				

    Les divers établissements appartenant à l'exposant, tels que distilleries d'esprit-de-vin et de liqueurs, de fabrication de fécule et de sirop de pommes de terre, de macaronis, de vinaigre, de ferment, moulins à vapeur et scierie, produisent par an pour 1.000.000 de roubles et occupent 800 ouvriers. Exportation à Constantinople et à Alexandrie.

1084. POTOCKI (Comte Auguste), à Wilanow, gouv. de Varsovie.

	r.	c.	r.	c.
1° Semoule et gruau de froment...... le poud	»	»	2	24
2° Farine de froment .... — de	»	94	à 2	24
3° Son .... —	-	» 40	- »	50
4° Gruau perlé. .... —	- 3	»	- 3	50
5° — d'orge .... —	- 1	80	- 2	»

    Moulin à vapeur établi en 1863, livrant plus de 110.000 pouds de semoule et de farine par an, pour 150.000 roubles. Deux machines à vapeur de 32 chevaux.

1085. PFEILITZER-FRANK (Baron Jules), à Francks-Sessau, gouv. de Courlande, distr. de Doblen.

Avoine, vesce et orge.

1086. REPPHAN (Guillaume), à Petryki et Zbriersk, gouv. de Varsovie.

1° Seigle d'Espagne.
2° Avoine.

1087. ROMANOFF (Basile), à Kazan.

	r.	c.	r.	c.
1° Froment .... le tchetvert, de	7	»	à 10	»
2° Froment mêlé, servant pour la fabrication de la semoule.				
3° Semoule non triée.				
4° — épurée...... le sac de 5 pouds			9	»

	r.	c.	r.	c.

5° Farines de différentes espèces, le sac de 5 pouds, de 3 50 à 9 »
6° Son de différentes espèces. . — 4 pouds - » 40 - » 70

> Trois machines à vapeur de la force de 130 chevaux servent à faire marcher les meules ; plus d'un million de pouds de froment passent à la mouture par an. 200 ouvriers.

1088. ROSTOVTSEFF (Alexandre), gouv. d'Orel, distr. d'Életz.

			r.	c.
1° Farine de froment, 1re qualité.	le poud	1	80
2° — 2e —	—	1	25
3° — 3e —	—	»	90
4° Semoule.	—	1	80

> Deux moulins à eau de l'exposant produisent par an 40.000 pouds de farine de première qualité, 77.000 pouds de seconde et 26.000 pouds de la troisième.

1089. ROUSSANOFF (Serge), gouv. d'Orel, distr. d'Életz.

			r.	c.
1° Farine de froment d'hiver, pur	le poud	2	»
2° — de froment, première qualité	—	2	»
3° — seconde —	—	1	50

> Le moulin à eau, sur la rivière Worgla, existe depuis 1805 ; il produit par an pour plus de 200.000 roubles de farine de froment. 87 ouvriers.

1090. SADYRINE (Philippe), à Gvosdev, gouv. de Viatka, distr. de Kotelniki.

1° Froment bielotourka, à épis rouges, et blanc d'hiver.
2° Épeautre de Suède : blanche et rouge.
3° Seigle de Pensylvanie, de Suède et de Jérusalem.
4° Orge ordinaire, chevalier et de l'Himalaya.
5° Avoines d'Arabie, noire et de Hopetown.
6° Pois.
7° Blé sarrasin de Suède.

1091. COLONIES ALLEMANDES DE SARATOV.

Froment, dit saxonka, et froment d'hiver.

1092. SIEVERS (Georges von), à Raudenhof, gouv. de Livonie.

Orge (phénix). . . . . le poud 3 r.

1093. SKOPETZ (Constantin), à Loski, gouv. de Vilna, distr. d'Oschmiany.

Seigle d'hiver. . . . . le tchetvert, de 4 à 6 r.

1094. SOLOMIANIK (Jean), à Méka, gouv. de Tchernigov.

Blé sarrasin. . . . . le poud 35 c.

1095. SCORINOFF (Jean), à Samoïlovka, gouv. de Saratov, distr. de Balaschov.

Froment koubanka. . . . . le tchetvert 8 r. 30 c.

1096. SOULKHANOFF (Jean), gouv. de Tiflis, distr. de Gori (Caucase).

Froment, orge, avoine, millet, épeautre et blé de Turquie.

1097. ADMINISTRATION DES DOMAINES DE L'ÉTAT DU GOUVERNEMENT DE TAURIDE.

Froment des steppes d'Eupatorie.

1098. TESSLEFF (Frédéric), à Limata, gouv. de Wiborg (Finlande).

		r.	c.
1° Seigle	par 100 kilos	6	25
2° Orge	—	5	»
3° Avoine	—	4	50

1099. TOGNOLATI (Jean), à Saint-Pétersbourg.

Macaronis, vermicelles et autres pâtes d'Italie. .. le poud 6 r.

L'établissement produit par an jusqu'à 15.000 pouds de macaronis et autres pâtes, pour une somme de 60.000 roubles. Machine à vapeur et 10 ouvriers.

1100. TRITTEN (Othon), à Odessa.

ÉCHANTILLONS DE FROMENT DE DIFFÉRENTES ESPÈCES, EXPORTÉ PAR LE PORT D'ODESSA.

			r.	c.
1° Froment ghirka, du bien de M. Katardji (Bessarabie, distr. de Soroki)	le tchetvert	12	50
2° — d'hiver, du même bien	—	12	»
3° — sandomirka, du bien de M. Zéni, gouv. de Kiev, distr. de Lipovetz.	—	12	»
4° — rouge, du bien de M. Filibert (en Crimée).			

1101. COSAQUES DE L'OURAL (Administration des).

Froment .. .. le poud 80 c.

La production annuelle de froment monte à 2.000.000 de pouds, d'une valeur de 1.600.000 roubles.

1102. FREY (Jules), à Kaislaxe, gouv. de Wiborg (Finlande).

		r.	c.
1° Seigle	par 100 kilos	6	25
2° Orge	—	5	»
3° Avoine	—	4	50

1103. KHAVA (Raphaël), à Odessa.

Blé, farine, son.

GROUPE 7. — CLASSE 67.

1104. TCHAPKINE (Voldémar), à Koudinovo, gouv. de Toula, distr. de Tchern.

Fécules de pomme de terre . . . . le poud 2 r.

<blockquote>L'établissement date de l'année 1853 et produit annuellement 150.000 pouds environ de fécules, du prix de 1 r. à 3 r. 50 c. le poud ; il consomme par an jusqu'à 17.000 berkovetz de pommes de terre.</blockquote>

1105. CZARNECKI (Auguste), à Dobryszyce, gouv. de Varsovie.

Sarrasin suédois . . . . le poud 2 r.

1106. TCHERKASSOFF, à Zarétchié, gouv. de Tver, distr. de Vischny-Volotchok.

Avoine russe.

1107. TCHERKESS (Ignace), à Bernadovka, gouv. de Kherson.

		r.	r.
1° Froment de deux espèces	le tchetvert	11 et	12
2° Seigle d'hiver	—		6
3° Blé de Turquie	—		7
4° Farine et gruau de blé de Turquie . . .	—		9

1108. SCHATILOFF (Joseph), à Mokhovoë, gouv. de Toula.

Froment, seigle d'hiver et avoine ordinaire.

<blockquote>Une dessiatine de 3200 sagènes carrées, d'après une moyenne de vin donne 13 tchetverts de seigle, 16 de froment et 20 d'avoine.</blockquote>

1109. SCHEVTCHENKO (Nicolas), à Samoïlovka, gouv. de Saratov, distr. de Balaschov.

Froment ghirka . . . . le tchetvert 6 r.

1110. SCHMIDT (Charles), à Riga.

Farines de froment et de seigle.

<blockquote>Moulin à vapeur, système américain, fondé en 1861, produisant par an 60.000 pouds de farine pour 96.000 roubles environ.</blockquote>

1111. STATZ (Basile), à Kharkov.

		r.	r.
1° Semences de melon	le poud de	6 à	15
2° — de pastèque	—		10
3° — de citrouille	—	- 2 -	3

1112. IAKIMAKH (Sozonte), à Khoroschié-Vody, gouv. de Toula, distr. d'Éfremov.

1° Froment d'hiver.
2° — d'été, russe.
3° — biélotourka et ghirka.

1113. IAZWINSKI (Valentin), à Rudzienko et Dobré, gouv. de Varsovie.

Froment.

1114. IASTCHENNIKOFF (Simon), à Samoïlovka, gouv. de Saratov, distr. de Balaschev.

Froment russe ordinaire. . . . . le tchetvert   4 r. 80 c.

1115. ERISTOFF (Prince Raphaël), en Mingrélie (Caucase).

Millet, sorgho, blé de Turquie.

CLASSE 68. PRODUITS DE LA BOULANGERIE ET DE LA PATISSERIE.

1116. KRUTCHKOFF (Simon), à Saint-Pétersbourg.

PAIN DIT SUÉDOIS.

		c
1° Pain à thé, blanc. . . . . la livre		6
2° — de table.	—	4
3° — à miel, avec amandes.	—	20
4° — de seigle.	—	2

Boulangerie fondée en 1842; production annuelle : 11.000 pouds de pain de différentes espèces, pour 15.000 roubles.

CLASSE 69. CORPS GRAS ALIMENTAIRE; LAITAGE ET ŒUFS.

1117. COLONIE ALLEMANDE D'ALEXANDERSHILF (Caucase).

Fromage à l'instar de celui de Suisse. . . . . . . la livre   30 c.

1118. BÉKOFF (Ibrahim), gouv. de Bakou (Caucase).

Fromage (moutal). . . . . la livre   10 c.

1119. VERESTCHAGUINE (Nicolas), gouv. de Tver.

Fromage . . . . le poud   4 r.

1120. WIEBE (Philippe), col. Orlov, gouv. de Tauride, distr. de Berdiansk.

Fromage. . . . . la livre   25 c.

1121. DEHN (Alexandre), à Sippola, gouv. de Wibourg (Finlande).

Fromage de 1865.

1122. KORNISS (Jean), col. Orlov, gouv. de Tauride, distr. de Berdiansk.

Fromage. . . . . la livre   25 c.

1123 MESTCHERSKY (Prince Boris), à Latoschinsk, gouv. de Tver, distr. de Staritsa.

Fromage de 1864 et 1865. . . . . le poud   8 r.
    La production annuelle de fromages s'élève à 3000 pouds.

1124. SEID-SAAFOFF, en Ossétie (Caucase).

Fromage de lait de buffle et de vache. . . . . . . la livre   10 c.

1125. SCHAKHOVSKOY (Prince Alexandre), à Bielaïa-Kolp, gouv. de Moscou, distr. de Volokolamsk.

Fromage . . . . le poud   6 r.

CLASSE 70. VIANDES ET POISSONS.

1126. ABOUKHOFF (Gabriel), à Aleschki, gouv. de Tauride, distr. de Dnieprovsk.

Queues d'écrevisses séchées.
    La pêche d'écrevisses se fait dans les petites baies de la rivière Konki. Une livre de queues d'écrevisses séchées contient 800 pièces.

1127. DURANTE (Vincent), à Théodosie.

                                                                           r.

1° Kéfal (poisson) fumé . . . . le cent   7

2° Caviar de kéfal . . . . la livre   2

1128. ILISCH (Théodore), à Saint-Pétersbourg.

                                                                         r. c.

Extrait de viande . . . . la livre   4 50

1129. CATANI (Florio A.), à Helsingfors (Finlande).

GIBIER CONSERVÉ EN BOÎTES DE FER-BLANC.

		liv.	r.	c.
1° Gélinottes	la boîte de 1	1/4	»	75
2° Coqs de bois.	—	2 1/2	1	75
3° Jaseurs.	—	1 1/2	»	80
4° Grives.	—	1 1/2	»	80
5° Coqs de bruyère.	—	4 3/8	2	10

L'établissement prépare annuellement de 1200 à 1500 boîtes de conserves de gibier. Débouchés à Berlin, Londres et Paris.

1130. KOJEVNIKOFF (Michel), à Astrakhan.

POISSONS SALÉS ET SÉCHÉS A L'AIR.

		r.	c.
1° Sandats	le poud	1	50
2° Brêmes	—	1	25
3° Voblys (leuciscus grislagine).	—	»	30
4° Brochets	—	1	50
5° Cingles	—	»	50
6° Chabots.	—	»	50
7° Sertes	—	»	40
8° Harengs salés de la mer Caspienne.	le millier	12	50

1131. COSAQUES DE LA MER NOIRE (Administration des), à Ékatérinodar.

		r.	c.
1° Dos essoré (balyk) d'esturgeon.	le poud	13	»
2° — d'esturgeon stellifère.	—	12	»
3° — de dauphin blanc.	—	12	»
4° Ventre d'esturgeon.	—	6	»
5° Sandats séchés à l'air.	le millier	60	»
6° — fumés.	—	65	»
7° Sertes.	—	12 et 18	»
9° Caviar pressé, du mois d'avril.	le poud	16	»
10° — de l'été.	—	15	»
11° — de sandat	—	2	50

1132. LÉBÉDEFF (David), à Nicolaev, gouv. de Kherson.

Poisson salé (Alausa cultiventris Nord). . . . . . le poud 2 50

L'établissement de pêcherie de l'exposant est situé sur le Boug; la pêche a lieu en automne, sur un espace de 12 verstes. La salaison se fait à Nicolaev et dure depuis le 20 octobre jusqu'au 15 mars. La production annuelle, 40.000 pouds environ, est consommée dans les gouvernements du sud de la Russie.

1133. SOCIÉTÉ DES PÊCHERIES D'ÉLIZAVETINSKAÏA STANITSA, pays des Cosaques du Don.

		r.
1° Caviar d'esturgeon pressé. . . . . le poud		24
2° Balyk ou dos d'esturgeon, salé et séché à l'air . .	—	24
3° — d'esturgeon stellifère	—	24

Production annuelle : 700 pouds de caviar et 1000 pouds de balyk.

1134. POSPOLITAKI (Dmitry), à Kertch, en Crimée.

Harengs de Kertch.

1135. COLONIE DES BASCHKIRS DE SEITOFF, gouv. d'Orenbourg.

Viande de mouton, séchée . . . . la livre, de 10 à 15 c.

1136. SIVTSOFF (Jean), à Odessa.

1° Bouillon en tablettes.
2° Conserves de perdrix, de poulets et de viande.

1137. COSAQUES DE L'OURAL (Administration des).

		r.
1° Caviar . . . . le poud		12
2° Balyk (poisson salé et fumé).	—	20

Production annuelle : 10.000 pouds de caviar et 1200 pouds de balyk, pour un total de 214.000 roubles.

CLASSE 71. LÉGUMES ET FRUITS.

1138. ARTINOFF (Nicolas), à Kischinev.

Pruneaux. . . . . la livre 60 c.

1139. BARANOVSKY (Mme), à Niéjine, gouv. de Tchernigov.

LÉGUMES ET FRUITS SALÉS ET CONSERVÉS AU VINAIGRE.

		r.	c.
1° Cerises, raisin, reines-claudes, pyrus baccata (L.) et cèpes. . . . . le flacon		2	»
2° Poires, pommes et concombres	—	1	»
3° Prunes	—	1	50

1140. BERNSTEIN (Simon), à Odessa.

1° Pois séchés.
2° Fèves de différentes espèces.

1141. ÉCOLE D'HORTICULTURE DE BESSARABIE, à Kischinev.

		c.
1° Pruneaux.	la livre	60
2° Poires séchées.	—	80

1142. WIEBE (Philippe), col. Orlov, gouv. de Tauride, distr. de Berdiansk.

FRUITS SÉCHÉS.

		c.
1° Poires.	la livre	20
2° Pommes	—	30
3° Prunes et mirabelles.	—	15

1143. GNILOSSAROFF (Pierre), à Ouldouz, gouv. de Bakou, distr. de Schemakha (Caucase).

Fèves et pois.

1144. ÉLISÉEFF, frères, à Saint-Pétersbourg.

FRUITS SÉCHÉS.

		c.
1° Fraises.	la livre	60
2° Framboises.	—	40
3° Pêches et myrtilles	—	25
4° Noix et noisettes.		25 et 30

1145 COMITÉ AUXILIAIRE DU CAUCASE POUR L'EXPOSITION UNIVERSELLE DE PARIS, à Tiflis.

1° Pois, fèves, haricots, lentilles.
2° Noix.

1146. KORNIS (Jean), col. Orlov, gouv. de Tauride, distr. de Berdiansk.

		c.
1° Prunes séchées.	la livre	15
2° Pommes séchées.	—	30

1147. LISSITSINE (Nicolas), à Poretchié, gouv. de Iaroslav, distr. de Rostov.

		r.	c.
1° Pois séchés.	le poud	16	»
2° Fèves séchées.	—	10	»
3° Chicorée.	—	1	25

1148 COLONIES ALLEMANDES DU GOUVERNEMENT DE TIFLIS.

1° Pois, haricots.
2° Fruits séchés : abricots, prunes et cerises.

GROUPE 7. — CLASSE 71.

1149. AUGUSTE, à Saint-Pétersbourg.

FRUITS, LÉGUMES ET VIANDES CONSERVÉS.

		c.	r.	c.	r.	c.
1°	Artichauts coupés et fonds d'artichauts, le flacon	c.	r.	c.	»	75
2°	Asperges . . . . —	85	1	25 et	1	50
3°	Morilles et petites carottes. . . . . . —		»	»	»	65
4°	Haricots . . . . —		»	»	»	85
5°	Tomates . . . . —		»	»	»	65
6°	Laitue et fèves blanches . . . . . . —		»	60	–	» 65
7°	Purée de petits pois . . . . —		»	»	»	50
8°	Petits pois . . . . —		»	»	»	70
9°	Champignons. . . . . —		»	»		60
10°	Endive. . . . . —		»	»	»	80
11°	Ananas en tranches. . . . . . . —		»	»	1	25
12°	Ananas dans du sucre. . . . . . —		»	»	2	25
13°	Pattes d'ours. . . . . —		»	»	2	50

FRUITS ET LÉGUMES AU VINAIGRE ET SALÉS.

14° Petits pois et haricots.

FRUITS ET LÉGUMES SÉCHÉS.

			c.	c.	c.
15°	Petits pois.	la livre	15,	35 et	70
16°	Petits pois écossés et lentilles.	—		»	20
17°	Haricots.	—		15 et	20
18°	Pommes.	—		»	25
19°	Cèpes.	le flacon		1 r.	»

20° Amanites sanguines, vaches blanches, airelles rouges confites dans le sucre et canneberges conservées dans l'eau sucrée.

1150. OPLÉOUKHINE (Pierre), à Saint-Pétersbourg.

LÉGUMES, FRUITS ET CHAMPIGNONS CONSERVÉS AU VINAIGRE.

			r.	c.
1°	Champignons et morilles	le flacon	1	25
2°	Cèpes.	—	2	»
3°	Petits pois	—	1	50
4°	Haricots	—	»	80

LÉGUMES ET FRUITS SALÉS ET CONSERVÉS AU VINAIGRE.

			r.	c.
5°	Cornichons, prunes, échalotes	le flacon	2	»
6°	Cerises.	—	4	»
7°	Pommes.	—	1	50
8°	Concombres.	—	4	»
9°	Choux rouges, coupés.	—	1	»

			r. c.
10° Choux blancs		le flacon	75
11° — hachés		—	50

LÉGUMES SÉCHÉS.

		r. c.	r. c.
12° Petits pois	la livre, de	» 30 à	» 80
13° Chicorée	—	» »	» 15
14° Fèves blanches	—	» »	» 12
15° — rouges, jaunes, multicolores	—	» »	» 15
16° Truffes	—	» »	1 20
17° Vaches blanches, amanites sanguines et cèpes marinés	—	2 50 et	4 »
18° Cèpes séchés	—	» 60	» 80
19° Canneberges conservées dans de l'eau sucrée	le flacon	» »	1 »
20° Airelles rouges	—	» »	1 50
21° Rubus Chamacmorus, L.	—	" »	2 »

1151. SOULKHANOFF (Jean), gouv. de Tiflis, distr. de Gori (Caucase).

1° Fèves, pois et haricots de différentes espèces.
2° Fruits séchés : kisil, prunes, poires, pommes et groseilles.
3° Noix.

1152. ADMINISTRATION DES DOMAINES DE L'ÉTAT DU GOUVERNEMENT DE TOULA.

Truffes indigènes conservées.

1153. VIEWEG (Gustave), à Tchitchensk (Caucase).

Fruits sechés.

CLASSE 72. CONDIMENTS ET STIMULANTS; SUCRES ET PRODUITS DE LA CONFISERIE.

1154. AMELONG (Robert), à Moscou.

CAFÉS TORRÉFIÉS.

		r. c.
1° Lagoura	le poud	17 50
2° Martinique	—	18 »
3° Ceylan	—	21 »
4° Moka	—	24 60

1155. APRAKSINE (Comte JEAN), à Zémetchino, gouv. de Tambov, distr. de Morschansk.

Sucre brut de betteraves.

    Sucrerie fondée en 1848; production annuelle : 45.000 pouds de sucre, pour une somme de 275.000 roubles. 600 ouvriers.

1156. BALABOUKHA (NICOLAS), à Kiev.

		r. c.
1° Confitures : cerises, bigarreaux, merises, pêches et prunes françaises, oranges amères, fraises brelingues, abricots et prunes avec amandes. . . . . . . la livre		1 r.
2° Confitures : framboises, reines-claude, Pyrus baccata (L.), cassis, coings, cornouilles, melons, sorbes, roses, groseilles rouges, églantiers, poires, épines-vinettes, ronces, citrons, laitues, pommes, cerises, fraises brelingues, groseilles vertes et fraises . . . . . . la livre		» 75
3° Confitures d'ananas	—	2 50
4° — de gingembre	—	2 »
5° Fruits confits : framboises, roses, bergamotes, melons, pommes, poires, noisettes, cornouilles, cerises, prunes, fraises brelingues et groseilles vertes. . . . . la livre		1 25

    L'établissement existe depuis plus de cent ans et prépare annuellement jusqu'à 1000 pouds de confitures. 30 ouvriers.

1157. BENARDAKI (DMITRY), à Kaligorka, gouv. de Kiev, distr. de Zvenigorod.

Sucre de betteraves, brut. . . . . le poud   6 r.

    Sucrerie fondée en 1848; production annuelle : 100.000 pouds de sucre brut, pour 550.000 roubles. 800 ouvriers.

1158. BOGDANOFF et fils, à Moscou.

		r. c.
1° Extrait de vinaigre . . . . le védro		3 »
2° Vinaigre vineux	—	» 80

    Établissement fondé en 1840, produit annuellement (de 6 à 7000 védros d'esprit-de-vin) 40.000 védros de vinaigre, pour une somme de 32.000 roubles.

1159. BRANICKI (Comte LADISLAS), à Olschany, gouv. de Kiev, distr. de Zvenigorod.

Sucre raffiné. . . . . le poud   8 r.

    Raffinerie établie en 1848; production annuelle : 200.000 pouds de sucre raffiné, pour une somme de 1.500.000 roubles. 400 ouvriers.

1160. VASSILTCHIKOFF (Prince VICTOR), à Troubetchino, gouv. de Tambov, distr. de Lebediane.

Échantillons de sucre brut, en farine . . . . le poud   7 r.

    Sucrerie montée en 1839, fonctionne à la vapeur et consomme par an au delà de 60.000 berkovetz de betteraves, produisant 30.000 pouds de sucre, pour 180 à 240.000 roubles. 350 ouvriers. Débit exclusif à Moscou.

1161. VESTINE (Cornélius), à Orlovetz, gouv. de Kiev, distr. de Tcherkask.

		r.
1° Sucre brut.	le poud	7
2° — raffiné. . . . . ,	—	8

Sucrerie fondée en 1834 ; production annuelle : 30.000 pouds de sucre brut et 30.000 pouds de sucre raffiné, pour une somme de 480.000 roubles. 600 ouvriers.

1162. GERKE (Frédéric et Édouard), à Penza.

Sucre raffiné . . . . le poud   7 r. 50 c.

Production annuelle : 60.000 pouds de sucre raffiné, pour 510.000 roubles. 60 ouvriers.

1163. GLITCH (Jean), à Sarepta, gouv. de Saratov.

Moutarde en farine. . . . . la livre, de   19 $1/2$ à 40 c.

Établissement fondé en 1810 ; consomme 40.000 pouds de graine de moutarde, et produit annuellement 16.000 pouds de farine et 8000 pouds d'huile de moutarde, pour un total de 175.000 roubles. 50 à 60 ouvriers.

1164. GNILOSSAROFF (Pierre), à Ouldouz, gouv. de Bakou, distr. de Schemakha (Caucase).

1° Bonbons tartares.
2° Pastila (pâte de fruits).

1165. COMPAGNIE DANILOFF DE LA RAFFINERIE DE TROKHGORNY, à Moscou.

Sucre raffiné. . . . . le poud   8 r.

Raffinerie, établie en 1859, livre annuellement 50.000 pouds de sucre raffiné, pour une somme de 2 millions de roubles. 135 ouvriers.

1166 DASCHKOFF (Mme), à Blagovestchensky, gouv. d'Oufa.

Échantillons de miel. . . . . le poud   6 r.

La production de miel arrive à 6000 pouds par an, pour une valeur de 30 à 35.000 roubles.

1167. DENGING (Henriette), à Kischinev (Bessarabie).

		c.
1° Confiture de pêches.	la livre	60
2° Compote de pêches.	—	40

1168. DOLGOROUKY (Princesse Marie), à Vischenky, gouv. de Tchernigov, distr. de Krolevetz.

Sucre brut. . . . . le poud   6 r.

Sucrerie marchant à la vapeur, montée en 1842, consomme plus de 40.000 berkovetz de betteraves par an ; valeur de la production : 150.000 roubles. 400 ouvriers. Débit principal à Moscou.

1169 ÉLISSÉEFF, frères, à Saint-Pétersbourg.

CONFITURES AU SUCRE.

		c.
1° Fraises, rubus arcticus, rubus chamæmorus. . . . . . la livre		80
2° Fragaria collina (Ehrh.), cassis, pommes et épines-vinettes. . . . . —		70
3° Groseilles rouges et blanches. . . . . —		50
4° Sorbes. . . . . —		40
5° Airelles rouges et canneberges . . . . —		40

CONFITURES A LA MÉLASSE.

6° Framboises, cassis, airelles rouges. . . . . la livre 20 c.

FRUITS CONFITS.

7° Fraises, cerises, cassis, pommes de Sibérie (Pyrus bac-   c.
cata, L.), framboises, pêches, rubus chamæmorus, la livre 80
8° Sorbes. . . . . — 70
9° Fruits divers (ieralasche) . . . . — 50

1170 JOUKOWSKY (Étienne), à Novaïa-Tovoljanka, gouv. de Koursk, distr. de Bielgorod.

Sucre de betteraves, brut . . . . le poud   6 r.

1171. JOURKINE, à Saint-Pétersbourg.

1° Pâtes de fruits (pastila) : pommes, framboises, amandes, sor-   c.
bes et mélangé. . . . . la livre 25
2° Marmelades . . . . — 25

Production annuelle : 800 pouds.

1172. ILISCH (Théodore), à Saint-Pétersbourg.

Chocolat à extrait de viande. . . . . la livre   2 r.

1173. CAIL, GALOT et BECKERS, à Trostianetz et Oustié, gouv. de Podolie.

Sucre brut.

Production annuelle : 200.000 pouds, pour 1 million de roubles.

1174. KRONENBERG (Léopold), à Ostrow, gouv. de Varsovie.

Sucre raffiné . . . . le poud   6 r. 33 c.

Sucrerie fondée en 1853 ; production annuelle : 120.000 pouds de sucre, pour une somme de 900.000 roubles. 1200 ouvriers.

1175. LANDRIN (Georges), à Saint-Pétersbourg.

Bonbons au jus de fruits . . . . la livre, de 30 à 40 c.

Confiserie fondée en 1850 ; production annuelle : 100.000 roubles. 50 ouvriers.

1176. LAPINE (Alexis), à Saint-Pétersbourg.

1° Graines de cumin des prés . . . . la livre	10
2° — d'anis	—	12
3° — de fenouil	—	25
4° — de coriandre	—	15
5° Piment	—	12

1177. LÉBÉDEFF (Pierre), à Moscou.

Moutarde préparée . . . . par douz. de pots 2 r.

L'établissement produit par an 5000 douzaines de pots de moutarde.

1178. LINDER (Marie, née Comtesse Pouschkine), à Naës, gouv. de Nyland (Finlande).

	r.	c.
1° Confitures de framboise pourpre de marais, le kilogramme	2	»
2° Confitures de framboise jaune de marais. —	2	»
3° — d'airelle rouge, commune . . . —	1	25

1179. LINDER (Fridolphe), à Svarto (Finlande).

	r.	c.
1° Confitures de framboise pourpre de marais, le kilogramme	2	»
2° — jaune de marais . . . . —	2	»
3° — de canneberge ou cousinette des marais. —	1	25
4° — d'airelle rouge, commune . . . . —	1	25

1180. MIRONOFF (George), à Simféropol.

	r.	c.
1° Pâtes de fruits (pastila) : abricots, roses, nèfles, coings, pêches, poires et pommes. . . . . la livre	»	75
2° Fruits confits : pêches, merises, nèfles, groseilles vertes, poires et melons. . . . . —	1	»
3° Gelée de coing . . . . —	»	75

1181. MONAKHOFF (N.), à Kline, gouv. de Moscou.

Sirop de pomme de terre . . . . le poud 2 r.

Établissement fondé en 1838; la production de sirop de pomme de terre monte à 50.000 pouds par an, pour une somme de 100.000 roubles. 25 ouvriers.

1182. MORDVINOFF (Comtesse), à Nadejda, gouv. d'Oufa, distr. de Birsk.

Échantillons de miel en rayons . . . . le poud 4 r. 80 c.

GROUPE 7. — CLASSE 72.

1183. MOSCHNINE (N. K.), près Pokrov, gouv. de Moscou, distr. de Serpoukhov.

Vinaigre. . . . . le védro, de 1 à 2 r.

1184. NAZAROFF, à Saint-Pétersbourg.

1° Sirops d'oranges, de citrons, d'épines-vinettes, de rubus chamæmorus (L.), de fraises, de framboises, de canneberges, de groseilles rouges et de cerises. la bouteille   r. c.   1 50

2° Suc de canneberges. . . . .   —   1 »

1185. NATANSON (Jacques), à Gouzow et Sanniki, gouv. de Varsovie.

1° Sucre raffiné. . . . . le poud   r.
                                                                                                                    7

2°   —   brut cristallisé. . . . .   —   6

    Sucrerie et raffinerie établies à Sanniky en 1849; production annuelle : 75.000 pouds de sucre, pour une somme de 500.000 roubles. 250 ouvriers. L'établissement de Gouzow fournit annuellement 100.000 pouds de sucre, pour une somme de 700.000 roubles. 250 ouvriers.

1186. NIKITINE (Alexandre), à Smolensk.

Fruits confits. . . . . la livre   1 r.

    L'établissement existe depuis 1785.

1187. NOSTITZ-IACKOWSKI (Joseph), à Izabelin, gouv. de Plock.

1° Sucre en morceaux. . . . . le poud   6 r. 5 c.

2° Sucre brut.

    Sucrerie fondée en 1858; production annuelle : 20.000 pouds de sucre, pour 120.000 roubles. Fabrication au moyen d'appareils centrifuges sans presse. 80 ouvriers. En outre, 30.000 pouds de sucre, pour une somme de 150.000 roubles, sont produits au même établissement d'après le procédé ordinaire avec presses. 250 ouvriers.

1188. POPOFF, frères, à Moscou.

Thé, de la récolte de 1865 et 1866.

    La plantation de thé, appartenant à l'exposant, se trouve en Chine dans la province de Tsoune-ianne. La récolte moyenne arrive à 300.000 livres de thé, pour une valeur de 250.000 roubles.

1189. POTOCKI (Comte Alfred), à Ouladovka, gouv. de Podolie, distr. de Vinnitza.

		r. c.	r. c.
1° Sucre raffiné.	le poud, de	7 50 à	9 50
2° Sucre brut.	—	5 25 -	6 75
3° Vinaigre ordinaire.	la bouteille	» »	» 25
4° — estragon	—	» »	» 30
5° — de table.	—	» »	» 35

    Sucrerie fondée en 1859.

GROUPE 7. — CLASSE 72.

1190. POTOCKI (Comtesse Marie), et **SANGUSZKO** (Prince Roman), à Schepetovka, gouv. de Volhynie, distr. de Zaslavl.

Sucre de betteraves, raffiné. . . . . le poud   9 r.

<blockquote>La raffinerie et les cinq sucreries, appartenant aux exposants et fondées en 1846, produisent par an 200.000 pouds de sucre, pour une somme de 1.600 000 roubles. Moteurs à vapeur de la force de 1250 chevaux. 250 ouvriers et, en sus, 1300 pendant les travaux d'automne.</blockquote>

1191. SAVITSKY (Successeurs de), à Moscou.

                                                                                                            r. c.

1° Confitures et fruits séchés. . . . . la livre 1 25

2° Sirops de fruits. . . . . — » 75

<blockquote>Confiserie fondée en 1775; production annuelle: 30.000 roubles. Exportation.</blockquote>

1192. SIVOKHINE (E.), à Saint-Pétersbourg.

Miel de tilleul . . . . le poud 14 r.

1193. SCALON (Nicolas), à Bieloï-Kolodetz, gouv. de Kharkhov, distr. de Voltchansk.

Sucre de betteraves, brut.

1194. SKIRMOUNDT (Alexandre), à Poretchié, gouv. de Minsk, distr. de Pinsk.

Sucre raffiné . . . . le poud 7 r. 50 c.

<blockquote>Sucrerie, fondée en 1860, produit annuellement 15.000 pouds de sirop et de sucre raffiné, pour une somme de 100.000 roubles. 120 ouvriers.</blockquote>

1195. SOULKHANOFF (Jean), gouv. de Tiflis, distr. de Gori (Caucase).

Tchourtzkheli (bonbon national du Caucase).

1196. SOUKHOVO-KOBYLINE, frères (Basile et Alexandre), à Kobylinko, gouv. de Toula, distr. de Tchern.

                                                                                                           r. c.

1° Sucre brut, blanc. . . . . le poud 7 20

2°   —   jaune, blanchi au sirop . . . . . .   —   5 60

3°   —   jaune, non blanchi . . . .   —   4 80

<blockquote>Sucrerie fondée en 1846, produit annuellement 15.000 pouds de sucre brut pour une somme de 100.000 roubles. 220 ouvriers.</blockquote>

1197. TSELIBÉEFF (Théodore), à Saint-Pétersbourg.

Vinaigre . . . . le védro 1 r.

1198. TCHOUPRIKOFF (Carpe), à Kolomna, gouv. de Moscou.

                                                                                                           c.

1° Pâtes de fruits au sucre (pastila): sorbes, bergamottes, épines-
vinettes, roses, citrons, ananas, pommes . . . . la livre 40

GROUPE 7. — CLASSE 72. 239

                         c.
2° Pâtes de fruits au miel : pommes, roses . . . . . . la livre 40

 La production de pastila à Kolomna date du règne de Catherine II. La ville possède aujourd'hui trois établissements pour la préparation de pastila, dont celui de l'exposant est le plus considérable. La production annuelle de cet établissement s'élève à 1000 pouds.

1199. SCHESTERIKOFF (Basile), à Simféropol, gouv. de Tauride.

Miel . . . . le poud 6 r.

1200. STARR (Paul) et **Cie**, à Riga.
                       r.   r.
1° Cafés de Ceylan et de Java, torréfiés. . . le poud » 20
2° — préparé . . . . — de 4 à 6
3° — de glands doux et de betteraves . . — » 2
4° — de chicorée. . . . . — de 1 r. 20 c. à 2

 Fabrique de café de chicorée fondée en 1860; production annuelle : 20.000 pouds de café, pour une somme de 50.000 roubles. 50 ouvriers.

1201. EPSTEIN (Germain) et **Cie**, à Hermanow et à Lyskowice, gouv. de Varsovie.

Sucre raffiné. . . . . le poud 6 r. 66 $^3/_4$ c.

 La sucrerie de Lyskowice, fondée en 1851, produit par an 75.000 pouds de sucre raffiné, pour 600.000 roubles. 420 ouvriers. Le produit annuel de la sucrerie de Hermanow, fondée en 1830, est de 60.000 pouds, pour 400.000 roubles. 600 ouvriers.

1202. EPSTEIN (Léon), à Kutno, gouv. de Varsovie.

Sucre raffiné.

 La raffinerie livre annuellement 60.000 pouds de sucre, d'une valeur de 500.000 roubles. 600 ouvriers.

1203. IANASZ (Jacques), à Jozefowo, gouv. de Varsovie.

1° Sucre brut à grains fins et à gros grains, cristallisé et pilé, le poud 6 r.
2° Sirop et autres produits secondaires de la fabrication du sucre de betteraves.

 La sucrerie travaille par an 100.000 berkovetz de betteraves et produit 600.000 pouds de sucre environ. 150 ouvriers. Le jus est extrait des betteraves d'après le procédé perfectionné de Robert.

CLASSE 73. BOISSONS FERMENTÉES.

1204. ANDRIES (Jacques), et **ESTERLE** (Jacques), colonie d'Alexandersdorff, près Tiflis.

Vins rouges.

1205. ARISTOF (Pierre), à Tchadrine, gouv. de Saratov, distr. de Petrovsk.

Alcool, eaux-de-vie et liqueurs de fruits (nalivka).

1206. ARTINOFF (Nicolas), à Kischinev, en Bessarabie.

Vin blanc de 1862. . . .. le védro 2 r. 50 c.

1207. BAVARIA (Société anonyme de la brasserie) à Saint-Pétersbourg. r. c.

1° Bière bavaroise . . .. le védro 1 »
2° — export . . .. — 2 20

Brasserie fondée en 1863; production annuelle : 600.000 védros de bière, pour une somme de 660.000 roubles. 160 ouvriers.

1208. BIELIKOVITCH (Théophile), à Ackermann (Bessarabie).

		r.	c.
1° Vin blanc de l'année 1850, des raisins de l'espèce Aidgi et Alvarna.	le védro	6	»
2° Vin blanc de l'année 1860, de raisins des espèces indigènes connues sous le nom de Kabaasma et Bellerdji.	—	3	»
3° Vin rouge de 1863, de raisins des espèces indigènes appelées Kabassia et Sourektsia. .	—	2	50
4° Vin de l'année 1866	—	1	50

1209. WIEBE (Philippe), colonie Orlov, gouv. de Tauride, distr. de Berdiansk.

Vin des steppes . . .. la bouteille 35 c.

1210. VORONTZOFF (Prince Simon), en Crimée.

                                                                                   c.

1° Vins rouges . . . . la bouteille, de 55 à 80
2° — blancs. . . .. — - 50 - 90

1211. HAGEN (Charles), à Kischinev, en Bessarabie.

                                                                                   r. c.

1° Vin rouge de 1862. . . .. le védro 4 »
2° — blanc. . . .. — 3 »
3° — de 1863. . . .. — 2 50

La production annuelle est de 1200 védros.

GROUPE 7. — CLASSE 73.

1212. GROTE (Alexandre), à Lembourg, gouv. de Livonie.

Kummel (cumin) doux, crème de Lembourg. . . la bouteille 70 c.

<small>Distillerie de liqueurs, établie en 1850; production annuelle : 10.000 bouteilles de liqueurs fines.</small>

1213. DAIBER (Abraham), à Charlotenberg, en Crimée.

Bordeaux, Sauterne et Muscat . . . . la bouteille 50 c.

1214. DEUTSCHMANN, en Kakhétie (Caucase).

Vins blancs et rouges..

1215 DÉCHARIOT (Marie), à Moscou.

		r.	r. c.
1° Esprit-de-vin..	le védro, de	2 à	3 50
2° Eau-de-vie ordinaire.	—		1 20
3° — sucrée..	—		3 »
4° — française.	—		2 50
5° — caucasienne, aromatique . .	—		. 3 50
6° Liqueur (nalivkas) de sorbe..	la bouteille		» 50
7° — — de la Petite-Russie . . .	—		» 60
8° Doppel-Kummel et Alash	—		» 50
9° Ekkau.	—		» 60
10° Kummel (cumin).	—		» 80
11° Liqueur de thé et d'ananas.	—		1 50

<small>Distillerie fondée en 1818 ; production annuelle : 80.000 védros, pour une somme de 300.000 roubles.</small>

1216. DÉDOFF (Jean), à Moscou.

		r. c.
1° Marasquin.	la bouteille	1 »
2° Baume noir et jaune...	le flacon	1 25
3° Doppel-Kummel et liqueurs (nalivkas) de cerises, groseilles noires, framboises, fraises et de sorbes	la bouteille	» 60
4° Absinthe, essence d'oranges	—	» 50
5° Eau-de-vie ordinaire.	—	» 40

<small>La distillerie livre annuellement pour 50.000 roubles de liqueurs de tous genres. 16 ouvriers.</small>

1217. INGLEZ (Alexandre), à Kischinev.

		r. c.
1° Vin rouge de 1858.	le védro	4 »
2° Vin blanc de 1862	—	2 50

1218. JON (Jean), à Saint-Pétersbourg.

		c.
1° Esprit-de-vin rectifié......... la bouteille		55
2° Kummel............... —	de 40 à	50
3° Liqueur de menthe........... —		43
4° Baume de Riga........... le flacon	1 r.	10
5° Liqueur de Kiev (nalivka)...... la bouteille		65
6° — amère............ —	26 et	33
7° — douce............ —	28 et	38
8° — d'absinthe........ —		90
9° Eau-de-vie purifiée.......... —		20
10° — orange amère..... le demi-flacon		60

La distillerie produit annuellement jusqu'à 20.000 védros d'eaux-de-vie et de liqueurs, pour une somme de 85.000 roubles.

1219. KASIMIR (Constantin), à Mileschti, en Bessarabie, distr. de Kischinev.

	r.	c.
1° Vins rouge et blanc de 1864........... le védro	3	»
2° — — de 1863........... —	2	50

La production annuelle est de 3800 védros.

1220. KELLER et Cie, à Saint-Pétersbourg.

		c.
1° Esprit-de-vin distillé........ la bouteille		50
2° Doppel-Kummel (cumin)...... —	de 40 à	60
3° Menthe et anisette......... —	- 40 -	50
4° Liqueur d'oranges amères...... —		60
5° — anglaise, amère...... —		33
6° Eau-de-vie purifiée........ —		22
7° Liqueurs impériales........ —		70
8° Absinthe............. —		90

Distillerie fondée en 1863 ; production annuelle : 50.000 védros d'eau-de-vie et liqueurs, pour une somme de 2.000.000 de roubles. 70 ouvriers.

1221. KNIAJEVITCH (Antonin), Crimée.

Vins blancs et rouges.

1222. KAPILKOFF (Athanase), **ISMAILOF** (André) et **SERGUÉEVA** (Lydie), à Tsimliansk, pays des Cosaques du Don.

Vin de Tsimliansk............... la bouteille 1 r.

Les 10 stanitzas du pays des Cosaques du Don, situées le long du Don, et particulièrement celles de Tsimliansk, Rasdorsk et Kotchetovsk, comptent beaucoup de vignobles ; le produit annuel monte de 150.000 à 200.000 védros.

1223. KRIST (Jean), à Teleschévo, Bessarabie, distr. d'Orguéev.

Vin rouge de 1862............... le védro 3 r. 50 c.

Le produit annuel est de 2600 védros.

1224. LALAEFF, à Akhsou, gouv. de Bakou (Caucase).

Vins rouges.

1225. LANGERFELD (F.), à Sarepta, gouv. de Saratov, distr. de Tsaritsyn.

Vin blanc.

1226. LANTSKY (Robert), à Soudak, gouv. de Tauride.

Vins rouges et blancs.

1227. LIKHONINE (Grégoire), à Louga, gouv. de Saint-Pétersbourg.

Liqueurs (nalivkas) : de cerises, sorbes, baies de Rubus Chamæmorus L., putiet et cassis.

1228. LOBATCHEVSKY, à Derbent (Caucase).

		r.	c.
1° Rissling . . . . la bouteille		1	60
2° Muscat, Isabelle et Pineau fleuri. . . . . . —		2	»

1229. ÉCOLE DE VITICULTURE, à Magaratch (Crimée).

VINS DE LA COTE MÉRIDIONALE DE LA CRIMÉE.

		r.	c.
1° Traminer doux, de 1841. . . . . la bouteille		1	50
2° Muscat Alicante de 1841, pineau gris et vin d'Oporto de 1853 . . . . —		1	25
3° Lacrima et madère Verdeljo, de 1849, muscat doux ambré de 1859, et blanc de 1853 . . —		1	»
4° Muscat ambré sec, de 1853, et blanc de 1859. —		»	75
5° Traminer sec de 1859, et Isabelle de 1849. . —		»	80
6° Pineau blanc de 1862. . . . . —		»	50
7° Franc-pineau de 1860 . . . . —		»	70

1230. MIRZOEFF (Jean), à Tiflis.

Vins blancs et rouges.

1231. NEESE (A.) et **SCHULTZ** (R.), à Riga.

Vin mousseux.

1232. OSTERLOW (Charles), à Grochow, gouv. de Varsovie.

		r.	c.
1° Liqueurs . . . . la bouteille		»	90
2° Eau-de-vie douce . . . . —		»	60

		r.	c.
3° Kirsch . . . . la bouteille		1	»
4° Esprit-de-vin. . . . . —		»	80

La distillerie, établie en 1853, fournit par an jusqu'à 30.000 védros de liqueurs, pour une somme de 105.000 roubles. 20 ouvriers.

1233. POPOFF (Élie), à Rasdorsk, pays des Cosaques du Don.

Vins de Rasdorsk. . . . . la bouteille 70 c.

1234. POTOCKI (Comte Alfred), à Ouladovka, gouv. de Podolie.

		r.	c.
1° Alcool. . . . . la bouteille		1	10
2° Liqueurs : absinthe, anisette, bitter-wasser et genièvre. . . . . —			75
3° Cumin . . . . —			50
4° Rhum. . . . . — de 55 c. à 1			50
5° Liqueurs douces : absinthe, bitter, curaçao et cumin. . . . . —			80
6° Liqueurs de différentes espèces. . . . — de 1 r. 50 c. à 3			»

1235. RAIEVSKY (Nicolas), à Parténite, en Crimée.

		c.	r.	c.
1° Bordeaux, Sauterne et Rissling . . . . . . la bouteille			»	50
2° Muscat . . . . —			50 et 60	
3° Madère . . . . —			1	»

Production annuelle : 1500 védros.

1236. REUTER (A. M.), à Jacobstad (Finlande).

Bière bavaroise, dite « Gambrinus, » la bouteille . . . . 7 c.

La brasserie bavaroise, dite « Gambrinus, » à Jacobstad, a été fondée en 1862, et produit annuellement pour 12.800 r. de bière. Matières premières : orge du pays et houblon bavarois. 9 ouvriers.

1237. ROSMANITH (Stanislas), à Varsovie.

Vins de Tockay et hydromel.

1238. SMÉLOFF (Jean), à Limen, gouv. de Tauride, distr. de Ialta.

Cognac de vin de Crimée. . . . . le védro 12 r. 50 c.

1239. SOSSOULINE (Nicolas), à Tomsk (Sibérie).

Liqueur de fruits (nalivka) d'argousier . . . . la bouteille 80 c.

1240. STROEMBERG et KROECKELL, à Helsingfors (Finlande).

	c.
1° Bière Waldschlösschen. . . . . la bouteille	0
2° — bavaroise. . . . . —	6

La brasserie de Soedernaes, près de Helsingfors, a été fondée en 1864. La production annuelle monte à 180.000 pots finlandais (4737 hectolitres) de bière, d'une valeur de 36.000 r. Matières premières : orge du pays et houblon bavarois. Moteur à vapeur; 22 ouvriers.

1241. SOULKHANOFF (Jean), gouv. de Tiflis, distr. de Gori (Caucase).

Alcool de la plante sauvage appelée Jarda Salim (Pæonia corallina).

1242. COMPAGNIE DE LA DISTILLERIE DE KAZAN. (M. Varaksine, délégué de ladite Compagnie.)

			c.
1° Eau-de-vie purifiée de 40°.	la bouteille		21
2° — anglaise.	—		24 $\frac{1}{2}$
3° — de l'Amour	—		28 $\frac{1}{2}$
4° — amère, double.	—		45
5° Baume noir et jaune.	—		55
6° Gin, absinthe, alasch et ekkau	—		60
7° Esprit-de-vin de 70° et 90°	—		39 et 49
8° Eau de-vie, orange amère	—		65
9° Liqueurs douces, doubles	—		53 $\frac{1}{2}$
10° Maraskin.	—	1 r.	50
11° Liqueurs de quatre différentes qualités.	—		70
12° Liqueurs (nalivkas) : de Kiev et de Velikokniajesk	—		70 et 80
13° Liqueurs (nalivkas) non sucrées.	—		37 $\frac{1}{2}$
14° Liqueur (nalivka) de sorbes.	—		27 $\frac{1}{2}$

La distillerie livre annuellement plus de 40.000 védros de liqueurs, eaux-de-vie et nalivkas, d'une valeur totale de 200.000 roubles.

1243. VIEWEG (Gustave), à Tchitchensk (Caucase).

Alcool extrait de sorgho.

1244. FILIBERT (Amédée), à Atmanaï, gouv. de la Tauride.

		r.
1° Muscat sec de l'année 1853.	le védro	6
2° — rouge de 1858 et 1864.	—	6
3° Vin blanc.	—	6
4° Bordeaux de l'année 1858.	—	6

1245. FOUNDOUKLEY, à Gourzouff, en Crimée.

		r.	c.
1° Rissling des années 1838 et 1861 ; Sauterne de 1855, 1859 et 1862 ; Traminer de 1858 ; Muscat Lunel de 1862 ; Bordeaux de 1862, Lafitte de 1864 et Frontignac de 1864.	la bouteille	1	»
2° Muscat vieux des années 1838, 1840, 1860 et 1861 ; Madère de 1861 et Alicante fort de 1864	—	1	10

Les vignobles, créés par le propriétaire actuel, datent de l'année 1834, et produisent 1200 védros de vins de différentes qualités, pour u e sommé de 4800 roubles.

246   GROUPE 7. — CLASSE 73.

1246. KHOPERSKY (Jean), à Kotchetovskaïa, pays des Cosaques du Don.

Vin de Kotchetovsk. . . . . la bouteille   70 c.

1247. SCHNEIDER (Charles), à Varsovie.

		r.	c.
1° Absinthe. . . . . la bouteille	»	95
2° Genièvre. . . . . —	1	15
3° Liqueur d'oranges amères. . . . . —	»	65
4° Alasch-Kummel . . . . —	»	75
5° Curaçao vert. . . . . —	1	20
6° Marasquin. . . . . —	1	35
7° Esprit-de-vin . . . . —	»	80
8° Kirsch et liqueur de prunes. . . . . . . —	1	»

Distillerie établie en 1851 ; production annuelle : 50.000 roubles.

1248. SPECHT (Justin), à Pernau, gouv. de Livonie.

		c.
1° Kummel (cumin). . . . . la bouteille, de 70 à	85
2° Kirsch . . . . —	80
3° Esprit-de-vin rectifié. . . . . . . —	55

Distillerie établie en 1830 ; production annuelle : 1500 tonneaux. Pour 65.000 roubles. 12 ouvriers.

1249 SCHTRITTER, à Saint-Pétersbourg.

1° Esprit-de-vin non purifié.

		r.	c.
2° Esprit-de-vin de 38°, rectifié par le procédé à froid. . . . . le védro	1	40
3° Esprit-de-vin rectifié de 97 1/2°. . . — r. c.	3	90
4° Liqueurs en jarres . . . . 1 90 et 2	40
5° — en bouteilles. . . . . . la bouteille » 70 - 1	60
6° — en flacons . . . . . . le flacon	1	20
7° Anisette. . . . . la bouteille	»	65
8° Kummel.. . . . . — » 40 et »	50
9° Eau-de-vie amère . . . . — » 30 - 1	90
10° Kirch . . . . —	2	90
11° Eau-de-vie ordinaire . . . . . —	»	25

Distillerie fondée en 1833. Production annuelle : 200.000 védros d'eaux-de-vie et de liqueurs, pour un total de 700.000 roubles. De 30 à 50 ouvriers.

HUITIÈME GROUPE.

PRODUITS VIVANTS ET SPÉCIMENS D'ÉTABLISSEMENTS DE L'AGRICULTURE.

CLASSE 74. SPÉCIMENS D'EXPLOITATIONS RURALES ET D'USINES AGRICOLES.

1250. AOUPOFF (Markouban), à Taschkente.

Yourta (habitation des kirghiz nomades), avec tapis et autres accessoires.

1251. GROMOFF (Basile), à Saint-Pétersbourg.

Une izba russe (habitation de paysans du gouvernement de Vladimir).

1252. PAVLOFF (Gabriel), à Iakoutsk (Sibérie).

                                                                                                 r.

1° Ourassa (habitation de Iakoutes nomades). 100

2° Outres pour la préparation du koumyss (lait fermenté de jument). 10

3° Tapis en peaux de rennes et de vaches.

CLASSE 75. CHEVAUX, ANES, MULETS, ETC.

1253-1268 (16 exposants).

CHEVAUX DE SELLE.

1. Frante, étalon bai, 7 ans; taille 2 arch. 3 $^3/_4$ verchoks
    Son père Fabiy, fils de Favorit III, et Iatcheika.
    Sa mère Iavnaya, par Iachny et Grafinia.

2. Fakel, étalon bai, 5 ans ; taille 2 arch. 3 $^1/_4$ verch.
> Son père Fabiy, fils de Favorit III et Iatcheika.
> Sa mère Jasnovidnaya, par Iaspis et Sarepta.

3. Fasan, étalon alezan, 5 ans ; taille 2 arch. 3 $^1/_4$ verch.
> Son père Fabiy, fils de Favorit III et Iatcheika.
> Sa mère Iaponka, par Iaspis et Prelestnaya.
>
> Ces trois étalons sont nés dans la section des chevaux de selle de la jumenterie de la *Khrénovaya*, située dans le district de Bobrov, gouvernement de Voronège. Cette espèce de chevaux, communément appelée race de chevaux Olroff-Tchesmensky, a été créée à la fin du siècle dernier, et se trouve être le résultat du croisement successif des producteurs principalement arabes et anglais. En 1845, le gouvernement russe fit l'acquisition du haras de la Khrénovaya, ainsi que de celui du comte Rostoptchine, composé également d'origine arabe et de pur sang anglais.

4. Bivouac, étalon gris, 8 ans ; taille 2 arch. 2 verch. ; né dans le haras de Stréletsk.
> Son père Bestsenny II, fils de Benderez et Albina.
> Sa mère Atava, par Anterine et Protivnaya.
>
> La jumenterie de *Stréletsk*, située dans le district de Starobelsk, gouvernement de Kharkov, appartient à l'État ; composée de producteurs d'origine orientale, complétée plus tard par des chevaux des haras de Scopine et de Tchesma, elle fut fondée en 1813.

5. Scipion, étalon alezan, 8 ans ; taille 2 arch. 3 $^1/_4$ verch. né dans la jumenterie de *Novo-Alexandrovsk.*, située dans le gouvernement de Kharkov, district de Starobelsk.
> Son père Scipion, fils de Sostiazatel et de Razlouka.
> Sa mère Goloubka, par Gvidon et Edinaya.
> La jumenterie de Novo-Alexandrovsk a été fondée en 1823.

6. Iskander-Pacha, gris clair, 16 ans ; par Batran-Agha et Armida ; au prince *Roman-Damien Sanguszko*.
> Le haras du prince se trouve à Slavouta, gouvernement de Volhynie. On y élève des chevaux pur sang arabes.

TROTTEURS.

7. Ouslad, étalon bai, 7 ans ; taille 2 arch. 3 $^3/_4$ verch. ; à M. *Engelhardt* et né dans son haras, au gouvernement et district de Smolensk. Effectif de 20 poulinières.
> Son père, Nariadny, du haras de la Khrénovaya, par Naguibin.
> Sa mère, Zametnaya, du haras de M. Golokhvastoff, par Pétouchok.

8. BÉDOUIN, étalon noir, 11 ans; taille 2 arch. 4 verch.; né dans le haras de la Khrénovaya. A M. *Botkine.*
Son père, Bourlivy.
Sa mère, Plotnaya.

9. AKHTIRKINE, étalon noir, 6 ans; à M. *Kouznetsoff* et né dans son haras, par Oussan et Akhtirka.

10. NÉDOTROGA, étalon noir, 6 ans, appartenant à M. *Kouznetsoff* et né dans son haras, au gouvernement de Kharkov; par Népobédimy et Atlasnaya.
Le haras de M. Kouznetsoff, située dans les environs de Kharkov, a été acheté à M. Kozakoff; il est principalement composé de la race dite Orloff. Effectif de 500 têtes dont 200 poulinières.

11. NÉPOBÉDIMY, étalon alezan, 5 ans; à M. *Basile Pavloff* et né dans son haras.
Les haras des frères Pavloff se trouvent dans les gouvernements de Tambov et Saratov; l'effectif de ces haras s'élève jusqu'à 300 poulinières de la race des trotteurs d'Orloff.

12. OTRADA, jument blanche, 10 ans, à M. *Kamynine*, née dans son haras, situé dans le gouvernement de Voronège, district de Zemliansk; effectif de 70 têtes dont 20 poulinières; par Polkane et Otména (fille de Tchistiak IV).
Les trotteurs russes sont tous de la race dite Orloff, dont la création date de la fin du siècle dernier.
Cette race descend de Bars Ier, étalon gris, fils de Polkan Ier, et petit-fils de Smetanka, amené d'Arabie. La mère de Bars était de race hollandaise et celle de Polkan de race danoise.
Plusieurs des fils de Bars Ier eurent pour mères des juments anglaises, arabes, persanes et hollandaises, mais ensuite la race de trotteurs se développa et se consolida par le choix de producteurs pris dans son propre milieu.
Les prix des trotteurs russes sur place sont de 300 à 800 roubles et au-dessus. Le prix du trotteur, qui a acquis une réputation sur les hippodromes, augmente en proportion de ses performences et atteint des sommes fort élevées.

CHEVAUX DE TRAIT.

13 TCHARODEY, étalon bai, 7 ans; taille 2 arch. 5 verch.; né au haras de *Novo-Alexandrovsk*, propriété de l'État.
Son père, Tchoudak, trotteur de la Khrénovaya, par Tchistiak III et Dorogaïa; sa mère, Objoga, par Admiral, carrossier anglais, et Diadéma, demi-sang.

14. SAMOLET, étalon gris, 6 ans; taille 2 arch. 6 verch; à M. *Kouznetsoff*, né dans son haras; par Serditoy (trotteur) et Réya, (demi-sang).

15. BOGATIR, étalon alezan, 5 ans; taille 2 arch. 4 verch., à M. *Méniaeff*, né dans son haras; par Bucéphal, étalon de gros trait anglais, Lincolnchire, et une jument de race indigène.

CHEVAUX DE TYPES DIFFÉRENTS.

(Exposés par les soins de l'*Administration des haras*).

16. VASSKA, étalon bai-brun, 5 ans; taille 2 arch. 3 $^3/_4$ verch., de race bitiougue.

Le cheval bitiougue tient son nom du Bitiougue, rivière qui prend sa source dans le gouvernement de Tambov et traverse le district de Bobrov, gouvernement de Voronège. La fertilité du sol, la qualité des herbages et la proximité de grandes jumenteries ont beaucoup coopéré au perfectionnement du cheval bitiougue, qui, même depuis le siècle passé, attira l'attention de Pierre Ier. Ce sont surtout les chevaux des odnodvorzis Cherstianikoff et Pozniakoff qui jouissent d'une célébrité bien méritée. Les gouvernements de Voronège et de Tambov abondent en chevaux de cette espèce, qui, amenés en grand nombre aux foires, y sont vendus aux prix de 150 à 300 roub. par tête.

17. FINNE, étalon alezan, 6 ans; taille 2 arch. 2 $^1/_8$ verch.; né en Finlande, à Kuopio.

Ces chevaux, bons trotteurs, sont généralement forts et vigoureux. Les meilleurs chevaux finlandais se trouvent dans le Savolaks, dans les provinces de Kuopio et de Saint-Michel. Le commerce des chevaux est assez développé en Finlande; les principales foires ont lieu à Tawastehouss, à Tammerfors et à Kuopio. Les prix sur place varient de 150 à 300 roubles.

18. JMOUDE, étalon café-au-lait, 5 ans; taille 2 arch. 1/2 verch.

Le cheval jmoude se trouve en assez grand nombre dans les districts de Rossieny, Schavly, Kovno et Telcha, gouvernement de Kovno.

Ces chevaux se distinguent par leur aptitude aux travaux agricoles, leur force et leur docilité. D'après la tradition qui existe sur leur origine, on les croit de provenance orientale, et probablement ne forment-ils qu'une variété de la race de kleppers. Ils sont vendus sur place de 60 à 150 roubles.

19. Konfetka, étalon café-au-lait, 5 ans; taille 1 arch. 15 verch.; de la race d'Obva.

La race des chevaux d'Obva existe de longue date sur les bords du fleuve Obva, gouvernement de Perm, dans les districts d'Okhansk et de Sélikamsk. On suppose que cette race provient des kleppers, qui furent envoyés à Perm par l'ordre de l'empereur Pierre Ier. Mais avant cela l'amélioration de la race chevaline de cette contrée fut entreprise par les barons Stroganoff, qui y possédaient de grandes propriétés foncières. Les chevaux d'Obva se distinguent par la force de leur constitution, aussi bien que par leur vitesse et leur bon caractère. Ils atteignent rarement la taille de 2 archines. Ces chevaux sont d'ordinaire de robe isabelle ou alezane, rarement baie ou noire. Prix sur place: de 60 à 120 roubles.

20. Kabardinetz, cheval gris, 5 ans; taille 2 arch. 2 verch., de race circassienne, de la province de Kabarda.

Les chevaux du Caucase ainsi que de la Transcaucasie se distinguent par une grande aptitude pour le service de la cavalerie irrégulière. Les prix sur place varient de 100 à 300 roubles.

21. Vapsikass, étalon bai, 6 ans; taille 2 arch.; né dans le haras de *Torguel*, propriété de la noblesse de Livonie.

En 1865, à Riga, dans une épreuve à laquelle avait été soumis Vapsikass, il enleva 358 pouds (environ 14.320 livres russes ou 6000 livres françaises). Cette jumenterie se trouve en Livonie, district de Pernau, dans le bourg Torguel. L'effectif en est de 230 têtes. Vente sur place, dans les prix de 60 à 180 roubles par tête.

La race de ces chevaux, communément appelés kleppers, existe de temps immémorial sur l'île d'Oesel. On fait remonter leur origine au temps des croisades; les chevaliers allemands, revenant de la Palestine, importèrent des chevaux de l'Orient, dont la race se perpétua dans le nord de l'Allemagne, et de là se répandit dans les provinces baltiques. Les porte-glaives (chevaliers de l'ordre Teutonique), habitant les provinces baltiques, tâchaient d'acclimater cette race, qui, jusqu'à nos jours, conserva de sa souche première l'élégance des formes de la tête. La race des kleppers est actuellement presque éteinte, et ses débris ne se trouvent que dans les gouvernements de la Baltique.

C'est dans le but de conserver et de faire renaître cette race de chevaux forts et vigoureux que fut fondée la jumenterie de Torguel.

22. Bachkir, cheval truité, appartient au prince *B. A. Galitzine*.

Les qualités de cette race de chevaux consistent dans une force et une solidité remarquables. Ils se trouvent à l'est de la Russie, sur le versant et au sud des monts Oural, et dans les steppes avoisinantes. On les amène en grand nombre à toutes les foires de la Russie, où ils se vendent au prix de 50 à 100 roubles par tête.

23. Donetz, cheval cosaque, né dans le kossiak[1] du cosaque *Boutenkoff*.

Les chevaux du pays des Cosaques du Don présentent un type particulier et caractéristique. Leur origine doit être attribuée à un croisement des chevaux indigènes avec les races voisines des chevaux tartares, nogaïs, turcs et circassiens.

Il existe actuellement sur le territoire des Cosaques du Don deux races de chevaux : l'une ancienne, dont nous venons de parler; l'autre améliorée par le croisement des producteurs pur sang.

La robe des chevaux cosaques est ordinairement alezane, baie ou brune. La réputation de force et de vigueur de cette race est bien méritée. Des tabounes[2] de ces chevaux sont amenés aux foires dans les gouvernements du centre et du midi de la Russie. Les prix varient de 75 à 100 roubles par tête.

24. Khan, étalon alezan doré, 7 ans; taille 2 arch. $\frac{1}{2}$ verch., de la race de Karabagh (*Sariliar*). Appartenant à M. *Molostvoff*; par Nariadny et Palma.

Le cheval du Karabagh (Transcaucasie) a été formé par le croisement des races arabes, persanes, turques et indigènes.

Sur place, les prix varient de 150 à 300 roubles.

CLASSE 80. CHIENS DE CHASSE ET DE GARDE.

1269. VÉNERIE IMPÉRIALE, à Gatchino, près Saint-Pétersbourg.

Deux lévriers russes (Slavny et Zavida).

CLASSE 81. INSECTES UTILES.

1270. VELIKDANE (Étienne), à Paltchiki, gouv. de Tchernigov, distr. de Konotop.

1° Ruches en bois et en paille.

---

1. *Kossiak*, groupe de chevaux de vingt poulinières et d'un étalon.
2. *Taboune*, troupeau de chevaux élevés en liberté dans les steppes.

2° Modèle d'une ruche et autres objets d'apiculture.

3° Collection de semences de plantes mellifères (26 espèces) et spécimens de ces plantes séchées (6 espèces).

L'établissement d'apiculture a été fondé en 1828 dans un but d'enseignement et compte de 1500 à 2000 ruches de différentes constructions, et particulièrement celles du système de M. Prokopovitch.

1271. KLIKOVSKY (Joachim), à Nadejda, gouv. d'Oufa, distr. de Birsk.

	r.	c.
1° Modèle d'une ruche.	3	50
2° Modèle d'une ruche d'observation.	4	50
3° Loge pour la reine d'abeilles.	»	10

1272. MIECZYNSKI (Adam), à Varsovie.

Ruche, système de l'abbé Dolinowski, perfectionné par l'exposant.

1273. POUZANOFF (Michel), à Nikitskoë, gouv. de Koursk, distr. de Stchigri.

Modèle d'une ruche.

1274. ROSSIENOFF (Michel), à Kiev.

Modèle d'une ruche.

NEUVIÈME GROUPE.

PRODUITS VIVANTS ET SPÉCIMENS D'ÉTABLISSEMENTS DE L'HORTICULTURE.

CLASSE 83. SERRES ET MATÉRIEL DE L'HORTICULTURE.

1275. ZIMMERMANN (Henri), à Saint-Pétersbourg.
Album de dessins d'aquariums et de terrariums.

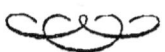

DIXIÈME GROUPE.

OBJETS SPÉCIALEMENT EXPOSÉS EN VUE D'AMÉLIORER LA CONDITION PHYSIQUE ET MORALE DE LA POPULATION.

CLASSE 89. MATÉRIEL ET MÉTHODES DE L'ENSEIGNEMENT DES ENFANTS.

1276. HEISER (J. M.), à Saint-Pétersbourg.

OBJETS EN CARTON-PIERRE.

		r.	c.
1° Traîneau de Samoyèdes, avec un attelage de rennes .		20	»
2° — de Koriaks		18	»
3° — de Kamtchadales, avec un attelage de chiens.		10	»
4° Costumes nationaux des peuples de la Russie (100 pièces) . . . . la pièce		2	»
5° Types de chevaux russes . . . . —	4 et	5	»
6° — de taureaux et de vaches russes . . —		3	»
7° Bœuf chinois.		2	50
8° Groupe : Combat d'un ours avec un ure		5	»

1277. HECHEL (Charles), à Riga.

Recueil de problèmes stéréométriques, à l'usage des écoles.

1278. RUSSEL (Jean), à Saint-Pétersbourg.

Album avec dessins à la plume et à l'aquarelle, exécutés par l'exposant . . . . 1000 r.

CLASSE 90. BIBLIOTHÈQUES ET MATÉRIEL DE L'ENSEIGNEMENT DONNÉ AUX ADULTES DANS LA FAMILLE, L'ATELIER, LA COMMUNE OU LA CORPORATION.

1279. UTILITÉ PUBLIQUE (Société par actions), à Saint-Pétersbourg.

Ouvrages pour l'instruction populaire (collection de 17 livraisons). 1 r. 69 c.

CLASSE 92. SPÉCIMENS DES COSTUMES POPULAIRES DES DIVERSES CONTRÉES.

1280. ARAN-BEY TASTCHI-OGLOU, à Eupatorie (Crimée).

                                                                                             r.
1° Costume tartare, d'homme. 40
2°   —   de femme. 150

1281. BARAMYGUINE (Michel), à Kalymsk (Sibérie).

                                                                                              r.
1° Habit, appelé kamléa. 5
2° Chaussure, appelée alatchiki. 2

1282. COMITÉ AUXILIAIRE DE HELSINGFORS POUR L'EXPOSITION UNIVERSELLE DE PARIS.

Costumes lapons : homme et femme.

1283. COMITÉ AUXILIAIRE D'IRKOUTSK POUR L'EXPOSITION UNIVERSELLE DE PARIS.

Costumes des Tchouktchys et des Goldes.

1284. COMITÉ AUXILIAIRE DU CAUCASE POUR L'EXPOSITION UNIVERSELLE DE PARIS, à Tiflis.

Costumes nationaux, meubles et ustensiles de ménage des peuplades du Caucase.

1285. SOCIÉTÉ AGRICOLE DU CAUCASE, à Tiflis.

Costumes nationaux des Khevsours et des Touschines.

GROUPE 10. — CLASSE 92.

1286. KOZOULINE (Basile), Sibérie.

Costumes nationaux des Orotchènes. . . . 9 r. 50 c. et 11 r. 60 c.

1287. KORSAKOFF (Michel), à Irkoutsk.

Habit en peau de rennes, avec collet en hermine bordé de castor. . . . . 100 r.

1288. COSAQUES DU KOUBAN (Administration des).

	r. c.	r. c.
1° Costume militaire de Cosaque du Kouban. . . .	» »	77 30
2° Costumes populaires de femmes cosaques. . . .	15 30	et 41 60

1289. OTCHIROFF (Sibérie).

Chaussure en peau de chèvre. . . . . 2 r.

1290. PAVLOFF (Gabriel), à Iakoutzk (Sibérie).

	r.
1° Costume de femme Iakoute.	370
2° — des Aléoutes, en boyaux de poissons. . . .	50
3° — en peaux de jeunes rennes.	15
4° — garni de castor.	30
5° Pantalons en peau de renne.	5
6° Gants d'hiver et d'été en peau de renne. . . . . . 1 r. 50 c. et	3
7° Gants en peau de renne	2

1291. SOCIÉTÉ GÉOGRAPHIQUE IMPÉRIALE DE SAINT-PÉTERSBOURG (Section de la Sibérie).

Costume des Goldes, en peau de poisson. . . . . 140 r.

1292. SIDOROFF (Michel), à Krasnoïarsk (Sibérie).

Costumes d'Ostiaks nomades : famille composée de cinq figures.

1293. SOLTIBAEFF, DJAMONBALOFF, KOUNENBAEFF ET DJALDAOULOFF, à Omsk (Sibérie).

Costume de femme kirghize.

1294. SOTNIKOFF, à Touroukhansk (Sibérie).

Costume des Iakoutes.

1295. SOULKHANOFF (Jean), gouv. de Tiflis, distr. de Gori.

Costumes géorgiens et ossétiens.

1296. TEZEK, à Omsk (Sibérie).

Costume kirghiz.

1297. TOBOEFF, à Aginsk (Sibérie).

	r.
1° Costume de Bouriates, en peau d'agneau	60
2° Bonnet en zibeline	15

1298. TOULBOUNOFF (Théodore), Sibérie.

Pelisse de femme toungouse . . . . 10 r.

1299. TCHILINGAROFF (M.), à Akhaltzikh (Caucase).

		r.	r.
1° Baschlyks (capuchons) rouges et noirs, brodés en or	la pièce	100	et 125
2° Camisoles et autres parties du costume caucasien.	—	19 -	75

CLASSE 95. INSTRUMENTS ET PROCÉDÉS DE TRAVAIL, SPÉCIAUX AUX OUVRIERS CHEFS DE MÉTIER.

(Travaux manuels)

1300. KIDOCHENKOFF (Hélène), à Saint-Pétersbourg.

Tableau brodé.

1301. KREHMER (Julie de), à Waimel, île de Dago, gouv. d'Esthonie.

Bouquet et guirlandes en fleurs séchées. . . . . . la pièce 25 r.

1302. MESCHTCHEVSKY (Glaphire), à Saint-Pétersbourg.

Tableau en perles (ouvrage à la main) représentant Pierre le Grand. . . . . 500 r.

INDEX ALPHABÉTIQUE
DES EXPOSANTS.

A

	CLASSE.	NUMÉRO DU CATALOGUE.
Aboukhoff (Gabriel)	70	1126
Académie agricole et forestière de Petrovskoë	48	926
Académie des sciences de Saint-Pétersbourg	12	60
Adamovitch (Nicolas)	31	284
Adamtchik (Nicéphore)	43	604
Adler (Henri)	23	154
Administration des domaines de l'État du gouv. de Grodno	41	544
Administration des domaines de l'État du gouv. de Kazan	43	666
Administration des domaines de l'État du gouv. de Kiev	67	1049
Administration des domaines de l'État du gouv. de Koursk	43	682
Administration des domaines de l'État du gouv. de Minsk	67	1068
Administration des domaines de l'État du gouv. de Nijny-Novgorod	41	563
Administration des domaines de l'État du gouv. de Perm	67	1074
Administration des domaines de l'État du gouv. de Poltava	46	883
Administration des domaines de l'État du gouv. de Tauride	17	116
	43	744
	46	896
	67	1097
Administration des domaines de l'État du gouv. de Toula	43	746
	71	1152
Administration des domaines de l'État du gouv. de Tchernigov	43	755
Administration des domaines de l'État du gouv. de Samara	43	735
Administration des domaines de l'État du gouv. de Viatka	41	540
Administration des domaines de l'État du gouv. de Vologda	43	630
	67	1033

INDEX ALPHABÉTIQUE DES EXPOSANTS.

	CLASSE.	NUMÉRO DU CATALOGUE.
Administration forestière du gouv. d'Arkhangel...	44	803
Administrations forestières des gouvernements baltiques, d'Arkhangel, de Vologda, de Kostroma, de Perm, de Vilno, de Kazan, de Minsk, de Volhynie, d'Astrakhan et de Tauride..........	41	559
Administration forestière de Finlande.........	13	82
Administration des forêts du royaume de Pologne.	41	560
Administration forestière du gouv. de Vladimir...	44	805
Administration forestière du gouv. de Vologda...	44	804
Administration des haras.............	75	16
		17
		18
		19
		20
Agalaroff.............................	31	283
Aïvaza (J.)...........................	43	605
Akhounoff (Aga-Abdoul)...............	33	343
Alafouzoff (Jean) et Alexandroff (Serge).......	46	843
Alassine (Nicandre)...................	9	30
Alexandra Petrovna (S. A. I. la Grande duchesse)	Hist. du trav.	6
Alexandroff (Alexis)..................	35	363
Alexandroff (Serge)..................	46	843
Alexandrovsk (Fonderie de canons d')......	40	431
Alexéeff (Woldémar).................	33	342
Alféroff (Jacques)...................	44	767
Alfthan (Charles)...................	41	533
	67	1017
Alibert (Jean-Pierre).................	40	432
Ali-Khanoum-Schirin-Kizi............	31	285
Allar (Jules).......................	43	606
Ambaroff (Khatchuk)................	34	357
Amelong (Robert)..................	72	1154
Amirkhanoff (Abita)................	37	400
Amet-Moustafa-Oglou...............	43	607
Ananine (Alexandre)...............	44	768
Ananoff, frères....................	43	608
Andrée (Louis)....................	12	61
	53	953
Andries (Jacques) et Esterle (Jacques).....	73	1204
Andronnikoff (Prince Salomon).........	31	287
Anikéeff (Jacques).................	12	62
Anoeff (Théodore).................	43	609
	67	1018
Antokolsky (Marc).................	3	86
		87
Aoupoff (Markouban)..............	74	1250
Apletchéef (Alexandre)............	30	242
Apraksine (Comte Jean)...........	72	1155
Aran-Bey-Tastchi-Oglou...........	62	984
	92	1280
Arbatsky (Nicolas)................	61	974
Ardamatsky (Théodore)...........	43	610
Ardjevanidzé (Jean)..............	43, 67	611, 1019

INDEX ALPHABÉTIQUE DES EXPOSANTS.

	CLASSE.	NUMÉRO DU CATALOGUE.
Arendt (Sophie)............	40	434
Arioutinoff (Arakel).........	37	401
Aristoff (Pierre)............	43	612
	67	1020
	73	1205
Armand (Eugène) et fils......	29	225
Arppe (N. L.)...............	40	435
Arsenal de Tzarskoe-Selo.....	Hist. du trav.	1
Artinoff (Nicolas)............	71	1138
	73	1206
Artinsk (Usines de fer et aciérie d')...	40	436
Artsybyscheff (Nicolas).......	40	437
Asmaloff (Basile)............	43	613
Astacheff (Benjamin).........	40	438
Atelier d'instruments de navigation, du ministère de la marine...	66	1014
Atelier de modèles, du ministère de la marine...	66	1015
Atelier photographique de l'état-major de l'armée du Caucase...	9	43
Atelier photographique de l'état-major général...	9	42
Auguste.....................	71	1149
Ayvasowsky (Jean)..........	1	1

B

Babanine (Étienne)..........	43	614
Babkine, frères et Cie........	30	243
Backmann (Alexandre)........	46	872
Bajenoff (Grégoire) et Vorobieff (Paul)...	46	844
Bakhmetievsky (Ignace)......	44	770
Bakhrouschine, frères........	46	845
Balaboukha (Nicolas).........	72	1156
Balascheff, frères...........	40	440
Banine (Alexandre)..........	20	130
Banque de Pologne...........	67	1082
Baramiguine (Michel)........	42	578
	48	942
	92	1281
Baranoff, frères.............	27	186
Baranovsky (Mme)...........	71	1139
Barantcha (Hauts fourneaux et fonderie de)...	40	441
Bariatinsky (Prince Victor)....	43	615
	44	769
	67	1021
Barth (Charles)..............	40	442
Basskakoff (Jean)............	30	253
Bataschoff, frères............	40	443
Bavaria (Société anonyme de la brasserie)...	73	1207
Bavikine (Nicolas)...........	7	14
Bayern (Frédéric)............	40	439
Bébeschine (Agrippine).......	46	846
Beckers.....................	72	1173

	CLASSE.	NUMÉRO DU CATALOGUE.
Békoff (Ibrahim)	69	1118
Békoff (Mikirtitch-Melikset)	21	139
Beliaeff (Pierre)	41	539
Belkine (Serge)	35	365
Belosselsky-Belozersky (Prince)	40	449
Benardaki (Dmitry)	40	444
	72	1157
Béné (Jean)	46	847
Bergamasco (Charles)	9	31
Bernstein (Simon)	43	616
	44	771
	67	1022
	71	1140
Bessonoff (Étienne)	67	1025
Biélago (Nicolas)	67	1029
Bielikovitch (Théophile)	73	1208
Bjoerkenheim (Robert)	41	536
Bobarykine (Jean)	42	579
	43	618
Bobretsoff (Michel)	39	428
Bobrinsky (Comte Alexis)	43	619
	48	909
Bochenski, frères, et Wieloglowski (Félix)	40	447
Bock (Alexandre von)	3	88
Bœhlken (Alexandre von)	41	534
Bogdanoff et fils	72	1158
Bogoliouboff (Alexis)	1	2-6
Bogolioubsky (Siméon)	43	620
	67	1024
Bogomoloff (Basile)	44	772
Bogoslovsk (Usines de)	40	445
Bohnstedt	4	116
Bohte (Robert)	40	446
	53	954
Boldyreff (Trophime) et Bessonoff (Étienne)	67	1025
Bolschakoff (Serge)	15	91
Boltaïeff (N.)	41	537
Boni (Antoine)	44	773
Borchardt (Robert)	9	32
Borgstroeme (H.) et Cie	43	621
Borodine (Michel)	29	226
Bostandjoglo (Michel et fils)	43	622
Botchkareff (Jean)	41	538
	54	965
Botcharoff (Jean)	67	1026
Botcharoff (Michel)	43	623
Botkine	75	8
Boubnoff (Jean)	67	1027
Boubnoff (Pierre)	67	1028
Bouchholtz (Successeurs d'Adolphe)	30	246
Boudiline (Alexis)	30	244
Bouis (Adolphe)	25	167
	40	448

INDEX ALPHABÉTIQUE DES EXPOSANTS.

	CLASSE.	NUMÉRO DU CATALOGUE.
Bourounsouzoff et Schiflataroff	37	402
Boutenkoff	75	23
Boutenop, frères	48	910
	53	955
Boutiguine (Constantin)	29	227
	30	245
Boutkevitch (Félicien)	12	65
Boutkevitch (François)	44	774
Braeutigam (Charles)	61	975
	62	985
Brandel (Conrad)	9	33
Branicki (Comte Ladislas)	72	1159
Brauer (George)	12	63
Brecks	12	64
Breyer (W.)	14	85
Brieger (Édouard)	46	848
Briggen (Charles)	14	86
Brinkenhoff (Jean)	46	849
Brodzky (Victor)	3	89-91
Bromberg	43	640
Bronnikoff (Théodore)	1	7,8
Broussnitzine (Nicolas)	46	850
Brukhanoff (Apollinaire) et Mikhine (Jean)	28	208
Bruno (Eugène)	35	364
Bykoff (Alexandre)	24	160

C

	CLASSE.	NUMÉRO DU CATALOGUE.
Cabinet de S. M. l'Empereur	36	397
	40	1468
Cabinet de S. A. I. le Grand-duc Michel-Nicolaevitch	37	408
Cail, Galot et Beckers	72	1173
Catani (Florio)	70	129
Cazalet (Alexandre) et fils	54	969
Charlemagne (Adolphe)	1	9
Chopin (Félix)	22	152
Cichowski (Robert)	48	934
Ciechanowski (Jean)	65	1009
Clodt von Jurgensburg Ier (Baron Michel)	1	10, 11
Clodt von Jurgensburg IIe (Baron Michel)	1	12, 13
Colonie allemande d'Alexandershilf	69	1117
Colonies allemandes de Saratov	67	1091
Colonies allemandes du gouv. de Tiflis	67	1072
	71	1148
Colonie des Bachkirs de Seitoff	70	1135
Comité auxiliaire du Caucase pour l'Exposition universelle de Paris	10	46
	18	118
	30	256
	31	297
	38	423

INDEX ALPHABÉTIQUE DES EXPOSANTS.

	CLASSE.	NUMÉRO DU CATALOGUE.
Comité auxiliaire du Caucase pour l'Exposition universelle de Paris.. ..	41	553
	42	584
	43	665
	46	863
	48	915
	54	968
	62	991
	67	1045
	71	1145
	92	1284
Comité auxiliaire de Helsingfors pour l'Exposition universelle de Paris..	33	345
	40	456
	41	543
	42	581
	62	987
	92	1282
Comité auxiliaire d'Irkoutsk pour l'Exposition universelle de Paris.	41	552
	92	1283
Comité auxiliaire de Varsovie pour l'Exposition universelle de Paris.	Hist. du trav.	16
Comité de la bourse de Riga..	28	219
	43	728
Comité statistique central du ministère de l'intérieur	13	83
Commission technique du ministère de la guerre pour l'équipement des troupes..	10	50
	28	221
	30	273
	34	362
	35	385
	37	418
	38	425
	40	512
	46	898
	56	973
Compagnie baltique (Manufacture de la).	28	207
Compagnie Camuset.	19	127
Compagnie Daniloff de la raffinerie de Trokhgorny.	72	1165
Compagnie de la distillerie de Kazan.	73	1242
Compagnie de la manufacture de Réutovo.	27	199
Compagnie de la manufacture Norskaïa.	28	222
Compagnie des papeteries de Troitsko-Kondrovsk..	7	18
Compagnie russo-américaine de la manufacture de caoutchouc.	7	25
	11	57
	18	126
	35	388
	37	420
	38	426
	39	429, 830
	44, 64, 66	1004, 1016

INDEX ALPHABÉTIQUE DES EXPOSANTS.

	CLASSE.	NUMÉRO DU CATALOGUE.
Compagnie russe pour fabrication de parfumeries.	25	172
	44	829
Compagnie transcaspienne.	40	464
	44	784
Corderie de Cronstadt..	55	970
Cosaques de la mer Noire..	70	1131
Cosaques de l'Oural.	40	516
	42	601
	43	747
	44	831
	67	1101
	70	1137
Cosaques d'Orenbourg..	26	179
	29	235
Cosaques du Don..	40	460
Cosaques du Kouban..	42	587
	92	1288
Cotruz (Carpe).	67	1054
Czarnecki (Auguste)..	67	1105
Czarnowski (Jules)..	43	754
Czyszkowski (Jean).	25	173

D

Daiber (Abraham)..	73	1213
Daschkoff (Mme)..	40	462
	41	546
	72	1166
Datchiani (Prince)..	43	648
Déchariot (Marie)..	73	1215
Dédoff (Jean).	73	1216
Dehn (Alexandre)..	67	1036
	69	1121
Démidoff (Paul).	40	463
Denging (École d'horticulture de Bessarabie)..	31	291
Denging (Henriette)	72	1167
Denière (Henri).	9	34
Dénissieff..	67	1035
Département des mines de Pologne..	40	459
Dépôt d'étalons légaux de poids et mesures.	12	68
Dépôt topographique de l'état-major du Caucase.	13	79
Deutchmann.	31	292
	67	1034
	73	1214
Diakonoff (Alexandre)..	28	211
Dickert (Antoine)..	12	69
Djafaroff (Abdoul-Ibrahim)	43	649
Djaldaouloff..	92	1293
Djamonbaloff.	92	1293
Djanghyr.	37	405
Djolia (Prince Beriky)..	31	293
	67	1037

	CLASSE.	NUMÉRO DU CATALOGUE.
Dmitrieff (Alexandre)	67	1038
Dmitrieff (Basile)	43	650
Dmitrieff (Nicolas)	53	956
Dobrovolsky (Basile)	26	174
Dolgoff (Nicétas)	35	372
Dolgoff (Serge) et Basskakoff (Jean)	30	253
Dolgonossoff (Alexandrine)	44	782
Dolgoroukoff (Prince Nicolas)	46	858
Dolgorouky (Prince Alexandre)	67	1039
Dolgorouky (Princesse Marie)	72	1168
Dombrowicz (Charles)	28	210
	43	651
Doudkiewicz (M.)	9	35
Doudnikhine (Grégoire)	43	653
Dourantcha (Sadouk)	43	654
Dourountch (Isaac)	43	655
Droujinine	43	652
Ducker (Gustave-Eugène)	1	14, 15. 16
Durante (Vincent)	70	1127

E

	CLASSE.	NUMÉRO DU CATALOGUE.
École agricole de Gorki	48	913
École forestière d'Anadolsk	31	286
École forestière de Berdiansk	41	535
École forestière de Lissino	44	801
École d'horticulture de Bessarabie	43	617
	48	908
	67	1023
	71	1141
École des métiers de Moscou	12	74
	48	927
	53	960
École de peinture du monastère de Troïtsko-Sergiev.	15	96
École de sériciculture de Stavropol	31	323
École Stroganoff de dessin technique	8	29
École technique d'artillerie	53	962
École de viticulture à Magaratch	73	1229
Efrémoff (Commune d')	43	656
Égoroff (Théodore)	46	859
Ekaterinbourg (Fabrique impériale d')	15	95
Ekloef (Auguste)	41	547
Elaguine (Onésime) et frères	29	229
Eliazaroff (David)	31	294
	43	657
	67	1040
Éliséeff, frères	71	1144
	72	1169
Émir-Assan	43	658
Émélianoff (Alexandre)	46	860
Émélianoff (Macaire)	28	212
Émélianoff et Rochefort	29	230

INDEX ALPHABÉTIQUE DES EXPOSANTS.

	CLASSE.	NUMÉRO DU CATALOGUE.
Engalytcheff (Prince Nicolas)	18	117
	30	282
	35	373
Engelhardt	75	7
Epstein (Germain) et Cie	72	1201
Epstein (Jean)	7	27
	65	1011
Epstein (Léon)	72	1202
Epstein et Lévy	44	841
Ereméeff (Théodore)	46	861
Eristoff (Prince Raphaël)	28	224
	43	765
	67	1115
Eristoff (Princesse Théodosie)	31	335
Ermitage impérial	Hist. du trav.	5
Esaü (Jacques)	48	914
Esterle (Jacques)	73	1204
Établissement galvanique du corps des ingénieurs de l'armée	11	56
	53	963
	64	1003
Établissement impérial des mosaïques	15	102
Établissement séricicole de Siedlce et Société séricicole de Varsovie	31	319
	43	756

F

Fabrique de cartes à jouer	6	3
Fabrique d'instruments de chirurgie, du ministère de la guerre	11	58
Fabrique d'Ilmès	44	785
Fabrique de lampes de l'administration des phares de la Baltique	24	162
Fabrique impériale de Péterhoff	15	99
Fajans (Maximilien)	6	10
	9	41
Farbstein et Kleiff	30	276
Farisséeff (Alexis)	20	138
Fast (Pierre)	31	327
Fédoroff (Gabriel)	41	573
Fédoroff (Jacques)	44	833
Fédoroff (Nicolas)	10	51
Fedorovski	40	518
Feist (Alexandre)	26	184
	42	602
Feld (Chrétien)	43	748
Ferme-modèle de Gorki	43	644
Ferme-modèle de Kazan	48	916
	67	1046
Ferme-modèle de Kharkov	40	521
	43	751
	48	933

	CLASSE.	NUMÉRO DU CATALOGUE.
Ferme-modèle Mariinskaïa..	48	924
Fessenkoff (T.)..	31	328
Filature d'Altona..	28	206
Filature de coton de la Néva..	27	191
Filibert (Amédée)..	43	750
	73	1244
Finlandsky (Nicolas)..	40	519
Finlayson et Cie..	27	201
	29	238
Flavitsky (Constantin)..	1	17
Fomine (Basile)..	35	389
Foundoukley..	73	1245
Fraget (Joseph)..	21	146
Frenckel (J. C. et fils)..	6	11
	7	26
Frenckel et Cie..	40	483
Frentz (Rodolphe)..	1	18
Frey (Jules)..	67	1102
Frisen (Jacques)..	48	932
Frisen (Jean)..	48	931
Froben ..	40	520
Froehlich (Charles)..	46	900
Fulda, fils ..	36	399

G

	CLASSE.	NUMÉRO DU CATALOGUE.
Gabaï (Samuel) et Mitchry (Abraham)..	43	633
Galitzine (Prince B. A.)..	75	22
Gallenbeck (Alexandre)..	7	16
Galot..	72	1173
Ganéschine, frères (Basile et Nicétas)..	29	228
	30	249
Gardner (Paul)..	17	113
Garmonoff..	43	637
Gavriloff (Dmitry)..	40	455
	43	634
	46	854
Gerke (Alexandre)..	25	168
	44	778
Gerke (Frédéric et Édouard)..	72	1162
Gerlach (Gustave)..	12	67
Gerson (Woyciech)..	1	19
Glinka (Nicolas)..	43	641
Glitch (J.-K.)..	43	642
	72	1163
Glyboff (Nicolas)..	6	1
	13	78
Gnilossaroff (Pierre)..	42	582
	43	643
	71	1143
	72	1164
Goerz (Jules)..	30	250

INDEX ALPHABÉTIQUE DES EXPOSANTS.

	CLASSE.	NUMÉRO DU CATALOGUE.
Golovine (Voldémar).	6	2
Gonneaud (N.).	37	404
Gontcharoff (Basile).	35	371
Goroblagodat (Arrondissement des mines de).	40	461
Gorschkoff (Grégoire).	20	133
Goubareff (Cosme).	43	646
Goupmann (Joseph).	43	647
Goutchkoff, frères (Jean, Nicolas et Théodore).	30	252
Grebennikoff (Procope).	46	857
Grédiakine (Marie).	33	346
Gribanoff (Woldémar).	28	209
Gromoff (Basile).	41	545
	74	1251
Grote (Alexandre).	73	1212
Groten (Charles).	32	339
Grouchevka (propriété de S. A. I. le Grand-duc Michel Nicolaevitch).	43	645
Groudinine (Théodore).	62	989
Gué (Nicolas).	1	20
Guedvillo (Adam).	51	950
Guéorguy.	43	639
Guérassimoff (George).	7	17
Guérassimoff (Titus).	46	855
Guerson et Bromberg.	43	640
Gutmann.	44	781

H

Haase (Charles).	11	54
	34	358
	46	853
Hackman et Cie.	41	541
Hadji-Safar-Oglou.	31	290
Hagen (Charles).	43	635
	73	1211
Hammerschmidt (Henri).	43	636
Hammer (John).	41	542
Harder (Gérard).	48	911
Hartmann (Guillaume).	43	638
Hechel (Charles).	89	1277
Heiser (Jean).	Hist. du trav.	11
	15	94
	89	1276
Hencke et Pleske.	22	148
Hesene (Augusté).	44	808
Hesse (Antoine).	61	976
	62	988
Hill et Schtouk.	40	457
Hirschmann, Kiewski et Scholtze.	44	779
	48	912
Hoch (Jean).	44	780
Hoffmann (Basile).	38	422

	CLASSE.	NUMÉRO DU CATALOGUE.
Holm (Ernest) et Cie	30	251
Horavsky (Apollinaire)	1	21
Hordliczka, frères	16	110
Hordliczka (Guillaume)	40	458
Hôtel des monnaies d'Ekatérinbourg	12	70
Hôtel des monnaies de Saint-Pétersbourg	8	28
	12	75
	40	505
	51	952
Hubner (Albert)	27	187
Hubner (Nicolas)	35	370
	46	856
Huhn (André)	4	132

I

	CLASSE.	NUMÉRO DU CATALOGUE.
Iacobs (Percy)	41	577
Iakimakh (Sozonte)	67	1112
Iakovleff (Héritiers de Serge)	40	530
Iakovleff (Héritiers de Pierre)	40	529
Iakovleff (Pierre) et fils	61	983
Ianasz (Jacques)	72	1203
Ianzen (Germain)	48	941
Iastchennikoff (Simon)	67	1114
Iastrzembowski (Albert)	13	84
Iawitz et Kolinski	43	766
Iaworski (Jean)	6	13
Iazwinski (Valentin)	67	1113
Idestam (Frédéric)	41	550
Igoumnoff, frères	67	1042
Ijevsk (Fabrique d'armes et forge d')	37	407
Ijora (Usines d')	40	430
	54	964
Iletsk (Salines d')	40	467
Iliine (le père Jean)	15	97
Ilisch (Théodore)	70	1128
	72	1172
Iliyne (Alexis)	13	80
Ilovaïsky (Nicolas)	67	1043
Imprimerie de la société littéraire finlandaise	6	8
Inglez (Alexandre)	73	1217
Institut agricole de Saint-Pétersbourg	48	930
Institut d'agriculture de Mustiala	41	562
Institut forestier d'Evois	41	576
	48	940
Institut technologique de Saint-Pétersbourg	53	961
Iokisch (Basile)	30	255
Ion (Jean)	73	1218
Iougov (Usines de)	40	531
Iounoussoff, frères (Ibrahim et Isaac)	46	906
Iourieff	31	336
Iouroff (Grégoire)	40	532

INDEX ALPHABÉTIQUE DES EXPOSANTS.

	CLASSE.	NUMÉRO DU CATALOGUE.
Iourtchenko (Pierre)...	62	999
Iousbascheff (Sarkis)...	21	147
Iproumoff (Marie)...	33	347
Ismailof (André)...	73	1233
Iusczyk (Joseph)...	35	396
Ivanoff (Alexandrine)...	31	296
Ivanoff (Christophe)...	40	466
Ivanoff (Daniel)...	41	548
Ivanoff...	41	549
	48	943
	66	1012

J

Jacobi (Boris)...	40	528
Jacobi (Valère)...	1	22, 23
Jardin botanique impérial de Saint-Pétersbourg..	41	551
Jemotchkine (Michel)...	46	862
	62	990
Jiline (Paul)...	42	583
Joukowsky (Étienne)...	72	1170
Jouravleff, frères...	28	213
	43	659
	54	967
Jouravleff (Nicolas)...	44	783
	67	1041
Jourkine...	72	1171

K

Kabanoff (Marc)...	67	1044
Kalatchoff (Woldémar)...	48	917
Kalfoglo (Paul)...	43	668
Kaliakine (Nicolas et Jacques)...	20	135
Kalmouks du gouv. d'Astrakhan...	31	298
Kaloujenkoff (André)...	43	667
Kamensk (Fonderie de canons...	40	469
Kamensky (Théodore)...	3	92, 93
Kamsk (Forges de)...	40	470
Kamynine...	75	12
Kaneff (Ignace)...	46	865
Kapilkoff (Athanase), Ismaïloff (André) et Serguéeva (Lydie)...	73	1233
Karadjeff (Jean)...	46	866
Kapoustine (Paul)...	20	136
	65	1005
Karlovka (propriété de S. A. I. la Grande-duchesse Hélène Pavlovna)...	43	632
	67	1048
Karnéeff (Dmitry)...	40	471
Karnovitch (Valère)...	26	175
Karpytcheff (Eustache)...	35	374

	CLASSE.	NUMÉRO DU CATALOGUE.
Karsten (P. A.)	42	585
Kartavtseff et Cie	46	867
Kasimir (Constantin)	73	1219
Kaufmann (A.)	41	554
Keller (Jean)	1	24
Keller et Cie	73	1220
Khalatoff (Bakchy)	31	329
Khaminoff (J.)	42	603
Khava (Raphaël)	67	1103
Khichtily	32	341
Khloudoff, frères (Alexis et Guérassime)	27	203
Khopersky (Jean)	73	1246
Khoudotoply (Paul)	43	752
Khrénovaya (Jumenterie de la)	75	1, 2, 3
Kievo-Pétchersk (Monastère de)	44	788
Kiewski	44	779
	48	912
Kidochenkoff (Hélène)	95	1300
Kindiakoff (Constantin)	43	669
Kindler (Rodolphe)	29	231
Kirch (Matthieu)	30	259
Kiréeff	18	120
Kirpitcheff (Théodore)	43	670
Kirtzeff (Simon)	44	790
Kisielnicki (Joseph)	67	1050
Kisiwetter	44	789
Klassen (Abraham)	31	299
Kleiff	30	276
Klepatsky (Joseph)	31	300
Klikovsky (Joachim)	43	671
	81	1271
Klimoff (Jean)	43	672
Klokh (Baron Fernand) et Doudkiewicz (M)	9	35
Klug (Guillaume)	35	375
Kniajevitch (Antonin)	73	1221
Kniazemikhalovskaïa (Fonderie d'acier de)	37	406
Knobloch (Alexandre)	43	673
	44	791
Kobassnikoff (Justin)	67	1047
Kojevnikoff	40	472
Kojevnikoff (Michel)	42	586
	48	944
	70	1130
Kokscharoff (Jean) et Silvestroff (Jean)	46	868
Kolinski	43	766
Kolmann (Charles) et Rahau (Charles)	4	117-122
Kolokolnikoff (Paul)	31	301
Kolywansk (Fabrique de)	15	98
Komaroff	35	376
	46	869
Komarovsky (Comte Paul)	31	302
Kondratoff (Dmitry)	20	137
Kanovaloff, Kiréeff et Néronoff	18	120

INDEX ALPHABÉTIQUE DES EXPOSANTS.

	CLASSE.	NUMÉRO DU CATALOGUE.
Konschine (Jean)	27	193
Konschine (Les fils de Nicolas)	27	192
Kordo-Sissoeff (Basile)	69	1051
Korentchenko	43	675
Korff (Baron Michel)	67	1053
Kornis (David)	41	556
Korniss (Jean)	43	676
	67	1052
	69	1122
	71	1146
Koroleff	35	377
Korotkoff (Paul)	44	792
Korsakoff	43	677
Korsakoff (Michel)	92	1287
Koschelew (Pierre)	1	25
Kossak (Jules)	2	68, 69
Kossakovsky (Comtesse Alexandrine)	40	473
Kostéreff (Nicéphore et Jean)	16	112
Kotkowski (Séverin, François et Stanislas)	40	474
	61	977
Kotchoubey (P. A.)	Hist. du trav.	3
Kotzebue (Alexandre)	1	26, 27
Koubareff (Athanase)	30	260
Koukol-Iasnopolsky (Pierre)	40	475
Koulakoff (Pierre)	67	1056
Koulpinsk (Salines de)	40	476
Kounenbaeff	92	1293
Kourbatoff	41	558
Kournossoff (Catherine)	31	306
Kouschakevitch (Mme)	67	1057
Kouschnaroff (Simon)	43	684
Kouschva (Hauts fourneaux et usines de)	40	478
Koussinsk (Usines et hauts fourneaux de)	40	477
Koussoff (Baron Alexis)	43	683
	46	871
Koutkorowski (Joseph)	18	121
Kouzmine (Jean)	41	557
Kouznetzoff (Simon)	43	681
Kouznetsoff	75	9, 10, 14
Kozitsky (Maurice)	43	674
Kozouline (Basile)	41	555
	48	945
	62	992
	92	1286
Krafft (H.)	43	678
Krall (Antoine) et Seidler (Théophile)	10	48
Krapine (A.)	31	303
Krausse (Jean)	7	19
	44	793
Kravtchenko (Jean)	67	1055
Krehmer (Julie de)	95	1301
Krestovnikoff (frères et Cie)	44	794
Kriona (Nicolas)	43	679

INDEX ALPHABÉTIQUE DES EXPOSANTS.

	CLASSE.	NUMÉRO DU CATALOGUE.
Kripner (Paul)	31	304
	48	918
Krist (Jean)	73	1223
Kroeckell	73	1240
Kroïne (A.)	31	337
Kronenberg (Léopold)	43	680
	72	1174
Krouché (Benjamin)	29	232
Krutchkoff (Simon)	68	1116
Kryloff	31	305
Kuhn (Dmitry)	46	870
Kumberg (Jean)	22	150
	24	161
Kyber (Théodore)	44	787

L

	CLASSE.	NUMÉRO DU CATALOGUE.
Labendzki (Ladislas)	43	685
Lagounoff (Mme)	44	842
Lagounoff (Paul)	44	795
Lahorio (Léon)	1	28, 29, 30
Landrin (George)	72	1175
Lang (Frédéric) et Backmann (Alexandre)	46	872
Langerfeld (F.)	44	796
	73	1225
Lalaeff	73	1224
Lantsky (Robert)	73	1226
Lapine (Alexis)	43	687
	72	1176
Lau (Jean)	14	87
Lavezzari (André)	2	70, 71
Lazourine (André)	43	686
Lébédeff (David)	70	1132
Lébédeff (Pierre)	72	1177
Lehman (Joseph)	6	4
Leibine (Pierre)	43	688
Lelianoff (Alexandre)	7	20
Lemkull et Cie	44	797
Lepeschkine (Nicolas et Alexandre)	44	798
Leptchikoff (Philippe)	42	588
Léonoff (Léon)	43	689
	67	1059
Lesser et Cie	65	1006
Lévé (Charles)	30	261
Levschine (Alexis)	67	1058
Lévy	44	841
Lewis of Menar (Woldémar)	48	919
Lieberich (Nicolas)	3	94-111
Liedke (F. H.)	46	873
Likhatcheff (Titus)	46	874
Likhonine (Grégoire)	73	1227
Lilpop et Rau	48	920

INDEX ALPHABÉTIQUE DES EXPOSANTS.

	CLASSE.	NUMÉRO DU CATALOGUE.
Linde (Théodore)	25	169
	44	799
Linder (Fridolphe)	40	479
	42	589
	44	800
	67	1060
	72	1179
Linder (Marie)	72	1178
Lira	7	21
Lissitsine	43	690
Lissitsine (Constantin)	9	36
Lissitsine (Nicolas)	71	1147
Litiaguine (Jean)	44	802
Litovtchenko (Alexandre)	1	31
	2	72, 73
Liven (Isaac)	31	307
Lobatchevsky	73	1228
Lodé (Édouard von)	67	1061
Lonau (Charles-Louis)	15	100
Longuinoff (Eugénie)	33	348
Lomoff (Élie)	40	480
Loucks (Charles)	28	215
	48	922
Lougansk (Arrondissement des mines de)	40	481
Lougovsky (Nicolas)	40	482
Loukoutine (Alexandre)	26	117
Lubienski (Comte Jules), Frenckel et Cie.	40	483
Lubimoff (André)	31	308
Lvoff (Jean)	35	378
	46	1875
Lvoff (Princesse Barbe)	67	062

M

Mac-Léod (Alexandre)	48	923
Mahss (Ernest) et Cie	43	691
Majewski (Julien)	12	71
Makaroff et Cie	31	309
Makaroff (Nicolas et Basile)	26	177
Makarovitch	9	37
Maksoumoff (Sophie)	33	349
Malecki (Julien) et Schroeder (Victor)	10	49
Malokroschetchny (Jean)	43	692
Maltzoff (Michel)	67	1063
Malyscheff (Alexis)	40	485
Malyscheff (Élie)	43	693
Malyscheff (Jean)	15	101
Mamed-Khalin-Oglou	31	310
Mamontoff, frères	42	590
Mamontoff	40	504
Manouiloff, frères (Théodore, Basile et Jean)	27	194
Mansbach (François)	14	88
Manufacture impériale de porcelaines	17	114

	CLASSE.	NUMÉRO DU CATALOGUE.
Manufacture impériale de verreries..	16	111
Marbrerie pour la taille des pierres du Caucase. ..	15	108
Maringe (Victor).	67	1064
Markoff (Jean)..	46	876
Marr (François).	28	216
	43	694
	67	1065
Martinoff (Nicolas)..	Hist. du trav.	13
Marzenhof (Village).	40	486
Matchikhine (Jean)	43	696
	44	806
Matvéeff (Michel)	43	695
Medvedeff (Jean)	62	993
Memet-Ibrahim-Oglou.	42	591
	43	697
Mamedy-Kaguerman-Oglou	37	410
Mendt (Édouard)	67	1067
Méniaeff.	75	15
Menjinsky (Alexandre).	67	1066
Menzinger (Charles)	53	958
Messnikoff (Lazare).	43	699
Mestchersky (Arsène).	1	32
Mestchersky (Prince Boris).	69	1123
Mestchevsky (Glaphire).	95	1302
Mezentsoff	43	698
Miask (Mines d'or de)	40	487
Miassoyédoff (Grégoire)	1	33
Mieczkowski (Jean)..	9	38
Mieczynski (Adam)	81	1272
Mikhaïloff (Antoine).	43	703
	44	807
	67	1069
Mikhaïloff (Athanase)..	46	881
Mikhaïloff (Basile)	41	561
Mikhaïloff (Théodore)	29	234
Mikhine (Jean)..	28	208
Miller (Adam)	46	877
Miller (Alexandre)	43	700
Miller (Charles).	46	879
Miller (Erdmann)	46	878
Miller (Louis) .. ፡	29	233
	30	262
	46	880
Miloradovitch (André)..	43	701
Minéeff	40	488
	43	702
Mines de l'Altaï (Administration des).	40	433
Miodouchevsky (Jean)	1	34
Mironoff (George)	72	1180
Mirzoeff (Jean)..	73	1230
Mitchinson (Guillaume) et Hesene (Auguste).	44	808
Mitchry (Abraham)	43	633
Moës (Chrétien) et Cie	30	264

INDEX ALPHABÉTIQUE DES EXPOSANTS.

	CLASSE.	NUMÉRO DU CATALOGUE.
Moës (K. A.)	30	263
Moller (Théodore von)	1	35
Mollérius (Woldémar)	43	704
	55	971
Moloschnikoff	40	489
Molostvoff	75	24
Monakhoff (N.)	72	1181
Mordvinoff (Comtesse Nadine)	43	705
	67	1071
	72	1182
Morozoff (Élisseï)	27	195
Moschnine (N.)	44	809
	72	1183
Moslostvoff (Valérien)	67	1070
Mossoloff (Nicolas)	5	133-136
Mouratoff (Michel)	30	265
	35	379
Mouradoff	43	706
Mouradkhanoff (Mikirtich)	31	311
Moussatoff (Les fils d'Alexandre)	25	170
	43	707
	44	810
Moussine-Pouschkine (Comte A. J.)	Hist. du trav.	4
Moussine-Pouschkine (Jean)	43	708
Muller (Jean)	12	72
Municipalité de la ville de Varsovie	40	484
Musée agricole du ministère des domaines de l'État.	48	929
Musée d'art et d'industrie de l'école de dessin technique Stroganoff	Hist. du trav.	12
Musée public de Moscou	Hist. du trav.	9
Mylnikoff-Glouschkoff (Michel)	43	709

N

	CLASSE.	NUMÉRO DU CATALOGUE.
Naïdenoff, frères	30	266
Natanson (Jacques)	72	1185
Nazaroff (Sophie)	33	350
Nazaroff	72	1184
Néander	40	490
Neese (A.) et Schultz (R.)	73	1231
Nellis (Charles)	61	978
Némiloff (Antoine)	43	711
Népissoff (Michel)	21	142
Néplueff (Basile)	43	712
Néronoff	18	120
Nesselrode (Comte Dmitry)	43	713
Neufeldt (Jacques)	31	312
	43	710
Nicevine (Platon)	2	74
Nickel (François)	31	313
Niemyska (Antoinette)	28	218
Nijnéissétsk (Usines de)	40	492
Nijnétoura (Usines de)	40	493

	CLASSE.	NUMÉRO DU CATALOGUE.
Nikitine (Alexandre)	72	1186
Nikitine (Nicolas)	28	217
	31	314
Nikoladzé	26	178
	40	491
Nissen (Guillaume)	38	424
Nissen (André)	31	315
Nitsche (Ferdinand)	30	267
Nogatsky (Pierre)	35	380
Nostitz-Jackowsky (Joseph)	72	1187
Nouroff (Michel)	44	811
Novikoff (A. et J.)	55	972
Novikoff (V.)	53	959
Novo-Alexandrovsk (Jumenterie de)	75	5, 13

O

Oboukhoff (Aciérie d')	40	494
	63	1000
Olovianischnikoff (P.)	44	812
Opléoukhine (Pierre)	71	1150
Orbek (Nicolas) et Ostrooukhoff (Simon)	67	1073
Orgelbrandt (Samuel)	6	6
Oroujeinaya Palata	Hist. du trav.	2
Ossipoff (Alexandre)	30	268
Ousskoff (Marie)	32	340
Osterlow (Charles)	73	1232
Ostrooukhoff (Simon)	67	1073
Otchiroff	92	1289
Oukhoff (Athanase)	40	517
Oukolnitsky	46	899
Ouschkoff (Capiton)	44	832
Ouvaroff (Simon)	40	515
	65	1008
Ovtchinnikoff (Paul)	21	143
Oziersky (A. D.)	Hist. du trav.	10

P

Paier (Marie)	34	359
Pankoff	43	714
Panoff (Jean)	34	360
Paschko (Alexandre)	43	716
Paschkoff (Alexandre)	40	495
Paschkoff (Nicolas)	40	496
Paschkoff (N. et S.)	40	497
Pauli (Chrétien)	43	715
Pavloff (Basile)	75	11

INDEX ALPHABÉTIQUE DES EXPOSANTS.

	CLASSE.	NUMÉRO DU CATALOGUE
Pavloff (Gabriel)............	26	180
	41	564
	48	946
	62	994
	74	1252
	92	1290
Peltz (G.)..................	31	317
Perevaloff.................	43	717
Perm (Fonderie de canons de)......	40	497 *bis*
Permikine (Grégoire)...........	15	103
Péroff (Basile)..............	1	36-40
Perovsky (Comte).............	67	1075
Peschkoff (Jean).............	18	123
Petchke (Christophe)..........	67	1077
Peterson (J. D.).............	18	122
Petit (Léon)................	14	89
Pétroff (Alexandre)...........	44	814
	67	1076
Pétroff (P.)................	43	718
Petrovsky (Établissement d'eaux gazeuses de)...	44	813
Petzki (Émile)..............	43	719
Pfeifer (Stanislas)............	46	887
Pfeilitzer-Frank (Baron Jules).....	67	1085
Photographie du couvent de Troïtzko-Sergieva-Lavra............	Hist. du trav.	14
Pik (Jacques)...............	11	55
	12	73
	51	951
	64	1002
Pilikine, frères..............	44	815
	46	882
Pistchalkine (André)..........	5	137, 138
Pkhavakattcheff.............	41	566
Plata et Cie................	43	720
Plater (Comte César)..........	40	498
Platoff (Comte Matthieu)........	67	1078
Pléschanoff (Paul)............	1	41
Pléschanoff (Les fils de Maxime)...	44	816
Podvinsoff (Philippe)..........	41	565
Poléjaeff, frères.............	67	1080
Polévoï (Catherine)...........	33	351
Poliakevitch (frères Maurice et Félix)...	43	721
Poliakoff (Matthieu)..........	26	181
Polovtseff (Alexandre).........	67	1081
Pomerantz (Z.)..............	23	156
Popoff (André)..............	1	42
Popoff (Basile)..............	43	722
	46	884
Popoff (Élie)...............	73	1238
Popoff, frères...............	72	1188
Popoff (Jean)...............	46	885
Popoff (Joseph).............	37	411
Popoff (Nicolas et Alexandre).....	40	499

280 INDEX ALPHABÉTIQUE DES EXPOSANTS.

	CLASSE.	NUMÉRO DU CATALOGUE.
Popoff (Pierre)	44	817
Pospolitaki (Dmitry)	70	1134
Potchikaeff (Michel)	62	995
Potocki (Comte Alfred)	67	1083
	72	1189
	73	1234
Potocki (Comte Auguste)	67	1084
Potocki (Comtesse Marie) et Sanguszko (Prince Roman)	72	1190
Poukireff (Basile)	1	43
Pouslovsky (François et Sigismond)	7	22
Pouzakoff (Basile)	35	381
Pouzanoff (Michel)	43	726
	81	1273
Pozniakoff (Jean)	67	1079
Pribytkoff (Catherine)	46	886
Pribytkoff (Paul)	43	723
Prokhoroff	43	725
Prokhoroff (Ambroise)	44	818
Prokhoroff (Basile)	Hist. du trav.	8
Prokhoroff, frères (Constantin et Jacques)	27	196
Provatoroff (X)	43	724
Przepiorsky (Lucien)	1	44

Q

Quellenstein (Fabrique de draps de)	30	258
Qvist (C.) et Cie	44	786

R

Rabeneck (Louis)	27	197
Rachette (Woldémar)	47	907
Rahau (Charles)	4	117-122
Raïevsky (Nicolas)	73	1235
Rallet et Cie	25	171
Raschke (Joseph)	44	820
Rastériaeff (Agrippine)	40	500
	44	819
	65	1007
Rastorgouïef (Héritières de)	40	501
Rau	48	920
Reichel (Alexis)	44	821
Reichel (Julien)	34	361
	36	398
Reimers (Jean)	1	45-47
Rentel (Joseph)	61	979
Repphan (Basile)	43	727
Repphan (Guillaume)	67	1086
Reschetnikoff (Agrippine)	46	888

	CLASSE.	NUMÉRO DU CATALOGUE.
Reschko (Claude)	35	382
	43	732
Réviakine (Alexandre)	42	593
Reyter (A. M.)	73	1236
Rezanoff (Alexandre)	4	123-131
Riazovsky	46	889
Richter	Hist. du trav.	15
Rieks (George)	19	128
Rizzoni (Alexandre)	1	48-51
Rochefort	29	230
Rœtger (K.)	9	39
Rogovitcheff (Dmitry)	43	729
Romanoff (Basile)	67	1087
Romanovsky (Ladislas)	61	980
Rosenbaum (Martin)	43	730
Rosmanith (Stanislas)	73	1237
Rossienoff (Michel)	81	1274
Rostovtseff (Alexandre)	67	1088
Rotcheff (Pierre)	44	822
Roujensk (Commune de)	43	731
Roussanoff (Serge)	67	1089
Rukhine (Pierre)	49	947
Runeberg (Gauthier)	3	112
Russel (Jean)	89	1278
Rybine (Paul)	33	352
Rybnikoff	40	502
Ryjoff (Anastasie)	37	412
	43	733
	44	823

S

Sadyrine (Philippe)	43	734
	67	1090
Safonoff (Alexandre)	15	104
	26	182
Safonoff (Nicolas)	15	105
Safonoff (Seid)	46	891
Saïd-Halilem	40	503
	42	594
Sakin-Abdul-Kadir	18	124
Salzmann	43	661
Samodelkine (Jean)	44	824
Samsonoff et Mamontoff	40	504
Sanguzsko (Prince Roman)	72	1190
	75	6
Sanine (Basile)	44	825
Sapojnikoff (Véra)	31	318
Satkinsk (Hauts fourneaux de)	40	506
Savine (Jean)	46	890
Savitsky (Successeurs de)	72	1191
Sazikoff (Ignace)	21	144

	CLASSE.	NUMÉRO DU CATALOGUE.
Scalon (Nicolas)........	72	1193
Schadrine (Élie)......	33	356
Schaffer (Hélène).......	46	901
Schakhovskoy (Prince Alexandre)...	69	1125
Schakhmai-Amirali-Oglou......	37	421
Schandau (Charles).......	24	165
Schanschieff.......	31	331
Schantzenbach (Alexandre)......	14	90
Schatiloff (Joseph)........	48	936
	67	1108
Scheligovski........	40	525
Schelkovnikoff (Jonas).....	6	12
Schepeler (Jean).....	29	239
Scherner (Théodore)......	44	837
Schervinsky (Anne).......	31	333
Schestérikoff (Basile).....	43	757
	72	1199
Schevtchenko (Nicolas)......	67	1109
Schiflataroff........	37	402
Schikonine (Michel).......	49	949
Schimanovsky........	11	59
Schipoff (Dmitry et Nicolas).....	40	527
Schischkine (Jean).....	1	52
	2	75-78
Schischkine (Etienne).....	62	997
Schivileff (Jean).....	43	758
Schlippe (Charles).....	44	838
Schloesser (Henri).....	27	205
Schmidt........	43	761
Schmidt (Charles).....	43	760
	48	938
	67	1110
Schmidt (Édouard).....	61	982
Schmidt (Pierre).....	31	334
	43	759
Schneidemann (Adolphe).....	29	240
	30	279
Schneider (Charles).....	73	1247
Scholtze.......	44	779
	48	912
Scholtze (Charles).....	44	839
Schopin (Henri-Frédéric).....	1	53
Schoubersky.......	63	1001
Schoubert (François).....	23	159
Schoubine (Artem.)......	30	281
Schout......	43	763
	46	905
Schouvaloff (Comtesse Sophie).....	43	762
Schouvaloff (Jean).....	46	903
Schouvaloff (Pierre).....	46	904
Schrader (Auguste).....	29	241
Schraplau (Germain).....	46	902
Schroeder (Victor).......	10	49

INDEX ALPHABÉTIQUE DES EXPOSANTS.

	CLASSE.	NUMÉRO DU CATALOGUE.
Schroedter (Victor) et Huhn (André)	4	132
Schtcherbinine (Alexandre)	43	764
Schtouk	40	457
Schtritter	73	1249
Schultz (R.)	73	1231
Schultze (Paul)	12	77
Schvedoff (Michel)	31	332
Schwartz (Venceslas)	1	54, 55
Scorinoff (Jean)	67	1095
Sederholm (Théodore)	6	7
Seebach (Comtesse de)	43	663
Seidler (Théophile)	10	48
Seid-Saafoff	69	1124
Seliverstoff (Nicolas)	30	269
Semennikoff (Simon)	41	567
Semenoff (Basile)	21	145
Sérébrennikoff (Jean) et fils	46	892
Sergéeff, frères	27	198
Sergéeff (Pierre)	7	23
Serguéeva (Lydie)	73	1233
Sérébrianikoff (André)	41	568
Sériakoff (Laurent)	5	139
Sestroretsk (Fabrique d'armes de)	37	413
Sguibneff (Constantin)	23	157
Sidoroff, frères	49	948
Sidoroff (Michel)	40	508
	41	569
	42	595
	46	893
	92	1292
Sievers (George von)	43	736
	67	1092
Siliverstoff (Jean)	46	868
Simmler (Joseph)	1	56-58
Sitnoff (Grégoire)	35	383
Sivokbine (E.)	72	1192
Sivtsoff (Jean)	70	1136
Sjoestrand (Charles)	3	113
Skino (Alexandre)	15	106
Skirmoundt (Alexandre)	30	270
	72	1194
Skopetz (Constantin)	43	737
	67	1093
Skvortsoff (Jean)	46	894
Sméloff (Jean)	73	1222
Smétanine (Jacques)	46	895
Soboleff (Maxime)	61	981
Sobolstchikoff (Basile)	24	164
Société agricole de la Russie méridionale	48	928
Société agricole de Livonie	48	921
Société agricole de Moscou	48	925
Société d'actionnaires de Tervakoski	7	24

	CLASSE.	NUMÉRO DU CATALOGUE.
Société agricole du Caucase..	10	47
	17	115
	18	119
	21	141
	30	257
	37	409
	46	864
	92	1285
Société d'actionnaires de Forssa..	27	202
Société d'actionnaires de Havis..	44	777
Société d'actionnaires de la fabrique d'allumettes à Bjoerneborg..	44	775
Société d'actionnaires de la manufacture de toilerie et de fer à Tammerfors..	28	220
Société des pêcheries d'Elizavetinskaïa-Stanitza..	42	592
	70	1133
Société géographique impériale de Saint-Pétersbourg..	40	507
	92	1291
Société séricicole de Tiflis.	31	316
Société séricicole de Varsovie.	31	319
	43	756
Sokoff (Omar)..	37	414
Sokoloff (Alexandre)..	22	151
Sokoloff (Jean)..	1	59, 60
	2	79
Sokoloff (Nicéphore).. .. .. : ..	30	271
Sokoloff (Pierre)	2	80-85
Soline, frères..	42	596
Solomianik (Jean)..	67	1094
Soltibaeff, Djamonbaloff, Kounenbaeff et Djaldaouloff.	92	1293
Somoff (P.) et fils..	40	509
Son (Henri)..	23	158
Sontzeff (Dmitry)..	31	320
Sopoff (Dmitry)..	29	236
Sorokine.. .. .. :	43	738
Sorokine (André)	Hist. du trav.	7
Sorokine (Dmitry)..	42	597
	62	996
Sorokine, frères.	44	826
Sossouline (Nicolas).	73	1239
Sotnikoff.	42	598
	92	1294
Soukhanoff (Jean)..	35	384
Soukhodolsky (Pierre).	1	61
Soukhovo-Kobyline, frères (Basile et Alexandre)..	72	1196
Soukoff (Simon).	43	742

INDEX ALPHABÉTIQUE DES EXPOSANTS. 285

	CLASSE.	NUMÉRO DU CATALOGUE.
Soulkhanoff (Jean)	18	125
	30	272
	31	321
	41	570
	67	1096
	71	1151
	72	1195
	73	1241
	92	1295
Soulkhanoff (Salomé)	31	322
Specht (Justin)	73	1248
Spiess (Louis)	44	840
	48	939
Stange (Nicolas)	22	153
Standertskjold (Charles)	37	415
Starr (Paul) et Cie	72	1200
Starodouboff (Philippe)	43	739
Stassenkoff (Nicolas)	43	740
Statz (Basile)	43	741
	67	1111
Stébakoff (Jean)	15	107
Stépanoff	40	510
Stieglitz (Baron Alexandre)	28	223
	30	280
Stigzelius (I. E.)	44	827
Stjernwall (Fridolin)	40	526
Stolzmann (Auguste)	38	427
	62	998
Stourm (Henri)	24	166
Strauch (Henri)	26	185
Strauss (Adolphe)	12	76
Stréletsk (Jumenterie de)	75	4
Sturts (Jules)	41	575
Stroemberg et Kroeckell	73	1240
Sundman (C. I. W.)	41	571
Swertschkow (Nicolas)	1	62
Syromiatnikoff	43	743
Szwede (L.)	46	897
Szymansky (Stanislas)	48	937
T		
Tallgren (Henri)	40	511
Turkhanoff (Salomon)	37	416
Taroeff (Avak)	31	324
Tassaloff (Macaire)	33	353
Tchapkine (Voldémar)	67	1104
Tchavtchavadzé (Prince)	31	330
Tchercassoff (Paul)	1	63
Tcherkassoff	67	1106
Tcherkess (Ignace)	67	1107
Tchernikoff (Constantin et Alexandre)	40	523

INDEX ALPHABÉTIQUE DES EXPOSANTS.

	CLASSE.	NUMÉRO DU CATALOGUE.
Tchetschouline (Frédéric)............	41	574
	48	935
	65	1010
Tchetvérikoff (Simon)............	30	278
Tchetvérikoff............	40	524
Tchetvertakoff............	44	834
Tchijoff (Matthieu)............	3	114
Tchilingaroff............	33	355
	35	393
	92	1299
Tchoudinoff (Serge)............	44	835
Tchoumitchoff (Nicolas)............	44	836
Tchouprikoff (Carpe)............	72	1198
Tchourkine............	35	395
Tchouvatoff (Étienne et Alexis)............	35	394
Temler (Charles) et Szwede (L.)............	46	897
Tessleff (Frédéric)............	67	1098
Tezek............	37	417
	42	599
	92	1296
Thilo (Adolphe)............	30	274
Thoden (C. J.)............	44	828
Tietzner (D.)............	42	600
Tikhomiroff (Léon)............	35	387
Tikhomiroff (Matrone)............	41	572
Timascheff (Alexandre)............	29	237
Timiriazeff (Dmitry)............	13	81
Timoféeff (Basile)............	35	386
Tissen (François)............	31	325
Tistchenkoff (Théodore)............	43	745
Toboeff............	37	419
	92	1297
Tognolati (Jean)............	67	1099
Torguel (Jumenterie de)............	75	21
Toulbounoff (Théodore)............	92	1298
Toulinoff (Michel)............	9	40
Transchel (André)............	6	9
Trapeznikoff (Serge)............	40	514
Trétiakoff (Pépinière de Konstantinograd)............	31	326
Trétiakoff, frères............	27	200
Tritten (Othon)............	67	1100
Troutowsky (Constantin)............	1	64, 65
Tselibéef (Théodore)............	35	390
	72	1197
Tsikhmistrenko (Paul)............	35	392
Tsourikoff (Paul)............	30	277
Tuléneff (Simon)............	26	183

U

Ungern-Sternberg (Barons L. et E.)............	30	275
Usine à gaz de Riga............	24	163

INDEX ALPHABÉTIQUE DES EXPOSANTS.

	CLASSE.	NUMÉRO DU CATALOGUE.
Usines de constructions navales du ministère de la marine.............................	66	1013
Utilité publique (Société par actions).........	6	5
	90	1279
Uxkull (Baron Bernar d')................	43	664

V

Vakinoff (Alexandre)..................	21	140
Valouisky (Dmitry et Platon).............	46	851
Vandrague (Barthélemi)...............	35	366
Vargounine, frères...................	7	15
Varkentine (Bernard).................	67	1030
Varykhanoff, frères..................	46	852
	62	986
Varipaeff (Théodore et Jean).............	11	52
	20	131
Vassal (René)......................	43	624
Vassiltchikoff (Prince Basile).............	67	1031
Vassiltchikoff (Prince Victor).............	67	1032
	72	1160
Velikdan (Étienne)...................	43	626
	81	1270
Vénerie impériale....................	80	1269
Verestchaguine (Nicolas)...............	69	1119
Vériguine (Basile)...................	43	629
Verkhnétoura (Fonderie de).............	40	451
Vernitz (Adolphe)...................	10	45
Vestine (Cornélius)..................	72	1161
Vetter (A. et K.)....................	19	129
Vetter (Joseph).....................	15	109
Vezovoff (Serge)....................	30	247
Viazemsky (Princesse Nadine)...........	31	289
Vieweg (Gustave)...................	43	749
	71	1153
	73	1243
Vilken (Marie de)....................	32	338
Vinogradoff (Anne)...................	35	368
Vinogradoff (Théodore)................	35	369
Vischniakoff, frères (Jean et Simon)........	33	344
Visotzky (Pierre)....................	15	92
Vlassoff, frères.....................	20	132
	54	966
Vokoueff (A.)......................	42	580
Volokhine (Alexandre).................	43	631
Voloschinoff (Athanase)................	40	452
Volossatikoff (Grégoire)................	15	93
Vorobieff (Paul).....................	46	844
Voronine, frères....................	31	288
Vorontzoff (Prince Simon)..............	73	1210
Votkinsk (Forges et aciérie de)..........	40	453
Vsevolojsky (Vsévolod)................	40	454
Vyksounski (Compagnie des usines).......	40	513

	CLASSE.	NUMÉRO DU CATALOGUE.
W		
Walkiewicz (Ladislas)	5	140-142
Wegner (Jacques)	43	625
Weiht (Théodore)	35	367
Weissblum (Julien)	11	53
Wesselhoeft (Martin)	12	66
Wiatrowski (Léon)	23	155
Wiebe (Philippe)	43	627
	69	1120
	71	1142
	73	1209
Wieloglowski (Félix)	40	447
Wild (Ernest)	43	628
Willewalde (Godefroi)	1	66
Wiszniewski (Florian) et fils	37	403
Witte et Cie	44	776
Woehrmann	40	450
Woehrmann et fils	30	248
Z		
Zabiela	3	115
Zachert (Guillaume)	30	254
Zadonsky (Woldémar)	43	660
Zarianko (Serge)	1	67
Zaroubine (P.)	53	957
Zavialoff (Alexis et Théodore)	20	134
Zbouk (Xénophon)	22	149
Zeitlin	9	44
Zimens (Jacques)	31	295
Zimine (Jean)	27	188
Zimmermann (F.)	35	391
Zimmermann (Henri)	83	1275
Zindel (Émile)	27	204
Zinzerling (K.)	33	354
Zlatooust (Fabrique d'armes de)	40	465
Zlatooust (Fabrique d'armes de, et Kniazemikhalovskaïa (Fonderie d'acier de)	37	406
Zotoff (André)	28	214
Zoubkoff, frères	27	189
Zouboff (Basile)	27	190
Zuckerwar (G.) et fils	40	522
Zverkoff (André)	43	662
Zvibelberg (Jacques)	43	753

OMISSION.

Au bas de la ixe *page de l'Introduction, lisez :*

Délégué pour la section de l'histoire du travail : le Conseiller de Cour M. Georges Filimonoff.

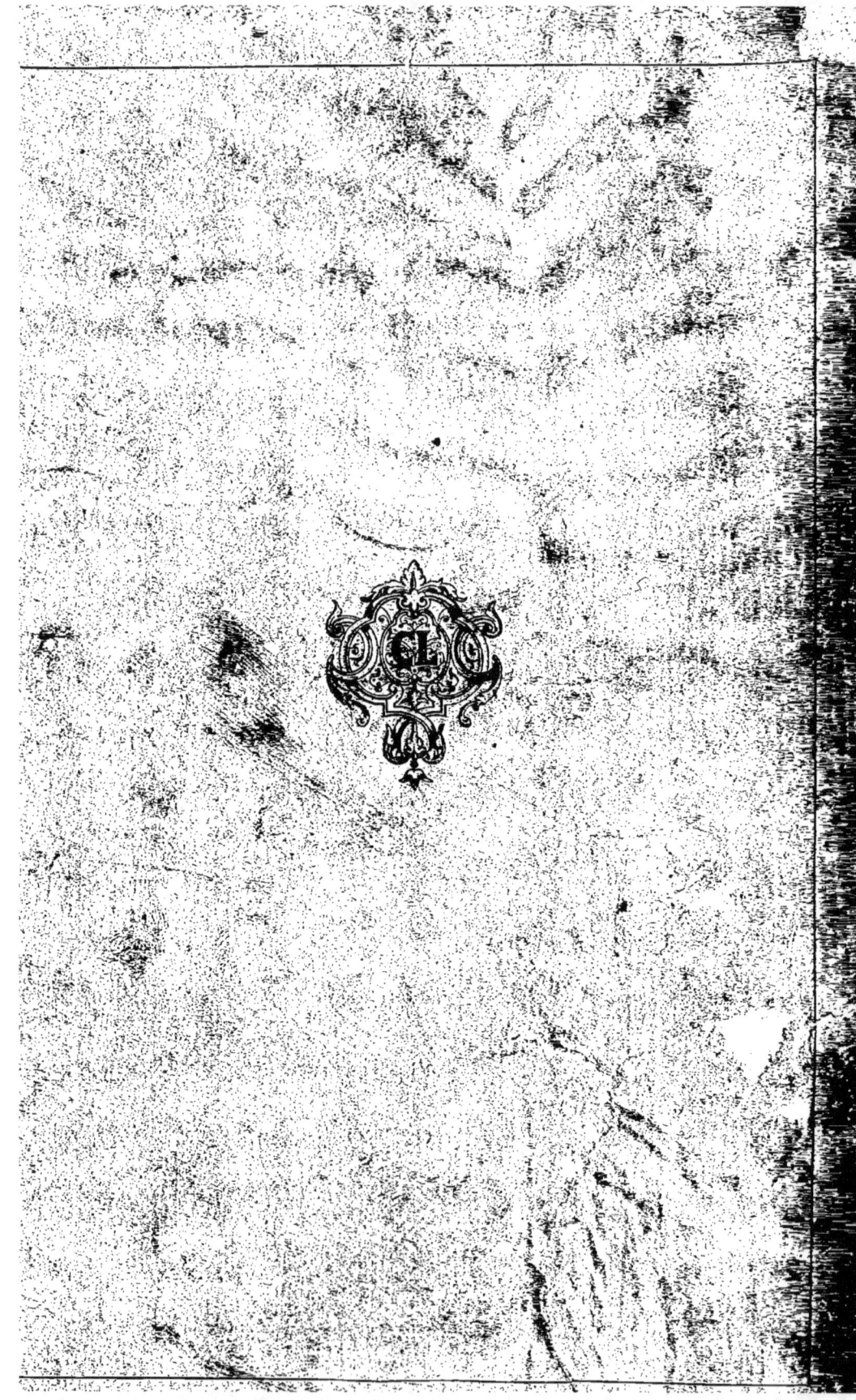

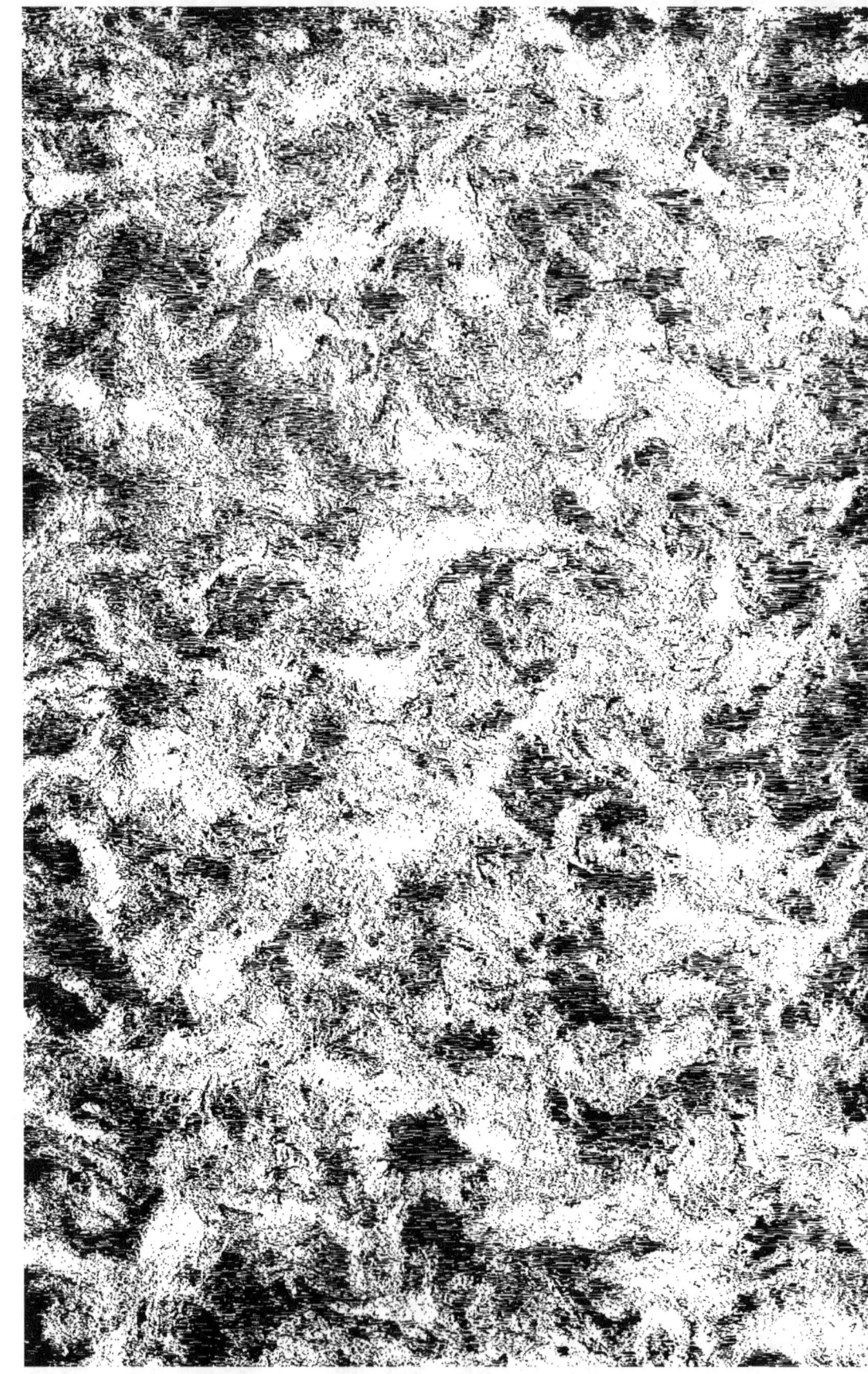

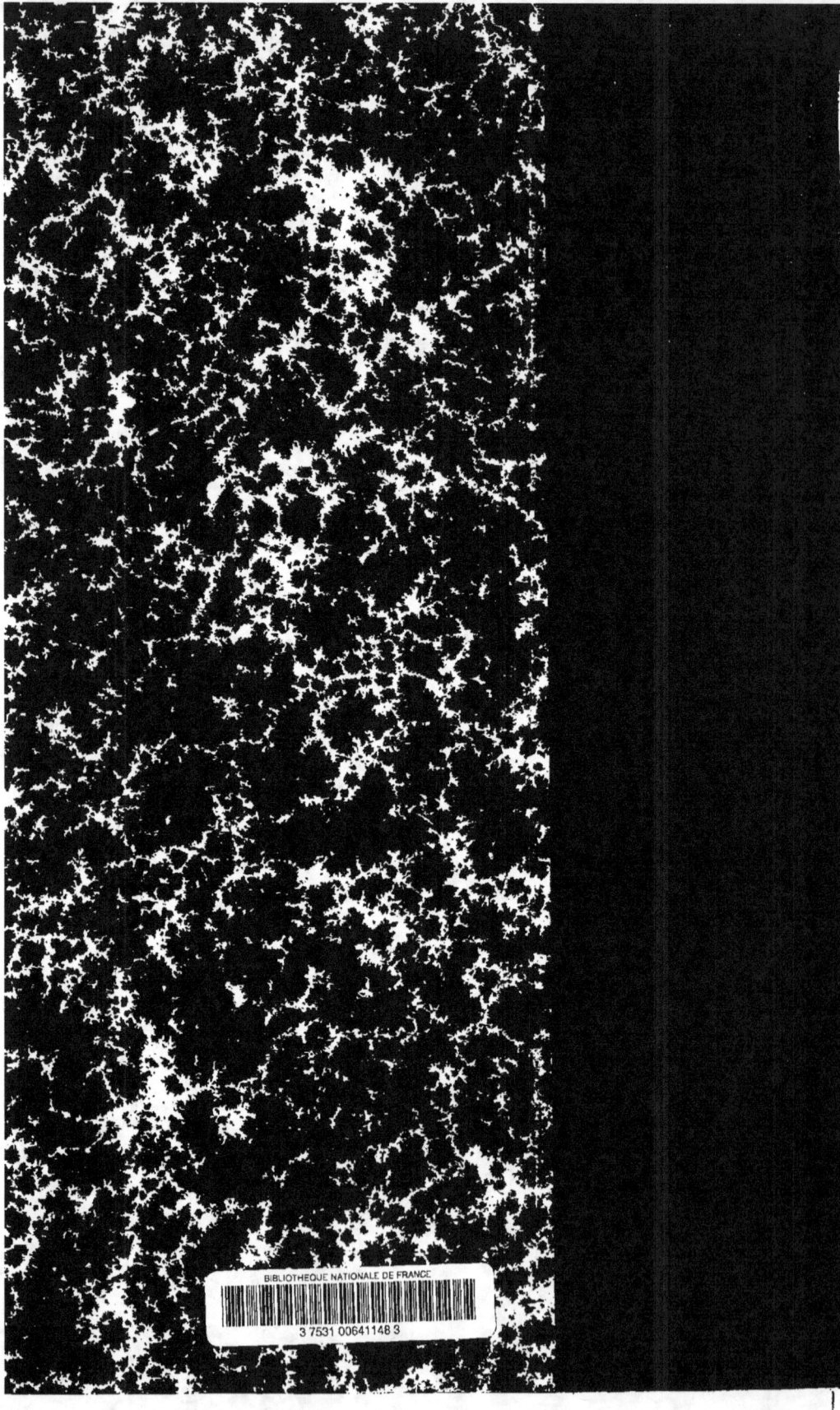

www.ingramcontent.com/pod-product-compliance
Lightning Source LLC
Chambersburg PA
CBHW071041240526
45471CB00014B/120